創価学会・公明党の研究

中野 潤
Nakano Jun

創価学会・公明党の研究

自公連立政権の内在論理

岩波書店

目　次

目　次

＊本文中の肩書、団体名等は当時のものとした。
＊カバー＝創価学会広宣流布大誓堂　撮影者・大根田康介
週刊ダイヤモンド二〇一六年六月二五日号　株式会社ダイヤモンド提供

序章

最大の目的は「選挙協力」
——自公連立を支える論理と心理

連立政権樹立に向けた政策合意文書に署名，握手する自民党の安倍晋三総裁(右)と公明党の山口那津男代表(2012年12月25日，朝日新聞社)

自公連立が崩壊しない二つの理由

「政策的には我々は自民党よりも民主党（民進党）に近いことはまちがいないですよ」「学会員の多くは安倍首相が嫌いです。同じ自民党でもハト派の谷垣（禎一）さんが首相だったら、どんなによかったかというのが正直な気持です」

私は、公明党や創価学会の幹部から、こうした本音を繰り返し聞いてきた。とりわけ、公明党が結党五〇年という節目の年を迎えた二〇一四年、首相の安倍晋三が長年続いた憲法九条の解釈を変更しようとして自公両党が激論を交わしていた頃は、安倍自民党に対する恨み節がつい口をついて出るといった風情だった。

反安倍、あるいは反公明党の立場から見れば、「平和の党」という結党以来の看板を放棄し、タカ派路線を突き進む安倍政権に加担していると指弾される公明党だが、彼らの本音を聞けば、安倍自民党との付き合いにもがき苦しみながら、何とか連立政権を維持している実態がわかる。

それでは、公明党はなぜ安倍自民党との連立を維持するのか。「下駄の雪」と揶揄され、自民党に足蹴にされてもなお政権にしがみついているように見えるのは何故なのか。安倍の方も、かつては公明党嫌いを公言し、首相就任前は、会食の席で「自民党が保守の旗をきちんと掲げれば創価学会の票などなくても自民党は勝てるんだよ」と力説していたこともある。双方の本音を聞けば、相性が悪いこの連立政権が崩壊しない方が不思議なくらいだ。

この連立が維持される理由は突き詰めると二つに集約される。第一の理由は、公明党が創価学会という宗教団体を時の政治権力から守るため、政権に影響力を行使できる立場にいることが必要だと考えていることだ。戦前、創価学会の初代会長・牧口常三郎は、治安維持法違反で捕らえられて獄死した。二代会長となる戸田城聖も投獄され、戦後は三代会長になる池田大作も、警察に逮捕され勾留された経験を持つ。国家権力から身を守る必要性が身にしみている組織なのだ。だが、この理由だけでは、公明党は必ずしも与党の一員になる必要がない。閣外協力などで政府・与党に一定の影響力を行使しても、それは達成できるからだ。

自民党との連立を維持する理由は、もう一つある。それは、各種選挙での公明党の議席の獲得が、すなわち会員の信仰心の証しであり、宗教団体としての「勝利」の証しであるという構図が、創価学会内で確立されていることだ。公明党の議席を獲得することそれ自体が、宗教団体・創価学会の活動の柱になってしまっているのだ。それゆえ、選挙での勝利の可能性を高めることが何より優先される。

この二つの理由が結びつくと、たとえ多くの学会員が違和感を抱く安倍晋三が自民党総裁であっても、連立は維持するという結論になる。公明党が認められないとしてきた集団的自衛権の行使容認を可能とする憲法解釈の変更を認めてしまうことになっても連立を離脱しなかったのは、この二つの理由が優先したからだ。

信心が試される「勤務評定」としての選挙

二つ目の理由についてはもう少し説明が必要だろう。単純化して言えば、個々の学会員にとって、選挙でどれだけ票を出せるかが、いわばその人の信心が試される「勤務評定」となっており、それゆえ選挙になるとみな必死にならざるを得ない。それは幹部たちにとっても同様で、中堅幹部にとっては、担当する地域で票が出せなければ組織内での自らの立場の悪化につながるし、会長や理事長といえどもカリスマ指導者である名誉会長・池田大作の部下の一人に過ぎず、選挙で負ければその立場が危うくなるという構図があるため、血眼になって選挙に取り組むのである。宗教団体であるにもかかわらず、選挙が組織を引き締め、求心力を高める最大の機会になってしまっているのだ。

そして、選挙で勝つためには、実効性のある選挙協力＝票のバーター取引が可能なほとんど唯一の政党である自民党との連立を維持することが得策だとの結論が導き出される。とりわけ、小選挙区中心の小選挙区比例代表並立制である衆院選で一定以上の議席を確保しようと思えば、自民党と選挙協力するしか方法がないのが現実だ。そのため、創価学会は一六年前から、衆院での公明党の議席確保のために自民党との選挙協力を深化させていった。その意味では、小選挙区制によって成り立っている連立政権とも言える。

このように、創価学会および公明党では、選挙の優先順位が何よりも高い。公明党が政策では比較的すんなりと妥協することが多いのに、選挙が絡むと強硬な態度を示すのはそのためだ。

だが、選挙結果を受け、政策のすり合わせを経て成立する通常の連立政権とは異なり、最初から選挙協力が目的になっている連立政権というのは、世界的に見てもきわめて異例であり、歪《いびつ》な形の連立でもある。

民主党政権下における「是々非々路線」への動き

ただ、逆に言えば、これらの理由を覆す新たな状況が生じれば自公連立は終わることになる。具体的には、政権交代が再び起きそうな政治情勢になったり、実際に自民党が野党に転落し、代わりに政権を握った対抗勢力から創価学会が攻撃される恐れが高まる場合や、学会が一貫して強く望んでいる衆院の選挙制度の抜本改革が実現し、公明党が小選挙区で戦う必要がなくなるケースなどだ。

実際、創価学会は民主党政権下の一時期、衆院の選挙制度の変更を前提に、自民党と距離を置く「是々非々路線」に本気で踏み切ろうとしていた。本書を読んでもらえば、「結局、公明党は自民党と離れられない体質なのだ」（元首相・野田佳彦側近）との見方が、大いなる誤解であることを理解してもらえると思う。本書が、民主党政権下における創価学会と公明党の動向に関する記述に多くのページを割いたのは、報道されることが少なかったこの間の水面下の動きを知ることが、創価学会と公明党の本当の姿を理解することにつながると考えたからだ。

さらにもう一つ、自公連立の行方に大きな影響を与える要素がある。それは、創価学会の絶対的な指導者である名誉会長・池田大作が不在になることだ。なぜなら、創価学会が衆議院への進出を決め、その議席拡大を目指すことにしたのも、学会攻撃を止めさせるため自民党との連立に踏み切ることを最終決断したのも、「選挙での議席の獲得がすなわち会員の信仰心の証しである」との構図を徹底させたのも、池田自身だからだ。池田が不在になれば、学会はそのくびきから解放され、方針転換を行いやすくなる。学会と公明党が今後、どの方向に進むのかについては、終章で詳しく考察したい。

最近、「公明党論」「創価学会論」が再び活発になっている。その理由は、安保法制等をめぐる議論を通じ、公明党の本来の理念と実際の政治行動との間にギャップが生じているように見えることに加え、消費税への軽減税率の導入問題で見られたように、創価学会の幹部が直接、それも頻繁に、政権中枢に働きかけて政策や選挙で影響力を行使するという、かつてない現象が起きているからだろう。さらに憲法改正が現実味を帯びてきた中で、そのカギを握るのが公明党だという理由もある。

だが、少なからぬ論者が、先に述べた二つの本質的な理由をよく理解していないがゆえに、的外れな評論になっていることも多い。安保法制の議論の際には「公明党は権力の座に居続けたいがために『平和の党』の看板をかなぐり捨てた」と批判されることも多かった。だが、ある創価学会幹部は、「自民党との連立を維持しているのはひとえに選挙のためで、閣僚など出さなくてもすむのならその方がありがたいくらいだ」と語る。「政策実現」が目的であれば、連立政権に入る前、公明党が求めた「商品券構想」などが次々と実現したように、国会の状況によっては閣外協力でも政府に要求を呑ませることは可能であり、閣外にいれば、安保法制のような意に沿わない政策で共同責任を負わされることもない。選挙というファクターさえなければ、むしろ連立は解消した方が居心地がいいというのは、創価学会の半ば本音なのだ。

深まる学会と党の一体化

公明党とその支持団体である創価学会との関係についていえば、両者は、ここ一〇年余の間により一体化している。一九七〇年のいわゆる「言論出版妨害事件」を契機に、創価学会と公明党は「政教分離」を明確にせざるを得なくなり、公明党議員が創価学会の役職を兼務することはなくなった。最近は、創価学会幹部出身の国会議員も減ってきていることなどから、公明党と学会との一体感は薄れており、公明党は独立性を高めていると指摘する論者もいる。だが、実際は逆で、一体化がかなり進んでいる。二〇〇九年の「政権交代選挙」で公明党が惨敗した直後、創価学会の本部幹部会で、公明党代表の太田昭宏が満座の中で、池田大作から名指しで激しく面罵されたことをもってしても、それは明らかだ。その知られざる実態についても、後で詳述する。

本書は、基本的には書下ろしだが、二〇〇九年以後月刊誌『世界』に掲載してきた公明党および創価学会に関する論考を適宜参照しつつ、自公連立政権の実態とそこから浮き彫りになる内在論理について、明らかにする。同時に、自公政権を背後から支える創価学会と政治との関わりについて、反学会の立場でもなく、学会に寄り添い過ぎることもなく、真実の姿を示したつもりだ。そして、創価学会と公明党がこれからどこに向かうのかについても考察する。

ただ、筆者は政治ジャーナリストであり、本書はあくまで公明党および創価学会の政治との関わりについて、政治の現場での取材をもとに分析したものだ。宗教団体としての創価学会に関する論考ではないことを明確にしておきたい。

本書は、公明党と創価学会に焦点を当てた政治分析ではあるが、一九九九年以降、民主党政権の三年間を除いてすでに一五年近くも自公連立政権が続き、民主党政権下でも実は公明党が重要なアクターであったことを考えれば、この二〇年近くの日本政治そのものを検証することに他ならない。現在、表面上は磐石に見える自民党だが、経済・社会構造の変化に伴って、五五年体制下とは比較にならないほどその選挙基盤は弱体化し、回復しているとはいえない。自民党が失った支持層を創価学会が補完することによって維持されているのが今の自公政権なのである。そのため、選挙における自民党の創価学会への依存度はますます高まっており、自公政権の行方や創価学会と政治との関わりの変化を予想することは、再度の政権交代など日本政治の今後の可能性を探る作業でもある。

本書が、与野党を問わず多くの政界関係者や政治に関心を持つ市民にとって、今後の政治のあり方を考える一助になることを切に願っている。

第1章

非自民連立政権の失敗から自公連立へ
——自公政権の本質とは何か

「国際平和協力に関する合意覚書」に署名し，歓談する市川雄一公明党書記長(左)と小沢一郎自民党幹事長(1990年11月9日，朝日新聞社)

非自民連立政権をつくった公明党・市川雄一の栄光と挫折

「すごい時代に入りました。そのうちデージン（大臣）も何人か出るでしょう。（中略）まあ、明日あたりですから。みんな、みなさん方の部下だから」

一九九三年八月八日、非自民の八党会派による細川連立内閣の発足直前に開かれた創価学会の本部幹部会。名誉会長でSGI＝創価学会インタナショナル会長である池田大作は、全国から集まった大勢の幹部会員を前に喜びを隠しきれない様子で、初めて公明党から閣僚が出ることを喧伝した。この池田の肉声を収録したテープが流出し、後に国会等で公明党と創価学会の「政教一致」の証拠だとして自民党からの攻撃材料に使われるのだが、ともあれ九日に発足した細川連立内閣で、公明党は郵政相や労相など四つの閣僚ポストを得て、初めて政権与党となる。公明党は翌年、細川の辞任に伴って発足した羽田《はた》内閣では六人もの閣僚を送り込んだ。だが、この非自民連立政権への公明党の参加が、自民党からの執拗な創価学会攻撃を招き、公明党は「悪夢のような日々」（公明党幹部）を過ごすことになる。

ちなみに、この「デージン」発言については、後に池田自身がインタビューで認めた上で、「議員や大臣は公僕だ。そもそも大臣（ミニスター）の語源自体が、『奉仕するもの』ですよ。国民の代表として国民に尽くすのが当たり前です」と述べている（前原政之『池田大作　行動と軌跡』中央公論新社、二〇〇六年）。

公明党が非自民連立政権に参加するきっかけになったのは、前年の九二年、自民党副総裁で当時の最大派閥であった竹下派（経世会）会長の金丸信《かねまるしん》が、東京佐川急便の元社長から現金五億円を受け取っていたことが明るみに出たことだった。当時、政界の最高実力者といわれた金丸が現金の授受を認めて副総裁や派閥会長を辞任し、衆院議員も辞職したことで、政界は激震に見舞われる。竹下派では後継の派閥会長の座をめぐって小沢一郎らのグループと、これに反発するグループの抗争が始まり、結局、反小沢派が多数を占めて、元首相・竹下登の推す小渕恵三が後継会長に就任。小沢ら四〇人余は同派を離脱し、羽田孜《つとむ》を代表とする別グループを結成した。

その三年前、海部《かいふ》内閣のもと、四七歳の若さで自民党幹事長に就任した小沢一郎は、自衛隊の海外派遣の枠組み作りに関する自民、公明、民社の三党合意や東京都知事選での協力などを通じて公明党のナンバー2である書記長の市川雄一との関係を深めていった。そして、竹下派内の抗争が始まった頃、市川は小沢からいち早く自民党を飛び出す覚悟を打ち明けられ、連携を持ちかけられる。市川もこれに呼応して、九二年一一月の公明党大会で、「同じ理念、志をもった人で日本を担う政治勢力を結集するしか新たな政権の軸は作れない」「公明党という看板に固執する必要はない」などとして、後の新進党結成につながる新党構想を打ち出した。

公明党関係者によれば、市川は早くから創価学会名誉会長の池田に、小沢との連携による新たな政治勢力の結集について説明し、理解を得ていたという。当時を知る公明党関係者は「ある意味で、（池田）名誉会長を騙してでも自分の考えを推し進めて行った当時の市川さんは、政治家として輝いていた。あれだけの政治家は今の公明党にはいない」と語る。

九三年六月、公明党を含む野党が提出した宮沢内閣不信任決議案が、自民党から小沢らのグループが造反したことによって可決され、衆院が解散されて総選挙となった。解散直後には自民党から武村正義ら一〇人も離党して「新党さきがけ」を結成。小沢らのグループも四四人が離党して「新生党」を結党して選挙に臨んだ。結果は自民党が第一党の座を維持したものの、離党者の穴を埋めることはできずに過半数を割り込む。ここですばやく動いて日本新党代表の細川護熙《もりひろ》を首班に担ぎ、非自民・非共産の八党会派をまとめ上げたのが小沢だった。これに公明党の市川が全面的に協力し、二人の思惑通りに非自民連立政権が成立する。

細川政権下では、衆院に「小選挙区比例代表並立制」を導入することを柱とする政治改革関連法案が、紆余曲折の末、自民党の主張を取り入れて大幅に修正した上で成立した。だが、寄せ集めの連立政権はゴタゴタ続きで、細川内閣は細川個人の金銭スキャンダルが原因となって八か月余で総辞職する。その後継の羽田内閣も二か月で総辞職に追い込まれ、一転して社会党委員長の村山富市を首班とする自民、社会、新党さきがけの三党連立政権が誕生した。公明党が与党となった連立政権は一年足らずで崩壊した。

非自民連立政権を実質的にリードしたのは、「強権」「ファッショ」などと批判されることも多かった小沢と市川のいわゆる「一・一ライン」だったが、二人が強引な政権運営によって最大与党の社会党を離反させたことが連立政権崩壊の直接の原因となった。小沢が社会党を追い詰めすぎたことが失敗の原因だと指摘されることが多いが、この間、市川は与党代表者会議などで小沢以上に社会党への厳しい批判を繰り返していた。

新進党の成功

九四年六月の羽田内閣の総辞職に伴う首相指名選挙で、村山内閣が誕生したことにより公明党は再び野党になったが、市川が主導する公明党内の体制に変化はなく、小沢と共に自民党に対抗する新党の結成に突き進む。

細川政権の下で成立していた小選挙区制を基本とする小選挙区比例代表並立制の下では、公明党が単独で戦えば小選挙区での議席の獲得はほぼ不可能で、比例区で一定の議席を確保するにとどまる。中選挙区制の下で獲得してきた四〇～六〇議席を維持することは不可能であり、公明党も賛成してこの制度が導入された以上、公明党議員の議席を守るためにも新党に合流することは当然の帰結だった。市川は党内の慎重論を抑えて合流方針を決める。

ただ、公明党には約三〇〇〇人もの地方議員がおり、しかも東京都議会をはじめ多くの地方議会で自民党とともに与党になっていた。そのため、反自民を旗印にした新党に参加した場合、地方議会との関係をどう整理するのかが課題となった。公明党は、この年の党大会で、衆院議員全員と翌九五年の参院選で改選される参院議員らを新党である「新進党」に参加させ、非改選の参院議員と地方議員は別の政党「公明」に残すという中途半端な対応を決める。これに不満だった小沢はその後、公明党と次第に溝を深めていく。

九四年一二月に衆院議員一七六人、参院議員三八人の合計二一四人で新進党が発足。最初に挑んだ国政選挙が翌九五年七月の参院選だった。結果は、自民党が改選議席を二〇も減らして四六議席にとどまったのに対し、新進党は四〇議席と大きく躍進。とりわけ比例区では、自民党の一五議席に対し、新進党が一八議席と第一党に躍り出た。選挙区と合わせた当選者こそ自民党が改選第一党を維持したものの、選挙区での得票総数でも自民党は新進党より約四五万票も少なかった。この選挙結果は、与党に復帰していた自民党に大きな衝撃を与えた。選挙後に自民党がこの参院選の結果を衆院の小選挙区選挙に当てはめて議席予想を出したところ、自民党は新進党に完敗することが明らかになった。

自民党は、新進党が躍進した最大の要因は、全国に強固な組織を持つ創価学会だと分析した。創価学会は従来、公明党候補の支援に加え、旧田中派＝竹下派を中心に自民党の一部の候補も応援していたが、この参院選では新進党を全面的に支援。とくに都市部では、学会組織と旧民社党系の労働組合、それに保守系議員の後援会組織との連携もうまく進み、大きな力を発揮した。危機感を強めた自民党は、創価学会攻撃を一段と強めることになる。

「悪夢のような日々」を招いた新進党への参加

そもそも自民党は、細川政権時から、連立与党の要は小沢一郎と公明党・創価学会だとみていた。そして、細川政権が誕生して最初の本格的な国会である九三年秋の臨時国会から、衆参の予算委員会等で公明党や創価学会を標的にして激しく攻め立てた。その基本的な論理は「創価学会に事実上支配されている公明党が政権に参加して政治上の権力を行使することは、憲法二〇条の政教分離原則に反する」というものだった。

具体的には、「公明党の選挙活動は全国各地に点在する創価学会の施設を使って行われているのではないか」とか、「公明党の国会議員たちは池田大作らの指示に従って行動しているのではないか」等々だった。自民党の議員たちは、週刊誌の記事や元学会員から入手した内部文書などを引用しながら繰り返し攻撃を続け、その範囲は、墓苑事業に対する税務調査等にも及んだ。当時、非自民の細川連立内閣は国民のきわめて高い支持を得ていたことから、自民党は細川内閣のイメージダウンを狙い、細川個人への攻撃と並んで公明党と創価学会の関係に攻撃の照準を当てたのだ。

なお、創価学会幹部によれば、こうした攻撃を受けたこともあり、学会ではその後、各地の池田記念会館や創価文化会館といった宗教施設を使った選挙活動は一切行わないなど、形式上の「政教分離」を徹底させるようになっているという。また、九〇年代前半に行われた国税庁による創価学会への税務調査をきっかけにして、学会の行う収益事業と本来の宗教活動との経理上の区分けや宗教法人・創価学会の資産と池田大作個人の資産の整理も進め、現在はどこを突かれても問題はないという。

自民党内では、九四年一月に亀井静香や島村宜伸《よしのぶ》ら有志の議員が「憲法二〇条を考える会」を結成。この会には当時、一年生議員だった安倍晋三も参加していた。さらに羽田政権下の同年六月には、亀井らが創価学会に批判的な宗教団体や有識者らに呼びかけ、反創価学会の団体「信教と精神性の尊厳と自由を確立する各界懇話会」(通称：四月会)が設立される。六月二三日に開かれた四月会の設立総会には、自民党総裁の河野洋平、社会党委員長の村山富市、新党さきがけ代表の武村正義が揃って来賓として出席。河野は挨拶で「権力の中枢に宗教団体ときわめて密接な関係を持つ政党が座り、政治上の権力の行使と言われかねないような状況、あるいは国から特権を受けているのではないかと言われかねないような状況が目の前にある」と公明党を厳しく批判。村山と武村も同調する挨拶を行った。

その一週間後に村山を首班とする自民、社会、さきがけの連立政権が成立したことから、当時、村山政権は「四月会政権」とも呼ばれた。長年、対立してきた自民党と社会党を結び付ける接着剤の役割を果たしたのは、「反小沢」とともに「反創価学会」だったのだ。

なお、「政教分離」について、ここで公明党側の反論を紹介する。公明党代表の山口那津男は「日本国憲法に定められた『政教分離』の原則は、特定の宗教団体の政治活動を縛るものではありません。『国家が特定の宗教を優遇したり排斥してはならない』。これが政教分離の正しい考え方です」(佐藤優・山口那津男『いま、公明党が考えていること』潮新書、二〇一六年)と述べている。また、公明党はホームページ上で「国家権力が、ある特定の宗教を擁護したり、国民に強制するようなことを禁じているのが『政教分離』原則です。具体的に言うと、先の戦前・戦中に実際にあった事実として軍事政権・国家(政)が、一定の『国家神道』(教)を強要したり、天皇陛下を神に祭り上げ、思想統制を図ろうとしたことなどです」としている。ただ、「いかなる宗教団体も、国から特権を受け、又は政治上の権力を行使してはならない」(憲法二〇条一項後段)の解釈をめぐっては、様々な議論があるのも事実だ。

こうして与党に復帰した自民党だったが、先述した参院選の比例区で新進党の後塵を拝したことに危機感を強め、オウム真理教が九五年三月に起こした地下鉄サリン事件の再発防止も大義名分にしながら、学会攻撃を一段と強める。

当時、宗教法人のほとんどは都道府県が所管していた。そのため政府は、オウム真理教のように全国規模で活動する宗教法人の活動状況を把握することは難しいとして、都道府県をまたいで広域的に活動する宗教法人については、所管を文部省に変更することや、宗教法人に対する監督権限を強化することを柱とした宗教法人法の改正案をまとめて九五年秋の臨時国会に提出した(なお、創価学会も当時、所管は東京都だった)。

この法案の改正作業は、当初、自民党支持の宗教団体からも反対論が相次いだため、なかなか進まなかった。だが、九五年の参院選で与党が敗北すると、政府・与党は反対論を振り切って改正案の取りまとめを急ぎ、国会に法案を提出した。新設された宗教法人特別委員会での審議で、新進党は「調査権限の強化は信教の自由を侵す」などとして改正案に強く反対したが、猛毒のサリンを使ったオウム真理教による事件の記憶が生々しく、改正案は世論の圧倒的な支持を得ていたため、自民党は強気の姿勢で審議に臨んだ。

池田大作国会招致要求の衝撃

審議が参議院に移った段階で、自民党は、創価学会が支援する新進党にダメージを与えるため、池田大作を参考人として国会に招致するよう正式に要求した。これは旧公明党議員と創価学会にきわめて大きな衝撃を与えた。

池田の国会招致問題は、それ以前からくすぶっていたが、創価学会における絶対的なカリスマ指導者である池田が国会に呼ばれ、自民党議員から追及される姿がテレビ画面で晒されることは、その権威に傷を付けかねないため、学会幹部や旧公明党議員にとっては絶対に避けなければならなかった。複数の証言によれば、何より池田自身が国会招致を絶対に阻止するよう学会や旧公明党の幹部に厳命していたという。

参院宗教法人特別委員会の参考人質疑を終え，国会を出る秋谷栄之助創価学会会長（1995年12月4日，共同）

池田の参考人招致の問題を協議するための参院宗教法人特別委員会の理事懇談会は、九五年一一月二八日から一二月一日未明まで足掛け四日間、断続的に開かれた。途中、新進党の国会議員や秘書ら約三〇〇人が委員長室前の廊下を占拠して、委員長を五時間にわたって閉じ込めるという騒ぎまで起きた。

結局、与野党協議は、池田の招致を見送る代わりに創価学会会長の秋谷栄之助を参考人として招致することで合意したが、この間の旧公明党議員らによる委員長室封鎖の行動が報道されたことで、池田が絡んだ問題になると、旧公明党議員たちは普段とはまったく異なる強硬な行動に出ることが国民の前に示された。秋谷に対する参考人質疑自体は、秋谷が「（自民党による攻撃は）次期総選挙対策であり、対立政党の支持団体を攻撃しようという党利党略であることは明らかだ」などと反撃したことが目立った程度で、淡々と進んだ。だが、創価学会と新進党との関係について、有権者に警戒感を植え付けようという自民党の政治的意図は、一定の成果を上げた。

自民党の執拗な攻撃

自民党はその後も創価学会攻撃の手を緩めなかった。翌九六年一月の自民党大会で採択された平成八年度運動方針では「いま、わが国の政治にとって最も憂うべきは、宗教団体・創価学会が新進党という政党の皮を被って国民を欺き、権力を握ろうと画策していることである」と創価学会批判を明記。二月には、幹事長の加藤紘一が「政教分離法案」や「宗教基本法案」を国会に提出する方針を示した。いずれの法案も、創価学会を牽制することが目的であることは明白だった。

この頃、水面下では、公明党・創価学会に大きな衝撃を与える出来事がもう一つ起きる。新進党に合流しなかった旧公明党の参院議員と地方議員による政党「公明」の代表で、東京都議会議員の藤井富雄が、山口組傘下でも武闘派として名が知られていた暴力団組長と密会している様子が撮影されたビデオを、自民党組織広報本部長で反創価学会の急先鋒だった亀井静香が入手。同時に、ビデオの内容から亀井ら反創価学会キャンペーンの先頭に立っている自民党議員数人が命を狙われているのではないかとの見方が出て、自民党は警察に要請して亀井らの警護を強化させた。

九六年の通常国会でいわゆる住専問題による与野党対立が激化している最中、幹事長代理だった野中広務は、このビデオの存在を旧公明党で国対委員長などを務めた新進党衆院議員の権藤恒夫に伝え、新進党を「恫喝」したという(平野貞夫『平成政治20年史』幻冬舎新書、二〇〇八年)。

旧公明党内では、東京都が長年、宗教法人・創価学会を所管していたこともあり、東京都議会議員の地位は高く、国会議員と同等の位置付けにある。その中でも長老の藤井は学会のいわば裏仕事も勤め、池田の信頼も厚い実力者と言われていた。その藤井と暴力団組長の密会ビデオが自民党側に渡ったことは、創価学会に大きな打撃を与えた。さらにこの頃、藤井が京都で山口組系の別の暴力団の会長と会って山口組の組長との会談を申し入れたといった情報が自民党筋からしきりに流された。

一方で、この頃から幹事長の加藤紘一や幹事長代理の野中らは、創価学会側に対して揺さぶりをかける発言を繰り返す。野中は、九六年六月の講演で「創価学会は政治から手を引くか、少なくとも公明党に戻るのが賢明な道だ」と発言したが、この前後、多くの自民党幹部がそれぞれのルートで学会側に対し、「新進党から離れて元の公明党に戻り、自民党に協力してくれれば学会攻撃は終わる」との囁きを続けた。

動揺する創価学会、一・一ラインの瓦解

これは創価学会を動揺させる大きな効果を発揮した。まず各地の地方選挙で学会が自民党系候補を支援する動きが表面化する。九六年二月に行われた野中の地元の京都市長選挙では、自民、新進など五党が推す候補と共産党系の候補の大接戦となったが、選挙戦中盤に創価学会の関西地区の最高責任者だった関西長・西口良三が支援に入り、僅差で自民党などが推す候補が当選した。続く三月には、住専処理問題で与野党が激しく対立していた中で、参院岐阜選挙区の補欠選挙が行われた。選挙戦は自民党系の候補と新進党公認候補の激突となったが、創価学会は新進党候補を支援せずに自主投票で臨み、結果は自民党系候補が勝利した。さらに五月には、村山に代わって同年一月に首相に就任していた橋本龍太郎の地元である岡山県倉敷市の市長選が行われ、橋本が推す自民党系候補と新進党の元農相・加藤六月が支援する候補者の争いとなった。創価学会は自民党系候補を支援。「公明」は代表の藤井が現地入りまでしてテコ入れし、自民党系候補を勝利に導いた。

新進党内でも、自民党の思惑通り、旧公明党勢力と小沢らとの間に次第に溝ができる。新進党は、

自民党からの学会攻撃に対して、党の中枢から公明党出身者を外して批判をかわすという対応に出る。九五年九月末の党役員人事で、政務会長の市川や国会運営委員長の神崎武法《かんざきたけのり》を外す人事を行なったのだ。市川はこの人事を主導した幹事長の小沢に人事の撤回を求めて対立し、非自民連立政権の発足から新進党結党まで二人三脚で進めてきた小沢‐市川のコンビは事実上、崩壊する。これを受けて旧公明党議員たちの多くが小沢を中心とする執行部と距離を置き始めた。当時の旧公明党議員によれば、池田の国会招致問題で小沢が招致を阻止するために積極的に動かなかったことも、小沢との距離が広がる大きなきっかけになったという。

　こうした中で首相の橋本は、九六年九月二七日、衆院を解散し、小選挙区比例代表並立制の下での初めての総選挙が行われた。新進党は自民党を上回る三六〇人余の候補者を立て、単独過半数獲得による政権交代を目指したが、結果は改選前の議席を四議席下回る一五六議席にとどまった。

　敗因のひとつは、新進党内で党首に就任していた小沢に対する反発があり、そこを突いた自民党の野中らによる新進党議員の切り崩し工作が奏功して選挙直前に離党者が相次ぎ、党内がバラバラであるとの印象を与えてしまったことだった。それに加えて創価学会が、一部の選挙区で自民党候補を支援したことも影響したと言われる（平野、前掲書）。選挙後には、小沢と長年行動を共にしてきた元首相の羽田孜らのグループも離党して新党を結成。さらに翌九七年に入っても新進党からは元首相の細川など離党者が相次いだ。

　窮地に陥った小沢は「公明」に完全合流を強く求めたが、「公明」は合流しても将来展望が見えないことなどからこれを見送り、九八年の参院選に「公明」独自で臨むことを決めた。

九七年一二月一八日に行われた新進党の党首選挙では、旧公明党議員の大半が小沢の対立候補となった元農水相・鹿野《かの》道彦を支援した。小沢は再選されたが、鹿野は予想外に善戦した。これを受けて小沢は新進党解党を決断。一二月二七日に両院議員総会を開いて新進党の分党を宣言した。これによって新進党は消滅して六党に分裂。旧公明党の衆院議員の多くは「新党平和」に、参院議員は「黎明クラブ」に参加したが、小沢が代表を務める自由党にも旧公明党系の議員八人が参加した。

九三年からの激動の四年間で、公明党は非自民連立政権を樹立して初めて与党を経験したものの、一年も持たずに野党に転落。続いて、自民党への対抗勢力を結集するという壮大な実験にも取り組んだが、それもわずか三年で失敗に終わった。公明党・創価学会は小沢と組んだことにより大きなダメージを負った。小沢に利用され、振り回されたとも言えるが、そこで起きた最大の問題は、敵に回した自民党からの執拗な創価学会攻撃だった。公明党幹部が今も「悪夢のような日々」と語るかつてない危機を、創価学会・公明党は乗り切る必要に迫られていた。

自自公連立へ 一八〇度の路線転換

翌九八年七月、橋本政権の下で行われた参院選で自民党は惨敗した。消費税の三％から五％への引き上げ等によって景気が冷え込む中、首相の橋本が財政再建路線を維持するか否かで揺れ続け、選挙戦中に恒久減税に関する発言を二転三転させたことが響いたと指摘された。

橋本内閣は総辞職し、後継には小渕恵三が選出された。小渕内閣は経済危機の乗り切りが急務となっている中、参院選の惨敗を受けて参院では少数与党として発足したため、野党との協力関係の構築が直面する最大の政治課題になった。

官房長官に就任した野中は、旧公明党勢力を連立に引き入れることによって政権を安定させることを考えた。そしてまず、以前から付き合いがあり旧公明党衆院議員による政党「新党平和」の幹事長だった冬柴鐵三《てつぞう》と会談した。小渕政権への協力を呼びかけた野中に対し、冬柴は「いきなり自民党と手を組んだのでは支持者に説明ができない。ワンクッション置いてもらわなければ」と応じたという（野中広務『老兵は死なず　野中広務全回顧録』文春文庫、二〇〇五年）。

冬柴の言葉は、自民党がまず他党と連立を組んでもらえば、そこに加わっても構わないとのサインだった。自民党の巧妙かつ執拗な攻撃によって、創価学会内でも自民党と全面的な対立を続けるわけにはいかないとの空気が強まっていたことが、冬柴の言葉の背景にあった。自民党の方もすでに参院選前の三月、反創価学会の急先鋒の一人だった幹事長の加藤が講演で「宗教と非常に関係の強い政党が政治に関与することが悪いとは思っていない」と述べてこれまでの発言を修正するなど、旧公明党側に和解のサインを送っていた。

冬柴の言葉を受けて野中は、まず小沢の自由党との連立工作に全力をあげる。八月下旬、野中は亀井の仲介で、これまで「悪魔」と罵るなど激しく攻撃してきた小沢と会談。野中は冒頭、和室の入口の板の間で両手をついて頭を下げ、これまでの非礼を詫びたという。両党の協議は、政権公約をめぐってかなり揉めたが、翌九九年一月、旧公明党側が求めた通り、まず自民・自由両党の連立内閣が成立した。

この間、旧公明党側では、まず新進党から分かれた参院議員で作る黎明クラブが「公明」に合流。

さらに九八年一一月には、その「公明」と「新党平和」が合流して「新公明党」を誕生させた。代表には神崎、幹事長には冬柴が就任した。野中は、自民党国対委員長だった古賀誠らと連携し、自自連立に向けた交渉と並行して、公明党とも水面下で協議を続けた。

その中で、公明党側から出てきた要求がいわゆる「商品券構想」だった。九八年一一月に召集された臨時国会では、公明党の要求通り、子供とお年寄りなど約三五〇〇万人を対象に一人当たり二万円、総額七〇〇〇億円の地域振興券を支給するための予算を取り入れた補正予算が成立。公明党は、駅前保育所や企業内保育の充実を図ることなどを柱とした少子化対策についても強く要求し、自民党はこれについても九九年度補正予算で実現することを約束する。

公明党にとっては、厳しく批判してきた自民党に協力するという一八〇度の路線転換を行う以上、どうしても支持者、すなわち創価学会員に対して目に見える成果を上げる必要があった。これに対して、小渕内閣は、公明党を引き込んで安定した政権基盤を作る必要に迫られていたため、この時期、党内の異論を抑え込んで公明党の要求を次々呑んだ。

一方、公明党の側も九九年の通常国会で、「日米ガイドライン関連法案」「国旗国歌法案」「通信傍受法案」など野党各党が強く反対し、公明党や創価学会内でもかなり異論があった法案に賛成し、自民党への協力姿勢を強めていく。

自民党との連立参加をめぐる小沢との綱引き

それでも公明党や創価学会には、自民党と連立政権を組むことにはなお抵抗が強かった。何しろ前年、九八年の参院選でも「公明」は反自民を掲げて戦ったのだ。自民党は九八年四月、機関紙である自由新報で、以前掲載した創価学会批判の連載記事における池田大作の女性問題に関する記述について「明らかに行き過ぎがあり、申し訳なかったと考え、遺憾の意を表する」と謝罪する談話を掲載していた。とはいえ、過去数年にわたって自民党から激しく攻撃され続けてきたことへの創価学会内の反発には根強いものがあった。九九年五月の公明党と創価学会との連絡協議会では、自民党から強く連立政権入りを求められていることが報告されたが、学会側からは「公明党にとって大事な平和、福祉が実現できなくなる」といった異論が出され、会長の秋谷栄之助は、閣外協力なら容認できるとの考えを示していた。

ところが、自民党と連立を組む小沢自由党がその頃、衆院比例区の定数を五〇削減するという両党の合意の履行を強く求める。公明党にとって、衆院比例定数の大幅削減は、党の存続にも関わる重大問題だ。小沢が自公の連立に向けた協議を牽制するために、変化球を投げてきたことは明らかだった。だが、自民党は、こうした小沢の要求を阻止するためにも連立に入るよう公明党に強く働きかけ、公明党・創価学会内でも連立政権に加わるべきだとの意見が強まる。

結局、公明党は九九年七月の臨時党大会で、連立政権に参加する方針を決定した。代表の神崎は「自民党もかつての一党支配時代の意識を変えざるを得ず、他党との連携、連立を志向している」「公明党は責任政党としての政治的リーダーシップを発揮するため、連立政権参加の選択をするべきであると考える」と「反自民」からの路線転換を正当化した。出席者からは「今回の大きな路線転換は、きわめて唐突で理解しがたい」「(自民党は)公明党の政権のパートナーとしてふさわしい党に変革したのか」「結局、社会党と同様、自民党に利用されるだけではないのか」といった疑問の声が次々と出された。だが、執行部は「我々が掲げる中道政治を実現する、まさにいいチャンスだ」などとして押し切った。

神崎らの答弁は、わずか一年余で「反自民」から自民との連立に大転換することの説明としては苦しいものだった。だが、自民党による創価学会攻撃に終止符を打ち、同時に衆院小選挙区比例代表並立制の下で一定の議席を確保するためには自民党と組むしかないというのが、池田大作をはじめ公明党・創価学会首脳の最終判断だった。実際、公明党が連立に加わったことにより、小沢が求めていた比例定数の五〇削減は、二〇の削減にとどまることになった。

中選挙区制の復活　果たされないままの裏約束

この時期、継続して行われた自民党と公明党との協議では、隠れた大テーマがあった。それは衆議院の選挙制度の抜本改革だった。公明党は自らが積極的に賛成し、大騒動の末に衆院に小選挙区比例代表並立制が導入されたばかりだったので、制度の再変更を声高に主張するわけにはいかなかった。だが、新進党の解党によって再び公明党として選挙を戦うことになった以上、小選挙区中心の制度のままでは、単独で戦えば小選挙区では議席ゼロになることも予想され、比例での議席だけでは、大幅な議席減となることは確実だった。

自公連立政権の成立に大きな役割を果たした野中広務は、著書の中で「公明党と自民党が連立政権を組むに当たっての合意の一つに、衆院の選挙制度を中選挙区に戻すということがあった。これは自民党側が守らねばならない約束なのだが、果たされていない」と証言している（前掲書）。公明党は、連立政権に参加する前提として、定数三の中選挙区を全国に一五〇設けて衆院定数を四五〇まで削減する抜本改革案の実現を強く求め、当時の自民党執行部と合意していたのだ。だが、これは連立合意には盛り込まれていない、いわば非公式な合意だった。

これについては、小渕政権で幹事長を務めていた森喜朗も後に「（小沢が主張する比例定数の削減という条件を）公明党が受け入れるにあたり、実は一つ条件が出されました。それは、中選挙区の復活です。それを認めるなら賛成するということで了解ができていたのです」と証言している。

公明党は、自民党との連立政権に加わった後も衆院の選挙制度の抜本改革を求め続け、二〇〇一年九月には、自民、公明、保守の与党三党の幹事長らが会談して、人口の多い大都市部の選挙区を中選挙区にすることで基本的に合意した。だが、世論や野党側の強い反発だけでなく、自民党内からも異論が噴出。首相の小泉純一郎も消極的だったため、中選挙区制復活案は頓挫した。

公明党は、その後、民主党政権下の二〇一一年には、中選挙区制復活の要求を引っ込め、比例代表を軸とした制度などへの抜本改革を訴えていく方針を決める。これは三人区の中選挙区では、公明党が単独で戦っても議席を確保できる選挙区は少ないとの分析結果が出たことを受けた対応だった。後ほど詳述するが、公明党は当時の民主党政権と選挙制度改革の実現に向けてかなり突っ込んだ交渉に入ったものの、結局これも失敗に終わる。

公明党の不満は、衆院選の比例区では全ブロックの平均で一一～一四％の得票率を得ているのに、議席占有率は小選挙区と合わせて六～七％にとどまるという点だ。得票率の約半分の議席占有率にとどまることは受け入れがたいというのだ。今の制度では、自民党と全面的な選挙協力を行なっても、小選挙区では八～九議席を確保するのが精一杯。しかも、見返りとして、それ以外の全国のほとんどの小選挙区で自民党候補を支援するという代償を払う必要がある。創価学会内には、学会員に過重な負担をかける割には、得られる成果が少な過ぎるという不満が強く存在する。このため、公明党は二〇一四年の衆院選でも「当面する重要政治課題」の一つとして、「より民意を反映した選挙制度改革の実現」を掲げ、「小選挙区の行き過ぎた民意の集約機能」を是正する必要があると訴えている。

衆院の選挙制度改革を求める意見は創価学会内で度々噴出するが、この問題は、国会に議席を持つ政党の多くが賛成しなければ実現しない。肝心の自民党内に今やその機運がないことを考えれば、自公連立政権が続く以上、実現しないというジレンマに陥っているのである。それゆえ、創価学会の内部には、学会員の過重な負担を減らすため、衆院小選挙区から撤退すべきだとの意見が根強くあり、民主党政権下の野党時代には、それも真剣に検討された。この問題は、創価学会にとって最重要の政治課題ともいえ、今後、再びこうした声が高まる可能性は十分にある。

第2章

公明党の歴史的変遷

——言論出版妨害事件と田中派との蜜月

日中国交正常化について，竹入義勝公明党委員長(左)と会談する田中角栄首相(1972年7月18日，朝日新聞社)

創価学会の急成長と公明党の誕生

創価学会は、日蓮の仏法を信奉する在家の宗教団体だ。小学校の教諭だった牧口常三郎が戦前に設立した教育研究団体「創価教育学会」を前身としている。牧口は、日蓮正宗の教義を学ぶとともに、独自の宗教哲学として「価値論」「法罰論」を展開した。その中で牧口は、西洋哲学の「真善美」を捉え直して「美利善」という価値観を打ち出し、以来、学会では、利＝現世利益が強調されることになったという。牧口は、価値ある宗教は、それを信仰する者に利益をもたらし、逆に、その信仰に逆らう者には罰を下すものでなければならないという考えを打ち出した（島田裕巳『創価学会』新潮新書、二〇〇四年）。この考えは、今に至るまで創価学会に受け継がれ、公明党が一貫して与党を志向することにもつながっているという見方もある。

第二次世界大戦中に牧口は治安維持法違反等で捕らえられ、敗戦の直前に獄死している。牧口同様、獄につながれていた弟子の戸田城聖は出獄後の一九四六年、会の名称を創価学会と改称して活動を再開させる。戸田は「折伏《しゃくぶく》」と呼ぶ激しい勧誘活動を指揮して、三〇〇〇人ほどの会員をわずか一〇年で五〇万世帯にまで増やした。戸田が亡くなった一九五八年には創価学会は約七五万世帯もの大組織に成長していた。会員の多くは、この時期、地方の農村から東京などの都会に大量に流入してきた中小零細企業の未組織労働者や商店主らで、劣悪な環境の中で働いていた庶民だった。農村の地域共同体を離れ、都会で孤独な生活を強いられていた低所得者層に「信仰を通じた利益の実現」という教えが受け入れられ、都市部を中心に会員を劇的に増やしていった。

創価学会の政治進出を決めたのも二代会長の戸田だった。一九五四年に創設した文化部の部員たちを翌五五年四月の統一地方選に立候補させたのだ。この選挙で東京都議一人をはじめ東京二三区の区議など五〇人余を一挙に当選させた。学会員たちの選挙運動は激しく、暴力的とも批判されたが、翌五六年の参院選では六人の候補者を立てて全国区で二議席、大阪地方区で一議席の計三議席を獲得。次の五九年の参院選ではその倍の六議席を得て世間の注目を集めた。この間、五七年に行われた参院大阪地方区の補欠選挙でも創価学会は候補者を擁立したが、その選挙で、渉外部長だった池田大作は公職選挙法違反の容疑で逮捕されている（起訴されたものの後に無罪が確定）。

戸田は、政界進出の目的について、広宣流布（＝日蓮の教えを世の中に広めること）のためであり、「国立戒壇の建立」を目指すものであると述べている。ただ、それは日蓮正宗の国教化を目指すものではないとも強調し、「宗教と政治は自ずと異なるものだ」として独自の政党の結成や衆院への進出を否定していた。実際、創価学会が当選させた当時の参院議員たちは、もともと日本民主党や右派社会党に属していた。

一方で、戸田は創価学会が選挙活動を行う理由として、選挙になると会員たちの目の色が変わり、学会員の信心を引き締めるために使えるからとも述べている。

そもそも、創価学会が信奉する日蓮上人は、鎌倉幕府に対し、繰り返し諫言して弾圧された。それゆえ、創価学会が政治に進出し、政界の浄化を訴えるとともに、学会員の大半を占める貧しい未組織労働者の要求に十分に応えていなかった政治に変革を迫ることは、日蓮の姿勢を受け継ぐものとも言

池田大作　創価学会第3代会長(1962年7月2日，共同)

える。ただ、実際には当初から、選挙活動は組織を引き締め、拡大していくためのツールとして意識されていた面が大きかったのではないか。

戸田が病死してから二年後の一九六〇年、三二歳の若さで第三代の会長に就任した池田は、組織のさらなる拡大を指揮するとともに公明党の結成に乗り出す。

「公明党の生みの親、育ての親」池田大作

一九六一年一一月、池田はまず、創価学会の文化部員である参院議員九人と地方議員二七五人で「公明政治連盟」を結成させた。続いて一九六四年一一月には、公明党の結党大会が開かれ、党の綱領や活動方針などが採択された。同時に、翌年の参院選の候補者とともに次期衆院選の候補者が発表された。二代会長の戸田と同様、池田もそれまで衆院選への候補者擁立を否定していたが、公明党結党とともに衆院進出を決断したのだ。

公明党結党は、宗教活動と政治活動を組織上、明確に分けることが目的とされたが、当時の委員長以下幹部たちは創価学会の役職も兼務していた。創価学会と一体であることは明らかで、その意味ではそれまでとほとんど変わりがなかった。公明党の初代委員長に就任した原島宏治は、結党大会の挨拶で、池田大作について「公明党の生みの親であり、育ての親である」と述べている。

両者の一体性は、結党大会で採択された結党宣言や綱領にも明確に示されている。綱領には、「王《おう》仏冥合《ぶつみょうごう》と地球民族主義にのっとった恒久平和の礎の構築」「人間性社会主義に基づく個人の幸福と社会の繁栄が一致する大衆福祉の実現」などが掲げられていた。ここに出てくる「王仏冥合」というのは、創価学会にとって重要な日蓮の言葉で、「王」は政治や世間一般を、「仏」は仏法を指すことから、仏法の精神を社会の法や制度に反映させていくことを意味している。日蓮の教えを政治の場で実践し、広めていくことを目指す宗教政党であることが明確に示されていた。

綱領では同時に「われわれは大衆とともに語り、大衆とともに戦い、大衆の中に死んでいくことを誓うものである」という池田の言葉を引用して「大衆」の党であることを強調。支持基盤である都市部の低所得者層を強く意識したものとなっている。「大衆福祉をめざして」という政策集なども発表し、所得再配分政策などを提案している。なお、「大衆とともに語り……」とのフレーズは現在の公明党の綱領にも掲げられている。

一方、結党宣言では、既成政党を強く批判した上で、「日本の政治を根本的に浄化し、議会制民主政治の基礎を確立し、深く大衆に根をおろして、大衆福祉の実現をはかる」「ひろく地球民族主義の立場から、世界に恒久的平和機構を確立することを最大の目標として果敢に戦う」として、「政界浄化」「大衆福祉」「世界平和」という今につながる理念を打ち出している。

組織の維持・拡大のツールとしての選挙

その後、公明党は福祉政策重視に傾斜していくが、そもそも創価学会の政界進出が地方議会から始まったことを考えれば、「国立戒壇の建立」や「政界浄化」といった理念的なものより、都会に出てきて苦しい生活を余儀なくされている学会員たちの要望に沿った「大衆福祉の実現」という現世利益こそが、政界進出の一つの動機だったのだろう。ただ、先述したように選挙は組織を引き締め、拡大していくためのツールとしての側面が大きかったことは否めず、それは、池田時代の学会で「選挙に勝つことが信心の証し」との論理が徹底されていくことにもつながる。

結成翌年の一九六五年の参院選で公明党は、地方区二、全国区九の合計一一議席を獲得。非改選議席を合わせると二〇議席で、参院における第三党に躍進した。六七年には初めての衆院選に臨み、一挙に二五人もの当選者を出した。

その直後、公明党は党大会を開き、これまでの参院議員による執行部を一新。新しい委員長に竹入義勝、書記長に矢野絢也《じゅんや》という当選したばかりの衆院議員を選出する。これは池田大作の指名による人事で、池田がいかに衆院を重視していたかが見てとれる。竹入‐矢野体制はその後、約二〇年も続くことになる。

公明党は、その後も党勢の拡大を続け、六八年七月の参院選では一三議席を獲得し、非改選議席と合わせて二四議席を確保した。得票数は六六五万余で、得票率は一五・五％にも達した。翌六九年一二月の衆院選で、公明党は前回の倍近い四七議席を獲得。衆院でも自民、社会両党に次ぐ第三党に躍り出た。

戸田城聖が死去した時点（一九五八年）で七五万世帯超にまで急成長していた創価学会の会員は、一九六〇年代を通じても飛躍的に増え、六九年には、公称七四〇万世帯にまで膨張していた。創価学会の会員は、信仰の対象であるご本尊を受領して初めて正式に認められるが、一度それを受けた世帯はその後、活動しなくなっても除かれないため、この数字にどこまで信憑性があるかについては様々な議論がある。

大きな岐路となった言論出版妨害事件

膨張する創価学会を背景に公明党が国会での議席を増やすと、それを警戒する声も高まった。創価学会の信者獲得の強引な折伏活動と他宗教への激しい攻撃には、以前から「ファッショ宗教」との厳しい批判が上がっていたが、公明党が衆院に進出して議席を急増させると、創価学会や公明党を危険視する書籍なども増える。その代表がジャーナリストの内藤国夫による『公明党の素顔』(エール出版社、一九六九年)と明治大学教授で政治評論家の藤原弘達の『創価学会を斬る』(日新報道、一九六九年)だった。

ここで、創価学会と公明党にとって大きな転換点となる、いわゆる「言論出版妨害事件」が明るみに出る。一九六九年一二月、前月刊行された藤原の著書『創価学会を斬る』をはじめとする学会批判の書籍の出版に、公明党・創価学会が圧力を加えていることを共産党が暴露。機関紙赤旗は糾弾キャンペーンを開始した。この問題では、当時の自民党幹事長・田中角栄が、公明党委員長の竹入の依頼を受けて著者の藤原に出版差し止めを要請していたことも明るみに出て、公明党・創価学会は世論の激しい批判にさらされた。

当初は全面否定していた公明党だったが、結局、書記長の矢野が記者会見で、公明党の都議らが藤原や出版元に接触したことを認め、「国民に疑惑を抱かせたことは遺憾だ」と謝罪。その上で、公明党と創価学会を徹底して分離することを宣言した。それでも批判の声は収まらず、翌一九七〇年の通常国会では、連日のように野党各党がこの問題を取り上げ、「公明党・創価学会が他の書籍の出版についても妨害していた」などと厳しく追及した。野党側は、池田に対する証人喚問も要求したが、政府・自民党は一貫して公明党・創価学会をかばい続けた。

田中角栄は、自身の出版差し止め要請について、「竹入に頼まれたからではない。勝手におせっかいをやいているだけだ」と竹入をかばった。また、当時の首相・佐藤栄作も、「正しく書いてほしいという気持から出たことだろう」などとして、公明党・創価学会の言動は言論弾圧には当たらない旨の答弁を繰り返し、野党の主張に同調することはなかった。

絶たれた池田大作の望み

自民党の助けで何とか国会を乗り切った公明党だったが、この言論出版妨害事件で、公明党は創価学会との関係を大きく変えることを余儀なくされる。

一九七〇年五月三日、池田大作は会長就任からちょうど一〇年の記念日であるこの日に行われた本部幹部会で、一連の問題について「言論妨害というような陰険な意図はまったくなかったが、結果としてこれらの言動が全て言論妨害と受け取られ、関係者の方々に圧力を感じさせ、世間にも迷惑をおかけしてしまったことは誠に申し訳ない」と率直に陳謝した。その上で池田は、日蓮正宗の国教化や国立戒壇の建立を強く否定し、世間から批判されるような強引な折伏活動を止めることも約束。公明党との関係については「政教分離」を徹底させていく方針を示した。具体的には、▼議員が創価学会の役職を兼任することは認めない、▼創価学会はあくまで公明党の支持団体としての立場を貫き、選挙運動も党組織の活動とする、▼池田自身は生涯、政界には出ない、などを宣言した。

これは、戦後、順調に拡大を続けてきた創価学会にとって、初めての大きな挫折だった。池田は、公明党が衆院に進出して議員数を急増させた六〇年代後半、公明党の幹部に対し、衆院の過半数の議席を目指すよう繰り返し檄を飛ばし、公明党の単独政権によって自らが首相になることを目標としていたとの証言がある（矢野絢也・島田裕巳『創価学会　もうひとつのニッポン』講談社、二〇一〇年）。だが、この言論出版妨害事件でその望みは絶たれることになった。

公明党は、翌六月の党大会で新しい党則や綱領などを決定した。新綱領では、国民政党として「中道主義」を貫き、福祉社会の建設を目指すことや日本国憲法を守り議会制民主主義の確立を期すことなどが盛り込まれた。公明党結成時の綱領や結党宣言に使われていた「王仏冥合」などの宗教的な用語はすべて消えたが、それは、創価学会にとって政治進出の当初の目的を失うことでもあった。

言論出版妨害事件で世論の大きな批判を浴びた後、最初の国政選挙となった七一年の参院選と翌七二年の衆院選では、さすがに創価学会の動きが鈍くなり、公明党は得票数を大幅に減少させた。だが、その後、急激に回復する。先に記したように、この時点で創価学会の内部では、公明党の議席の獲得こそが会員の信仰心の強さの証しであるという構図ができていたため、党の綱領が変わって宗教的な目標を失っても、運動員の選挙活動にそれほど大きな影響はなかったのだ。

自民党田中派との関係を深めた公明党

ただ、言論出版妨害事件は、その後の公明党の進路には大きな影響を与えた。長期的に見れば、公明党が現実路線に傾斜していく大きな転換点となったのだ。

結党直後の六〇年代後半、公明党は野党らしい野党として政府・自民党を厳しく追及していたため、自民党にとってこの「事件」は、公明党を取り込み、野党を分断する格好の材料に見えた。次期首相の座を窺っていた自民党幹事長の田中角栄が、その時点では、さほど付き合いが深かったわけでもない公明党・創価学会のために動いたのは、それだけ利用価値があると見ていたためだろう。

その背景には、この時期、社共共闘による「革新自治体」が全国に広がる勢いを見せていたことがあった。急速に勢力を拡大しつつあった創価学会および公明党が、社会、共産両党との共闘に傾くのか、それとも保守勢力と協調するようになるのか、その動向はきわめて注目されていたのだ。

この問題で、公明党は田中角栄に大きな借りを作ることになった。その後、公明党は、各地の地方選挙で自民党推薦候補の支援を要請されたり、国政選挙で田中派の候補者の応援を要求されることになったという。また、日中国交正常化に向けた交渉では、公明党が田中の意を受けて中国側との折衝にあたることにもなった。

その後、長く続く自民党田中派やその後継派閥である竹下派・小渕派と創価学会・公明党との密接な関係は、この問題を契機に始まった。それは、九〇年代に竹下派出身の小沢一郎と組んで非自民連立政権を作ることにもつながり、その後、小渕政権下で自民党との連立に踏み切ることにもつながった。それは単なる偶然ではないだろう。

田中派と公明党・創価学会は、その生い立ちから来る意識や政策面での親和性も強かった。田中は、新潟県の農村に生まれ、高等小学校を卒業後に上京して首相まで上り詰めた叩き上げの政治家だ。同じく農村から都会に出てきた農家の次男坊、三男坊で、低学歴の中小零細企業の労働者や商店主らが大多数を占めていた創価学会の会員たちとは、共通するメンタリティがあった。

先に述べたように創価学会は、そもそも会員の生活の向上を目指す「現世利益」の宗教団体であり、公明党の政策も結党時から一貫して大衆福祉の充実に重点が置かれ、綱領などでも安全保障問題や憲法改正問題に関する言及は少なかった。一方、田中派も公共事業や社会福祉政策、税制等には強かったが、福田派や中曽根派のように憲法改正問題や安全保障問題など理念的な問題に熱心な議員は少なかった。公明党も田中派も理念型ではなく、きわめて現実主義だという点で共通していた。両者が関係を深めていく必然性は十分にあったのだ。

言論出版妨害事件の後の七二年の衆院選で議席を大幅に減らした公明党は、一時的に左派色を強める。自民党の田中角栄に手助けを頼んだことを野党各党から総攻撃されたため、自民党に近いというイメージを払拭することで活路を見出そうとしたのだ。その背景には池田の意向があったといわれる。公明党は結党時の活動方針で、日米安全保障条約について「将来的に解消」としていたが、七三年の党大会で採択された活動方針では「即時廃棄」とされ、自衛隊についても違憲の疑いがあるとした。

七〇年代前半には、安保・外交問題でも経済政策でも社会党の路線に近い主張を打ち出した。そして委員長の竹入は「中道革新連合」を提唱し、社会党や民社党との共闘路線を打ち出す。外交面でも中国やソ連、北朝鮮といった社会主義圏との関係に力を入れ、独自外交を展開した。

特に中国については、佐藤内閣が中国との対決姿勢を維持していた中で、公明党はいち早く、当時の台湾との条約を破棄して中国と国交正常化すべきだとの方針を打ち出す。これは、先に発表された池田による中国との国交正常化に向けた提言を受けたものだったが、公明党は七一年から七二年にかけて竹入らが三度にわたって中国を訪問し、田中内閣による日中国交正常化に道筋をつける。

創共協定への反発

七五年には、前年末、創価学会と共産党が、互いの立場を認めて誹謗中傷を行わず、共存することなどを確認した「創共協定」を結んでいたことが明らかになり、政界関係者に衝撃を与えた。創価学会が公明党を結成して以来、公明党と共産党は、支持基盤がともに都市部の低所得者層で重なることから、激しい票の奪い合いを演じ、非難合戦が繰り広げられてきた。

公明党の選挙活動の実働部隊は創価学会の婦人部や青年部なので、現場でぶつかり合うのは、創価学会員の婦人や若者と共産党員だった。共産党は「公明党は反自民を掲げながら、実際は自民党の反共キャンペーンに手を貸している」などと激しく攻撃していた。言論出版妨害事件も共産党議員のテレビ討論での暴露から始まり、赤旗のキャンペーンによって学会は窮地に追い込まれた。

池田は、この共産党の攻撃を止めたいと考え、共産党との協定の締結に動いたのだ。協定の有効期間は一〇年とされた。だが、この協定は池田が独断で進めたもので、公明党の幹部らには知らされていなかったため、竹入や矢野ら党執行部はこれを知らされると強く反発。公明党は中央執行委員会で共産党とは共闘しないことを確認し、国会での野党共闘でも共産党を排除する姿勢をより明確にした。

共産党は「共闘なき共存はあり得ない」などと抗議したが、池田大作もそうした公明党執行部の姿勢を放置したため、協定は事実上、一年と持たずに効力を失った。

後に矢野は、創共協定によって、一般社会の中に広く存在した「創価学会や公明党は嫌いだが、反共勢力としては意味がある」との評価が覆ることを恐れたことや、その後、実際に政府サイド、特に公安筋から苦情が寄せられたことを明らかにしている（矢野・島田、前掲書）。

創共協定の騒ぎを経て、公明党は七五年一〇月の党大会で政治方針を現実路線に戻す。「日米安保条約の即時廃棄」といった社会党に近い安全保障政策を見直し、「改心した自民党員も抱き込む」とする「中道国民戦線」という方針を打ち出した。この路線はその後も一貫して続き、先述した小沢一郎らとの非自民連立政権の樹立にもつながっていく。

中曽根政権下の一九八四年には、公明党と民社党が自民党の反中曽根勢力と連携した「二階堂擁立劇」が起きる。この年の自民党総裁選で再選を目指していた中曽根康弘に対し、前首相の鈴木善幸や元首相の福田赳夫らが再選に反対し、密かに田中派出身の副総裁・二階堂進を首相候補にする計画を水面下で進め、公明党と民社党にも三党連立政権を前提に協力を働きかけた。公明党委員長の竹入と民社党委員長の佐々木良作も同調したが、結局、肝心の二階堂が田中の説得に応じてこの計画から下りたため、計画は頓挫する。

公明党は、その前の大平政権の時にも大平側から連立を持ちかけられ、検討した経緯もある。すでにこの頃から自民党との連立を視野に入れていたのだ。公明党はその後も、社会党との連携よりも派閥抗争が激化していた自民党の一部と連携することを目指す方針を打ち出していく。実際、当時の政治情勢を客観的にみれば、社会党と組むより政権を獲得する実現可能性ははるかに高かった。この頃、自民党は得票総数を徐々に減らしており、公明党が次第に弱体化する自民党と手を組む基盤はできつつあったのだ。

「ねじれ国会」という跳躍台

結党以来、公明党は一貫して与党になることを目指してきたともいえる。最初は、社会党や民社党とともにそれを目指すという方針だったが、次第に教条的な左派が牛耳る社会党を見限り、自民党の一部との連立を志向していった。それは低所得者層が多いとはいえ、一貫して「反共」であり、現世利益重視の学会員にとっても受け入れやすいものだったのかもしれない。

決定的だったのが、一九八九年(平成元年)の参院選だった。自民党がリクルート事件や消費税導入の影響などで歴史的大敗を喫し、非改選の議席と合わせても参院の過半数を大きく割り込む、「ねじれ国会」が初めて出現したのだ。この時、参院で二一議席を擁する公明党が賛成すれば政府提出法案は成立するため、公明党が法案の成否を決する「キャスティングボート」を握ることになった。

参院選後に成立した海部内閣の下で自民党幹事長に就任した小沢一郎は、公明党と民社党に接近。「自公民」三党で多数派を形成し、「ねじれ国会」を乗り切ろうとした。小沢は、とりわけ公明党を重視し、書記長の市川雄一との関係を深めていく。これが第1章に記した非自民連立政権に向けた第一歩となったのである。

第3章

創価学会と公明党の内部構造

――深化する一体化

東京・南元町の公明党本部(1969年1月23日，朝日新聞社)

池田大作と公明党

ここで、公明党とはどういう政党なのか、創価学会との関係は実際のところ、どうなっているのかについてまとめてみたい。

すでに触れたように、公明党は創価学会会長の池田大作の発案で結成された。二〇一四年一一月に刊行された公明党の創立五〇周年を記念する党史『大衆とともに——公明党五〇年の歩み』の巻頭グラビアでも、池田の写真が「池田大作公明党創立者（創価学会会長＝当時）」とのキャプション付きで掲げられている。この党史の冒頭で公明党代表・山口那津男は、「公明党は一九六四年（昭和三九年）一一月一七日に、池田大作創価学会会長（当時）の発意によって結成された。『大衆とともに語り、大衆とともに戦い、大衆の中に死んでいく』（池田大作・公明党創立者）の指針のもとで、大衆福祉の実現をめざして、活発に活動を展開し、結党五〇年の佳節を迎えた」と説明している。

先に記した「言論出版妨害事件」をきっかけにした「政教分離」宣言以降、公明党は長年、創価学会との関係をことさらに隠そうとしてきた。だが、自民党との連立政権が長く続き、創価学会に対する社会のアレルギーが薄らいできたことを受けて、公明党は最近、池田および創価学会との関係を堂々と語るようになってきている。

結成された直後の公明党は、初代の委員長に就任した原島宏治が結党大会の挨拶で池田を「公明党の生みの親であり、育ての親である」と表現したことや、初めての衆院選の直後に、委員長が池田の指示によって、当選したばかりの竹入義勝に交代したことなどをみても、完全に創価学会の下に置かれていたことがわかる。

だが、二回目の衆院選で四七議席を擁する野党第二党に躍り出た後に起きた「言論出版妨害事件」への対応や、その後の「創共協定」をめぐる騒動における関係者の証言を総合的に分析すると、当時の創価学会および会長の池田大作と公明党執行部との関係には、一定の距離があったことがわかる。

委員長の竹入らは、節目ごとに池田に報告し相談していたものの、日中国交回復に向けた動きや「創共協定」の取り扱いなどをめぐって、かなり独自の行動を取っていた。矢野絢也の証言によれば、当時竹入は、池田の耳に入ることを前提に、「(池田)会長の言うことはどう考えても、おかしい」などと大勢の党幹部の前で批判することが度々あったという(矢野・島田、前掲書)。

竹入は、創価学会から公明党をある程度自立させようと模索し、池田と緊張関係にあったとも受け取れる。ただ、竹入自身が後に、「創価学会の世界には独特の論理がある。『辞めるか辞めないかは、自分で決めることができない。(公明党幹部の)任免は池田大作会長の意思であり、勝手に辞めるのは不遜の極みだ』というものだ」「委員長を引き受けるときから人事権は学会にあると、明記されていた」(竹入義勝「秘話・55年体制のはざまで」朝日新聞連載、一九九八年)と述べており、どこまで本気で「自立」が可能だと思っていたのかはわからない。

その背景には、言論出版妨害事件で創価学会と公明党が「政教分離」を進めたこともあったのだろうが、基本的には池田の「神格化」がまだそれほど進んでいなかったことが大きかったと思われる。池田は弱冠三二歳で創価学会会長に就任し(一九六〇年)、事件当時はそれから一〇年ほどしか経っていなかった。唯一無二の指導者としての地位は確立していたものの、池田と同様、二代会長・戸田城聖の門下生で池田よりも先輩格の幹部たちがなお多く残っており、中には池田を公然と批判する幹部もいた。そうした環境にあったからこそ、竹入が池田を批判して牽制することも可能だったのだ。年齢的にも竹入は池田よりも年上であり、「政治のことは基本的に任せてもらいたい」と考えていたのだろうし、池田も竹入らに自分の考えを一方的に押し付けることは容易にはできなかったのだろう。

それに比べて現在は、公明党の代表が大勢の前で池田批判を口にするなどということは考えられない。創価学会の幹部も国会議員もそのほとんどが、池田が絶対的な指導者として君臨するようになってからの池田の「弟子」であり、批判など口にできない雰囲気が蔓延しているからだ。

池田が健康を害して、事実上不在になってからすでに六年になるが、池田が元気だった一〇年ほど前は、約一〇〇〇人が参加する毎月の本部幹部会の席上で、池田がその場にいる公明党や創価学会の幹部に罵声を浴びせることは珍しいことではなかった。それが一般の会員たちの不満のガス抜きにもなり、同時に池田の権威を高めることにもなったからだ。

本部幹部会の様子は収録され、編集された上で全国の創価学会の会館で「中継」と称して上映されるため、池田はあえて、そうした言動をして見せたのではないか。公明党の歴代トップの神崎武法も太田昭宏も、本部幹部会で池田から名前を呼ばれれば、立ち上がって直立不動になっていたという。これについて矢野絢也は、「私たちの頃には（満座の前で）池田さんから『立て』などと命令されることなど一度もなかった」と証言している（矢野絢也『黒い手帖　創価学会「日本占領計画」の全記録』講談社、二〇〇九年）。

ただ、個別の政策や国会対応などについて、池田が党側に細かく指示を出すことは以前からほとんどなかったという。では、基本的に政治方針が党側に任されているのかといえば、そうではない。学会の幹部たちが定期的に公明党幹部と協議を行い、注文を出しているのだ。

頻繁に協議を開くようになった公明党と創価学会

組織としての創価学会と公明党の一体化が以前より進んでいることは、両者の協議がより頻繁に行われるようになっていることで明らかだ。

公明党の幹部たちが、普段よりかなり早い午前七時頃に議員宿舎を慌ただしく出て学会関連施設のある東京・信濃町に向かう姿は、以前から時々目撃されていた。それが二〇〇六年、公明党の代表が神崎から池田直系の太田に交代し、創価学会の会長も四半世紀ぶりに秋谷栄之助から原田稔に交代した頃から頻繁に見られるようになった。それまでは月に一、二回開かれるだけだった創価学会幹部と公明党幹部による非公式な協議が、少なくとも国会開会中は毎週一回、木曜の朝に開催されるようになったのだ。

出席者は、学会側が会長をはじめ理事長や事務総長、それに婦人部長や青年部長ら、党側は代表をはじめ幹事長や政調会長、国対委員長らで、双方合わせて一〇人余だ。協議は主に公明党側から当面の政策課題や国会の見通し、それに各地の選挙情勢などについて報告し、それに対して創価学会側が意見や注文を述べるという形で行われる。

学会側は、普段はほとんど聞き役に徹しているというが、選挙に関わる課題になると注文は一気に厳しくなる。たとえば、二〇〇八年秋、首相の麻生太郎がいつ解散に踏み切るかが焦点になっていた頃、創価学会側は麻生に早期解散に踏み切らせるよう繰り返し強く党幹部に求めた。このため、代表の太田らは、麻生に対して何度も早期解散を求めて詰め寄った。翌年に創価学会が重視する東京都議選を控え、それが衆院選と重なると創価学会員の運動が分散されて厳しい戦いになるため、すでに準備を始めていた衆院選を早く行なってもらう必要があったのだ。ところがこの時は、麻生が解散をためらい続けて、結局二つの選挙が翌夏に近接して行われ、公明党は衆院選で惨敗することになった。

また、二〇一五年秋に消費税の軽減税率導入問題に関する自民党との協議がヤマ場を迎えていた頃には、学会側は毎週のように公明党の幹部たちに対し、一定規模以上の軽減税率の実現を強く求めた。実は、これも単なる政策の実現ではなく、公明党が直近の衆院選で軽減税率の導入を有権者に明確に約束していたため、実現できなければ翌年の参院選で運動員の足が鈍って苦戦することが予想されるという事情からだった。

この時は安倍が公明党の主張を全面的に受け入れて決着し、公明党は翌二〇一六年の参院選で勝利を収めた。公明党と創価学会がいくら形の上で分離したとはいえ、実際に選挙運動を担うのは婦人部を中心とした創価学会の運動員たちだ。先述したように、選挙結果が学会の幹部たちの勤務評定になることもあり、学会側は選挙に絡む案件になると目の色が変わる。

創価学会の「琴線に触れるテーマ」

両者の関係についてまとめると、一体化が進んでいるとは言っても、創価学会側からの要望に公明党が唯々諾々と従っているということでは必ずしもない。日常の国会対応や政策協議の進め方などは、基本的に党側に任されている。ただ、前記の選挙に直結する問題や、それと関連する自民党や民主党(民進党)との関係をどうするかといった公明党の進路に関する基本問題、それに個別政策でも憲法改正や教育基本法の改正といった創価学会の琴線に触れるテーマになると、学会側から厳しい注文が付いて、公明党の執行部はそれに応えるために全力をあげることになる。

なお、創価学会の「琴線に触れるテーマ」というのは、憲法九条の改正問題に代表されるように、かつて池田が論文などで明確な見解を示したことがあるものが大半だ。

こうした非公式協議の中身については、さすがに「政教一致批判」を意識して、公明党の幹部たちの口は重く、協議の存在そのものさえ否定するため、公明党担当の政治記者もその内容を聞き出すことは容易ではない。それは、創価学会が原則として毎月一回開く本部幹部会や年に二回開催する最高協議会などに公明党の幹部が出席していることについても同様で、マスコミの取材に対しては原則として答えないことになっているようだ。

結論として言えるのは、一九七〇年に政教分離を宣言して以降、池田が一般の人の目に触れる公の場所での政治的発言を一切止めたことや、学会幹部から公明党議員に転出するケースが減少したこと、それに公明党幹部と学会幹部の接触に関する報道が少ないことなどから、公明党が独立性を強めているのではないかという論者もいるが、実態は異なるということだ。

公明党の人事はどのように決まるのか

次に公明党の幹部人事や国政選挙の候補者選びについて説明したい。

かつての公明党の委員長や書記長、今の代表や幹事長の人事は、結党当時も現在も創価学会の最高幹部たちが決めているのが実態だ。もちろん、公明党幹部の意見を聴いた上でのことだが、以前は第三代委員長の竹入のケースで見たように池田の一声で決まっていたし、今は創価学会会長の原田稔や事務総長の谷川佳樹らが相談して決める。それゆえ、公明党の代表選挙はいつも立候補者が一人しかおらず、無投票で決まるのだ。基本的には学会が上位にあるという点は一貫している。

定年制にかかる議員を実際に引退させるかどうかや、衆参両院の候補者選びについても、主導権は学会側にある。

たとえば、「政権交代選挙」となった二〇〇九年の衆院選で落選した公明党前代表の太田のケースだ。太田は、この時点ですでに党の定年制によって引退する年齢だったが、創価学会は、その年の秋、会長の原田が主導して太田を翌二〇一〇年参院選の比例区の候補者にすることを内定した。ところが、二〇一〇年の正月、池田が創価学会の幹部たちの前で「太田は(公認して)大丈夫なのか」と疑問を投げかけた。慌てた学会幹部たちはすでに発表していた太田の公認を取り消す。後で詳述するが、太田の公認に対して学会婦人部の幹部たちが強く反発しているとの情報が池田の耳に入っていたのだ。

新人発掘は地元の学会組織から

新人候補の選定については、公明党、創価学会双方の幹部とも、ほぼ一〇〇%、学会側からの推薦で決まると口を揃える。ちなみに、公明党の国会議員にも以前は、国対委員長などを歴任した草川昭三のように学会員ではない国会議員がいたが、現在は全員が学会員だという。

たとえば、ある地方で衆院選の新たな候補者を決める必要が生じた場合、公明党の都道府県本部は創価学会の地元組織や本部に候補者の推薦を依頼する。学会員にどのような人材がいるのか、その人物が職場や地域でどのような評判なのか、学会の宗教活動にどの程度参加しているのか等々の情報量は、党よりも学会の方が圧倒的に多いからだ。候補者を探していることが創価学会組織に伝われば、「地元の進学校を卒業して上京し、東京の一流大学を出てどこそこの大企業に就職している、こういう学会員がいるはずだ」といった情報が、本人が地元を離れて二〇年近くたっていても、その地域の学会婦人部から上がってくるという。

こうしたケースでは、この人物が現在住んでいる地域の学会の組織や職域組織に問い合わせて人物像を調べた上で、評判がよければ公明党本部の代表か幹事長が本人に会って「面接」する。本人にしてみれば、ある日突然、公明党幹部から「会いたい」と電話がかかってきて、会えばいきなり選挙に出るようにと言われるわけで、戸惑うのが普通だ。会社で順調に出世していても辞めなければならないし、政治家になれば負担をかける家族の了解も必要だ。幹事長らに繰り返し説得されても断る学会員も少なくないという。

公明党では、他党とは異なって自ら選挙に出たいと手を挙げて候補者に決まるケースはほとんどない。それだけに、とにかく真面目な勉強家が多く、政治家にしてはおとなしく紳士的な議員が多い印象を受ける。各党の政治家を取材してきた筆者の経験から言えば、それは他党、とりわけ自民党内で権力闘争を経て勝ち上がってきた幹部たちと駆け引きを繰り広げる上では不利ではないかと感じる。公明党第一世代の竹入や矢野、それに国対委員長などを歴任した権藤や非自民連立政権をつくった市川など、かつては老練な政治家も少なからずいたが、現在はそうしたタイプがあまり見当たらない。公明党にとっては交渉術に長けた人材を発掘し、育てることも必要だろう。

候補者に決まる人物の職業だが、結党の当初は、高学歴の学会員が少なかったため、高卒の中小企業経営者や地方議会の出身者が多かったが、最近は東大などの一流大学を出た中央省庁の官僚や大企業の社員、それに医師や弁護士、公認会計士といった社会的エリートが大半を占めている。創価学会では社会の各分野で活躍する学会員のリスト＝データバンクも作成していて、そこから候補者がリストアップされることもあるという。

その一方で、創価学会で青年部長などの要職を務めた前代表の太田や役員室等で勤務経験のある現幹事長の井上義久のような創価学会本部職員の経験者は最近、見かけることがない。

ちなみに、学会の専従職員も最近は、池田が創設した創価大のほか、東大や早大などの一流大学の卒業生が大半を占める。「貧乏人と病人の宗教」と揶揄された草創期の創価学会の面影はもはやない。

財政面でも創価学会に支えられる公明党

次に、公明党の財政面を検証する。平成二六年（二〇一四年）の政治資金収支報告書によると公明党の収入は一三一億円余りで、自民党の二三四億円、共産党の二二四億円に次ぐ三番目となっている。公明党の場合、選挙活動は創価学会員が手弁当で行うので政治資金はあまりいらないのではと思われているが、実際はかなりの資金を集めている。

ただ、その内訳は、公明新聞の販売やその広告収入など機関紙誌の発行に伴う収入が八五億円余と全体の六五％を占めており、これは共産党と共通する特徴だ。残りは国からの政党交付金と党員の納める党費が大半を占め、企業献金はごくわずかだ。このうち党費は四五万人余から一二億七〇〇〇万円余が支払われているが、これは自民党や民主党よりも多い。だが、公明党の党員は大半が創価学会員で、それも創価学会の中で地域ごとに「義務」として割り振られた党員がほとんどだという。その党員たちが一三億円近くもの党費を納めているのであって、公明新聞など各種出版物の購読者を含め、財政面から見ても事実上、創価学会丸抱えの政党と言っても過言ではないだろう。

ここまで見てきたように公明党と創価学会は実態上、一体化している。とはいえ、「政教分離」宣言以降、形の上では完全に分かれ、政党とその支持団体という形を取っているため、支援する際は驚くほど厳格に手順を踏んでいる。たとえて言えば、自民党と日本医師連盟（日本医師会）、民進党と連合との関係と同様である。その手順を簡単に説明すると、公明党はまず、国政選挙の半年ほど前になると常任役員会で創価学会に支持を依頼することを決め、正式に申し入れる。これを受けて創価学会は、選挙に関する決定機関である「中央社会協議会」を開き、これまでの公明党の実績を他党と比較するなどして公明党を支持するかどうか協議する。その上で公明党が最も生活者の視点に立って政策を推進しているなどとして支持を決定する。だが、こうした一連の手順は形式的なものになっているのが実態だ。

宗門戦争　日蓮正宗との決別

序章にも記したが、本書は、宗教団体としての創価学会を分析することが目的ではない。だが、ここで創価学会の宗教的な変遷と社会との関係について少し説明しておきたい。それは、自公連立政権が長く続いている理由にもつながっているからだ。

創価学会は、日蓮宗の一派である日蓮正宗の在家の信徒団体だった。学会の教学は日蓮正宗の教学であり、葬儀なども含め日蓮正宗の寺院で宗教儀礼を行なってきた。学会員たちは、静岡県富士宮市にある総本山の大石寺に多額の献金を行い、それは大石寺の建物や各地の寺院の建立などに使われてきた。創価学会は日蓮正宗とともに発展してきたのだ。

だが、一九七〇年代に入って日本の高度成長期が終わり、地方から都会への流入者を信者として獲得することで拡大してきた創価学会の会員数も頭打ちとなる。その時、「第一次宗門戦争」と呼ばれる日蓮正宗との対立が起きる。この対立には、会員数の伸びが止まり、学会の財政が厳しくなってきたことが背景にあったという指摘がある。学会員の寄付はその多くが創価学会をすり抜けて日蓮正宗に集められていたが、池田は、一九七七年一月の講演で、創価学会の会館は現代の寺院にあたることや出家と在家が同格であることなどを表明。これは、大石寺や各地の寺院に流れていた学会員の寄付を学会の会館に集めようという意図から出た発言だというのだ（島田裕巳『公明党vs.創価学会』朝日新書、二〇〇七年）。池田の表明に対して日蓮正宗の僧侶たちから「教義逸脱だ」との激しい批判が沸き起こる。この時は結局、池田が大石寺に「お詫び登山」を行なって謝罪した。

この第一次宗門戦争については、教義をめぐる対立が本質だったとの見方もある。言論出版妨害事件を契機に、池田が「国立戒壇の建立」という言葉を「政教一致という誤解を招く」として今後は一切使わないことを宣言したことがきっかけになったというのだ。その延長線上で、創価学会は当時、大石寺に寄進しようとしていた巨大な正本堂を「国立戒壇にあたるものである」と宗門側に認めさせようとした。ところが、日蓮正宗の中でも教義に厳格な一派が強く反発し、教義をめぐる対立が激しくなった。これが第一次宗門戦争の原因だという（玉野和志『創価学会の研究』講談社現代新書、二〇〇八年）。

そうだとすれば、創価学会が政治の世界に進出したゆえに受けた批判をかわそうと「国立戒壇の建立」を放棄したことが原因ということになる。つまり、創価学会が政界への進出によって世俗化したために、宗門との対立が始まったという見方だ。

いずれにしろ、池田は七九年四月、創価学会会長を退くとともに、日蓮正宗の信徒を代表する法華講総講頭も辞任した。会長を退いた池田は、名誉会長という池田のために新設されたポストに就いた。これが契機となって池田の影響力は一時、学会内でも低下したが、ほどなくその力を回復し、その存在は神格化されていく。

創価学会にとって決定的な転機となったのは、一九九〇年だった。詳しい経緯は省くが、その年から始まった「第二次宗門戦争」で、創価学会側は宗門側の要求を突っぱね、機関紙の聖教新聞紙上で宗門批判のキャンペーンを行うなどしたため、一九九一年、日蓮正宗側は最終的に創価学会を破門した。日蓮正宗の信徒団体として拡大してきた学会にとって、宗門との決別はきわめて重大な出来事だった。これを受けて、創価学会では、これまで崇めてきた「ご本尊」や日蓮正宗の僧侶に依存してきた葬儀などの儀礼を今後どうするかなどが大問題となり、古参会員には動揺が見られたという。だが、会則を変更し、牧口、戸田、池田という三代の会長を「広宣流布の永遠の師匠とする」と打ち出すなど、脱日蓮正宗化を明確にすることでそれを収束させ、会員数の減少を防いだ。

社会の「嫌われ者」からの脱却と自公連立政権

この日蓮正宗との決別が、九〇年代から二〇〇〇年代にかけて、創価学会の社会との関わり方に大きな変化をもたらす。そもそも日蓮正宗自体が、他の宗教を「邪宗」として排斥し、他の宗教に関わることは「謗法《ほうぼう》」であって「罰が当たる」との考えをとってきた。創価学会もこれに沿って、他の宗派の寺に足を踏み入れたり、地域の神社の祭に行くことすら禁じていた。こうした日蓮正宗の厳格さが地域社会との軋轢を生み、世間から警戒されて嫌われる原因にもなっていた。ところが、宗門との決別を機に創価学会は、こうした宗教的な厳格さを緩め、宗教的色彩の薄い地域の祭には参加しても構わないといった見解を打ち出した。これは、創価学会員がこれまで避けてきた地域の自治会活動やＰＴＡ活動などに積極的に参加するきっかけにもなった。

ただ、それだけで創価学会が広く社会に受け入れられるようになったわけではない。創価学会と公明党の幹部たちが揃って指摘するのは、宗門との決別とともに公明党が自民党との連立政権に参加したことも大きな転機になったということだ。

宗門からの独立から八年後の一九九九年、公明党は自民党との連立政権に参加したが、それによって公明党や創価学会への一般社会の理解が飛躍的に広がったという。とりわけ、創価学会への偏見が強かった地方では、学会や公明党への抵抗感が薄くなった結果、従来は選挙の支援要請で訪ねても全く相手にしてくれなかった地元の有力企業のオーナーなど地域の「名士」たちが、ていねいに対応してくれるようになったと学会関係者は証言する。それが自公連立の大きな効果だというのだ。

これは、創価学会の会員数が一九七〇年代後半から頭打ちの傾向を示し、二〇〇〇年代になると伸びがほぼ止まった中でも、一時期、公明党が得票数を大幅に増やす要因にもなった。

公明党の得票数・率の推移

ここで公明党および創価学会の選挙における真の実力を検証してみたい。具体的には、参議院の全国区およびその後の比例区の得票数と得票率、それに衆院に小選挙区比例代表並立制が導入されて以降に行われた、九六年衆院選からの比例ブロックの得票総数と得票率の推移を確認する(表)。

公明党は、結党後、初めて臨んだ国政選挙である一九六五年の参院選でいきなり五〇九万票を獲得し、得票率も一三%を超えた。次の六八年の参院選では得票数を六六五万票にまで増やす。それ以降、七〇年代から九〇年代にかけて、公明党の得票数は六〇〇万票台から七〇〇万票台で推移する。それが、二〇〇〇年代に入ると〇一年の参院選で初めて八〇〇万票台に乗せ、〇四年の参院選では過去最高の八六二万票を獲得する。

一方、現在の小選挙区比例代表並立制が導入されて以降の衆院選の比例の得票総数(全国一一ブロックの合計)だが、一回目の九六年は新進党として戦ったためデータはなく、〇〇年の総選挙が七七六万票、〇三年が八七三万票、そして〇五年の衆院選では八九八万票と、参院選も含めて過去最高の票を獲得している。当時は念願の一〇〇〇万票も夢ではないと思われた。この〇五年総選挙は、小泉政権下のいわゆる「郵政解散」選挙であり、首相の小泉純一郎が郵政民営化に反対した自民党前議員の選挙区に「刺客」を立てるなどして大きな話題となったため、きわめて関心が高く、投票率が六七・五%まで上がった。公明党は、無党派層からの投票が少ないため、投票率が上がっても得票があまり増えず、投票率が高くなれば得票率は下がるが、この選挙では得票数が増えたため、得票率も一三・三%と大きく下がることはなかった。

ところが、公明党の得票数はその後、衆参ともに減っていく。参院選では、二〇〇七年が七七六万

表　公明党の比例区の得票数と得票率
（全国区・比例区）

	実施年	得票数(万)	得票率
参議院選挙	1965年(第7回)	509	13.7
	1968年(第8回)	665	15.5
	1971年(第9回)	562	14.1
	1974年(第10回)	636	12.1
	1977年(第11回)	717	14.2
	1980年(第12回)	666	11.9
	1983年(第13回)	731	15.7
	1986年(第14回)	743	13.0
	1989年(第15回)	609	10.9
	1992年(第16回)	641	14.3
	1995年(第17回)	新進党時代	
	1998年(第18回)	774	13.8
	2001年(第19回)	818	15.0
	2004年(第20回)	862	15.4
	2007年(第21回)	776	13.2
	2010年(第22回)	763	13.1
	2013年(第23回)	756	14.2
	2016年(第24回)	757	13.5

	実施年	得票数(万)	得票率
衆議院選挙	1996年	新進党時代	
	2000年(第42回)	776	13.0
	2003年(第43回)	873	14.8
	2005年(第44回)	898	13.3
	2009年(第45回)	805	11.5
	2012年(第46回)	711	11.8
	2014年(第47回)	731	13.7

＊参議院の1965～80年は全国区，83年からは比例区
＊得票数は千単位以下切捨て，得票率は小数点第2位を四捨五入

票とその前の参院選より八六万票も減らし、それ以降も二〇一〇年は七六三万票、二〇一三年は七五六万票と少しずつだがさらに減らしている。二〇一六年の参院選では、七五七万票でほぼ横ばいだった。

衆院選をみても、〇九年はその前の郵政解散選挙の時から九三万票も減らして八〇五万票、一二年はそこからさらに約九四万票も減らして七一一万票となっている。ただ、一四年の衆院選では七三一万票とやや回復させた。

この得票数を創価学会の公称ベースの会員数と比べてみよう。公明党結成前の一九五九年参院選全国区での創価学会文化部員の候補者たちの合計は二四八万票だったが、この時点の学会の会員世帯数は一一七万世帯だったので、一世帯当たり約二・一票も獲得していたことになる。ところが、一九六五年の参院選でみると、創価学会の会員世帯数五三〇万に対して五〇九万票となっており、一世帯当たり一票を割り込んでいる。創価学会の会員世帯数はその後も増え続け、一九七〇年には七五〇万世帯になっていたが、七一年参院選の公明党の得票数は五六二万票、七四年参院選では六三六万票にとどまり、その後も一世帯当たり一票を下回る状態が続く。

この数字からは、創価学会が国政選挙に進出した当初段階では、激しい選挙運動で一人の学会員が何票もの会員以外の票を獲得し、それが組織の拡大にもつながっていたことがわかる。その後も創価学会では、選挙のたびに学会員に対し、会員以外の知人、友人の票を獲りに行く「F（＝フレンド）作戦」を行わせているが、そうした活発な集票活動を行う会員は、公表世帯数の増加とは裏腹にあまり増えていないことが推察される。七〇年代半ば以降は、それまでの創価学会の急拡大は止まり、二〇〇〇年代初頭にかけて横ばい状態が続く。それにともなって公明党の得票数も六〇〇万〜七〇〇万票台が続くのだ。

公明党の得票減を下支えする自民党との協力

それが、二〇〇〇年代前半になると八〇〇万票台の得票を叩き出し、学会世帯数を再び上回ることもあった。ちなみに過去最高の得票である二〇〇五年衆院選の八九八万票余りを獲得した時の創価学会の会員世帯数は八二一万世帯で、得票数が学会世帯数を大きく上回った。なぜ、それが可能になったのであろうか。それは、まちがいなく一九九九年に公明党が自民党と連立を組んだことによる選挙協力の効果だった。

自公連立政権発足以降、公明党は全国三〇〇の衆院小選挙区のうち八〜九つの選挙区では公認候補を立てるが、そこでは自民党が候補者の擁立を見送って公明党候補を推薦する。そのかわり、公明党はそれ以外の二百数十の小選挙区で自民党候補を推薦するという協力体制をとってきた。だが、それではあまりにもアンバランスな協力になるということで、公明党は各小選挙区で自民党候補の個人後援会や支援企業、業界団体などに対して、自民党候補を支援する見返りに比例区では公明党に投票してほしいというバーター協力を持ち掛けてきた。この自公の選挙協力によって公明党は比例票を大幅に増やしていたのだ。

この選挙協力は、当初、自民党支持者に公明党や創価学会へのアレルギーが強かったため、なかなか進まなかったが、回を重ねるごとに深化している。実際の選挙協力では、地元の公明党や学会の幹部が自民党候補の陣営から後援会名簿を提出させ、それをもとに学会員が繰り返し電話をかけて「小選挙区は自民の○○、比例は公明の○○へ」と呼びかけるほか、自民党候補の街頭演説などに公明党の地方議員が同行し、比例区の公明党候補の名前を連呼して支持を訴えるといった光景もあたりまえのようになっている。後援会名簿の提出については当初、自民党側に相当抵抗感が強かったが、今ではあたりまえのように行われ、電話への反応が悪いと、公明党側が自民党の候補者本人や後援会幹部に改善を申し入れたりもしている。

両党の選挙協力は、地方議会の議員選挙でも行われるようになっている。創価学会が県議選や市議選で自民党候補を支援する見返りに、その県議や市議から後援会名簿を提出させ、それを衆院選や参院選における比例区の公明票の獲得のための電話作戦で使うといったケースも少なくない。また、埼玉県や愛知県など公明党が参院の選挙区で候補者を立てる地域では、自分の選挙で学会の支援を受けた地方議員たちが、地域の学会幹部から「公明党候補が苦戦しているので、比例区に加えて選挙区も公明党の支援を」と迫られ、逡巡すると「次回のあなたの選挙は二年後でしたかね」と半ば脅されるケースもあるという。埼玉県のある自民党市議は、「あんなことを言われると自分の選挙が心配になって断り切れない。おかしいと思いつつ、選挙区でも公明党候補を支援せざるを得なかった」と打ち明けた。

ちなみに、創価学会は、二〇〇〇年代に入ると、自民党支持者が公明党に投票することへの心理的抵抗を薄めるため、比例区の投票を政党名ではなく、その地域を重点地区とする比例候補の個人名で行うよう依頼することを徹底させている。

それでは、公明党の比例票のうち、どの程度が自民党から流入した票なのであろうか。衆院選で見ると、公明党が初めて自民党との連立政権に加わった翌年二〇〇〇年の衆院選の比例の得票は七七六万票だった。この時は、まだ選挙協力があまり進んでいなかったと見られる。それがその二回後の二〇〇五年の衆院選では八九八万票に増えるわけで、投票率の違いを無視すれば、単純計算でその差の一二二万票が自民党支持者から得た票だということになる。これは参院選の結果で見てもほぼ同じであり、公明党は自民党との選挙協力で一〇〇万〜一五〇万票程度を上乗せしていることが浮き彫りになる。

実際、この時期、公明党の比例票の増加数が多い都道府県を調べると、九州や中国地方、北部関東など、保守地盤が厚く創価学会の組織が弱い地域が上位を占めている。自民党の組織が強い地方部で、公明党が自民党の支持層から比例票を得られるようになっていることを裏付けるもので、バーター協力の成果がはっきりと示されているといえる。

自民党との選挙協力が年々深化していることは、マスコミ各社が行う出口調査の結果からも裏付けられる。「自民党支持」と答えた有権者のうち、「比例区で公明党に投票した」と回答した率は、二〇〇〇年衆院選では三〜四%だったが、その率は徐々に増えて二〇一四年衆院選や二〇一六年参院選では七〜八%まで上昇している。このデータからも、公明党の比例の得票数のうち、自民党支持者の票が一〇〇万〜一五〇万票程度であることが裏付けられる。

進む学会員の高齢化が突きつける選挙戦の現実

それではなぜ、二〇〇七年参院選以降、公明党の得票数が減少しているのだろうか。これについては、創価学会が危機感を強めて詳細な分析をしており、詳しくは後で紹介するが、一つは活動的な学会員の高齢化であり、もう一つは自民党、とりわけ森内閣以降の旧清和会（＝福田派の流れを汲む派閥）政権下で、政策面で公明党らしさが失われ、支持者から見放された結果だという。とりわけ、学会員の高齢化は深刻で、一九五〇年代から六〇年代にかけて激しい折伏と選挙活動で支持を広げてきた経験を持つ百戦錬磨の運動員の多くが七〇代以上になり、集票力が急激に低下しているというのだ。

確かに一九六〇年に二〇歳だった学会員は二〇一〇年に七〇歳を迎えている。創価学会は、二〇〇七年に会員世帯数を八二七万世帯としてから数字を変えていない。学会幹部によれば会員の実数は高齢会員の死亡などで微減する年もあるとはいえ、少なくとも大きく減ってはいないという。だが、新規の入会者は親が学会員の「二世会員」が多く、会員としての活動は行なっていても、かつてのように学会員以外の票を一人で何票も獲得してくるような熱心な活動家は確実に減っているとみられる。

二〇一六年七月の参院選での公明党の得票数は七五七万票余で、三年前の参院選に比べて約五〇〇〇票の微増だった。だが、この選挙では、公明党が候補者を擁立した七選挙区のうち東京と大阪以外の五つの選挙区で、自民党が自党の候補と競合するにもかかわらず、公明党の候補者に推薦を出して首相の安倍が応援に入ったり、官房長官の菅義偉《すがよしひで》が公明党候補のために自民党支持の業界団体を集めて支持を訴えるなど、自公の選挙協力は一段と深化していた。そうした中でも得票数がほぼ横ばいだったということは、創価学会の実力＝集票能力はさらに低下して現在、六〇〇万票余りに過ぎないということになる。

こうした厳しい状況について、公明党幹部はこの参院選後に「選挙の戦い方について何か新機軸を打ち出さないとじり貧だ」と語ったが、学会幹部は、「日本社会全体がそうであるように学会員の一層の高齢化は避けられないし、若い会員に昔のような選挙戦をさせようと思っても無理な話だ」ともらす。

それゆえ、創価学会では選挙に関して「戦線」を縮小し、衆院の小選挙区から撤退することなどで会員の負担を減らすべきではないかという、これまで繰り返されてきた議論が再度、浮上する可能性があるのだ。

第4章

公明党の苦難の時代の始まりと創価学会「政治縮小路線」への模索

衆議院千葉7区補欠選挙で演説する小泉純一郎首相(左)と神崎武法公明党代表(2006年4月15日, アフロ)

清和会政権時代の到来

公明党が自民党との連立政権に参加した当初、首相は、公明党との関係がもともと深かった田中派－竹下派の流れを汲む旧経世会(平成研)の小渕恵三だった。また、政権の要路にも旧経世会の野中広務やリベラル色の強い派閥である宏池会の古賀誠らがいたため、公明党には安心感があった。ところが、その小渕は公明党が連立に加わって一年も経たない二〇〇〇年四月、脳梗塞で倒れて退陣する。

その後継に選ばれたのは小渕政権で自民党幹事長だった森喜朗だった。森は、田中派と長年対立してきた福田派の流れを汲む派閥＝旧清和会(清和研)の領袖だった。旧清和会は、伝統的に自主憲法制定という党是や安全保障問題などを重視する議員が比較的多く、この点で、実利を重んじる現実主義の派閥と言われ、外交・安保問題ではハト派が多かった旧経世会とは異なる気風を持った派閥だった。

森の後も、自民党総裁には、小泉純一郎、安倍晋三、福田康夫と旧清和会出身者が続いて就任し、公明党は肌合いの異なる派閥の出身者による政権の下で、不満を募らせる学会員との板挟みになりながら、連立維持に苦しむことになる。

森内閣では、森が教育基本法改正の必要性を繰り返し強調したことに、公明党と創価学会が強く反発した。創価学会は、終戦直後のリベラル思想が色濃く反映された教育基本法の精神を重視していたからだ。ただ、この問題は、森内閣が一年余で終わったため、結論が出ないままで終わった。

この間の二〇〇〇年六月には、公明党が自民党との連立に参加してから初めての衆院選が実施された。そこでは、自民党と公明党の全面的な選挙協力が初めて行われたが、最初の自公協力ということもあり、小選挙区の候補者調整が不調に終わって、公明党の候補が自民党や保守系無所属の候補と争う選挙区も残った。結果は、森内閣の支持率が低迷していたこともあって、自民、公明、保守の与党三党で過半数は上回ったものの、自民、公明両党ともに議席を減らした。

ちなみに、この衆院選では、現在の公明党代表である山口那津男が東京一七区から立候補したものの、九六年に続き自民党の平沢勝栄に敗れて落選している。

だが、公明党は、わずか一年余の間に反自民から自民党との連立という一八〇度の路線転換を行なったことで組織の内外から批判を浴びていたにもかかわらず、一一ブロックの比例区で合計七七六万票も獲得した。これは、この時点で過去のいずれの公明党の参院比例区(旧全国区を含む)における得票数よりも多かった。

しかも、報道各社の出口調査によれば、公明党支持層のうち六〇~七〇%の有権者が小選挙区で自民党の候補に投票した。自民党と連立することの意義などについて「学習活動」を徹底させた成果だったが、創価学会のきわめて高い統率力・組織力を見せつける形になった。

小泉政権下における公明党の苦悩

森の退陣後に発足した小泉内閣では、公明党はさらに苦労することになる。そもそも森の退陣に伴う自民党総裁選では、当初、旧経世会の元首相・橋本龍太郎が有力と見られていた。だが、結果は小泉純一郎の圧勝に終わる。橋本政権の誕生を期待していた公明党・創価学会の幹部たちは落胆した。

小泉は、「自民党をぶっこわす」と叫び、従来の自民党の経済・財政政策を大転換させた。旧田中派・竹下派が得意とした公共事業を通じた都市と地方の所得格差の是正などを批判し、市場原理を重視した新自由主義的な経済政策を打ち出した。小泉の路線は、福祉の切り捨てにもつながるため、所得再配分政策による現世利益の実現を重視するという点で旧経世会と共通点を持っていた公明党にとっては厳しいものだった。

小泉政権下では早速、サラリーマンの医療費の自己負担率の引き上げなどの方針が打ち出され、公明党は自民党の厚労族議員らとともに反対したものの、小泉に押し切られる。安全保障政策でも、二〇〇一年にアメリカで9・11同時多発テロ事件が起こると、これを受けたアフガン戦争で米軍等を自衛隊が後方支援するための「テロ対策特別措置法」などに次々と賛成せざるを得なかった。

最も大きな問題になったのが、イラク戦争後の復興支援に自衛隊を派遣するかどうかの問題だった。公明党は、世論調査では反対が圧倒的に多かった小泉の派遣方針を容認。公明党代表の神崎らが事前に派遣先のイラクのサマーワを訪れて安全性を確認するという、ある意味で小泉を助ける役割まで担ったことから、創価学会内で大きな反発を呼んだ。若い学会員たちが反対の署名を集め、公明党と創価学会に提出する騒ぎまで起きた。

さらに公明党・創価学会を苦しめたのが、小泉の靖国神社への参拝だった。公明党は、創価学会初代会長の牧口が治安維持法違反で逮捕され、獄死した歴史を持つこともあって、首相の靖国参拝に強く反対する。この靖国参拝は、公明党が重視する中国や韓国との関係も極端に悪化させた。神崎は、小泉が参拝するたびに批判するコメントを出した。しかし、小泉は一顧だにせず、創価学会からは強い不満の声が上がった。

小泉政権の五年余り、公明党は連立政権の維持を優先させ、公明党の主張とは異なる政策にもさほど強い抵抗は示さずに次々と受け入れていった。そもそも小泉は、会長の秋谷栄之助ら学会幹部ともパイプを持っていた竹下や小渕、それに官房長官などを務めた青木幹雄といった旧経世会の議員たちとは異なり、首相就任前は、公明党の議員や創価学会幹部との交流がほとんどなかった。中選挙区時代、小泉は神奈川県の同じ選挙区で公明党の市川雄一と激しい票の争奪戦を繰り広げてきたこともあり、公明党とは距離があったのだ。

小泉は、公明党の反対意見には耳を貸さず、逆に公明党が強く要望した衆院の選挙制度の見直しや永住外国人への地方参政権付与法案などについては、協力する姿勢をみじんも見せなかった。

森・小泉両政権の間、聖教新聞紙上には、池田大作名で教育基本法改正の動きを批判する談話や憲法九条の改正に反対する見解が掲載された。創価学会内に自民党への不満が高まっていたことが、その背景にあったことは言うまでもない。

第一次安倍政権下で起きていた公明党と創価学会の一体化

自民党総裁が小泉純一郎から安倍晋三に交代した直後の二〇〇六年九月末、公明党の代表も八年ぶりに交代し、神崎が退いて太田昭宏が新代表に就いた。太田は、創価学会で男子部長、青年部長などの要職を歴任した元学会のエリート職員で、池田の直系。新しい幹事長の北側一雄も、池田が創設した創価大学の一期生であり池田門下生だ。

そのわずか一か月余り後の一一月、今度は二五年もの間、池田の下で創価学会の会長を務めてきた秋谷栄之助が突如、辞表を提出。原田稔が新会長に就任することが発表された。事実上、池田大作による秋谷の更迭だった。新会長の原田は長年、池田の秘書役を務めた側近中の側近。一連の人事は、学会・党ともに池田が直轄統治する体制が完成したことを意味していた。

原田は東大卒業後、創価学会本部に入り、若いころから池田の身の回りの世話をしてきた「学会官僚」。内部では「(池田)先生の有能な『秘書』だが、大組織を率いていくタイプではない」とも評されてきた。「ポスト秋谷」の有力候補は、この時の人事で理事長に就任した正木正明か、副会長の一人でこの時、学会本部の事務総長に就任した谷川佳樹との観測が流れていた。それがなぜ原田の起用になったのか。

いくら有能だといっても、この時まだ五〇代前半の正木や谷川では、他の古参の学会幹部や公明党の幹部たちと年齢が逆転し、無理があったとも言われた。だが、そうであるなら、なぜここで秋谷を代えたのだろうか。それは、池田が自らと同じく二代会長・戸田城聖の門下生である秋谷を外し、自分が健在なうちに池田体制を磐石にすることが目的だったというのが、関係者の一致した見方だった。そのため、この人事は将来、池田が長男で副理事長の池田博正に「世襲」させる布石なのではとの観測も流れたが、現職の幹部たちは一様にこれを強く否定した。高校の教師から学会本部職員に転じた博正は、学究肌であり、巨大組織を統括していくようなタイプではないというのだ。それゆえ博正は、学会を一つにまとめるための「象徴」として、池田大作亡き後のＳＧＩ＝創価学会インタナショナルの会長に就く可能性はあっても、学会本体の会長への就任はありえないというのが幹部たちの解説だった。

話が脇道に逸れたが、池田は、会長交代に際しての挨拶で、「ここに集まった大切な最高幹部たちは、皆会長と同じです」と述べている。つまり、新会長の原田も、自分の下で集団指導体制を担う幹部の一人にすぎないと公言したのだ。

実際、新体制の発足に伴い、日常の組織運営は、原田、正木、谷川の三人、あるいは副理事長の長谷川重夫を加えた四人による集団指導体制に移行。同時に原田らを通じて池田の意向が、より強く日常業務に反映されるようになったと言われた。

この四半世紀ぶりの首脳人事は、政界との関係にも影響を与えた。前会長の秋谷は、日本最強の選挙部隊である創価学会の婦人部・青年部を養成し、その指揮を執ってきた。官房長官や自民党参院議員会長などを務めた青木幹雄とは秋谷が会長に就任する前からの古いつきあいで、青木がかつて秘書を務めていた故・竹下登を筆頭に旧経世会を中心とした幅広い政界人脈を誇ってきた。そして学会の集票力を背景に自民党議員たちに強い影響力を持っていた。一方で新会長の原田を知る政治家はほとんどいない。このため、自民党内からは「二五年も学会の集票マシーンを率いてきた秋谷の退任で、自公の選挙協力に影響が出るのではないか」と心配する声が上がった。

原田稔　創価学会第6代会長
(2007年12月19日，共同)

その秋谷を切った池田の真意については当時、「旧経世会人脈を誇った秋谷を退け、当分は安倍の出身派閥・旧清和会とやっていくとの意思表示だ」との解説も出回った。長年「最強軍団」の名をほしいままにしてきた旧経世会だったが、小泉政権の五年間で弱体化し、そうした人脈がもはや重要ではなくなっていたことも、秋谷を切ることができた理由の一つだった。だが、創価学会幹部によれば、両トップの交代の目的は、あくまで池田が創価学会と公明党に直接、睨みをきかせることにあり、同時に公明党はあくまで創価学会の下に位置することを再確認させることにあったという。それゆえ、この交代劇によってまず変化が現れたのは、創価学会と公明党との関係だった。

第3章に記したように、以前から公明党の幹部たちは東京・信濃町の学会関連施設に時々出向いて、創価学会の幹部たちと非公式な協議を行なっていた。二〇〇六年、公明党代表と創価学会会長が相次いで交代すると、それまで月一、二回程度だったその非公式協議が、毎週のように開かれるようになった。学会と公明党の首脳人事を経て、両者の一体化がより進んだことは明らかだった。

安倍晋三と密会した池田大作の真意

このトップ交代劇の直前、安倍晋三は池田大作と密かに会談した。池田は長年、公明党以外の国会議員との面会要請はほぼ断ってきたといわれ、異例の会談だったが、これも創価学会および公明党のトップ交代と深く関わっていた。

会談は、安倍の最初の首相就任直前の二〇〇六年九月に、安倍の申し出を池田が受ける形で行われた。安倍が密かに首相官邸の官房長官室を抜け出し、東京でも屈指の高級住宅地である渋谷区松濤の学会施設に向かったのは、自民党新総裁に選出された二日後、首相就任の四日前だった。大邸宅が立ち並ぶ一角にひっそりとたたずむこの施設は、信濃町周辺の通称「学会村」とは異なり一般には知られておらず、密会にはもってこいだった。

会談で、池田はまず安倍の祖父である元首相・岸信介や父親の元外相・安倍晋太郎との交流について雄弁に語った。岸の女婿で首相秘書官でもあった安倍晋太郎は、首相の岸の代理として、池田が会長に就任する二年前に開かれた学会の重要な式典に出席したことがあった。さらに池田は、日中国交正常化に大きな役割を果たした学会の歴史に触れながら、日中協力が今後、ますます重要になると説いたという。一方の安倍は、目前に迫っていた衆院の補欠選挙や翌年の参院選での協力を要請した。政権の命運がかかった政治決戦を前に、安倍が、公明党・創価学会嫌いの本心を抑えて池田に会談を申し入れる理由は十分にあった。

だが、池田が安倍の申し出を受けたのはなぜだったのだろうか。この時点で、池田は、すでに創価学会の会長を交代させることを決め、そのタイミングを図っていたのだろう。それが安倍と面会した理由のひとつだった可能性がある。政界との太いパイプを誇った秋谷を切るためには、学会内の不安の声を抑える必要があった。政界との関係も自らが仕切れることを見せつけておくことが得策だと考えたのではないか。

池田はこの翌月、東京・八王子の創価大学で開かれた、自身にとって二〇〇個目となる名誉学術称号の授与式で、数百人の出席者を前にあえて安倍との会談に触れた。「日中友好の重要性については、このあいだアンちゃんにもよく言っておいた」。最高幹部たちは、「アンちゃん」とは首相の安倍晋三を指すのだとすぐにピンと来たという。あえて、安倍と会談した事実を幹部たちにもらしたのだ。

さらに注目すべきは安倍－池田会談の同席者だ。そこには会長の秋谷の姿はなく、学会内の弁護士グループのトップで副会長の八尋頼雄《やひろよりお》だけが寄り添っていた。八尋は、裁判対策など池田に関わる、いわば裏仕事を引き受けてきた実力者だ。政界とのパイプも太く、以前から中川秀直や二階俊博ら多くの自民党の実力者と親しかった。つまり、池田は、今後の政界との連絡役は、秋谷ではなく八尋だということも事前に安倍に示唆したのだ。これは安倍にとっても好都合だった。なぜなら秋谷は、安倍が影響力を排除したいと考えていた参議院の最高実力者・青木幹雄の盟友であり、創価学会との関係が秋谷頼みでは青木に頭が上がらない。安倍にとって秋谷抜きのパイプは渡りに船だった。

「保守派」を標榜する安倍と「平和主義」を掲げる創価学会。池田の個人的な思惑もあって、矛盾を棚上げしての蜜月関係の演出だったが、それはすぐに瓦解することになる。

密かに修整された政治方針

二〇〇七年七月の参院選で安倍自民党は歴史的惨敗を喫し、自民党と連立を組む公明党も敗北した。安倍内閣は参院選から二か月後に総辞職し、首相は、小泉や安倍と同じ、旧清和会出身の福田康夫へと交代した。

参院選後に召集された臨時国会で、野党側が多数を握った参院では議長と議運委員長のポストをともに民主党が占めたが、それが持つ意味はきわめて大きかった。首相や閣僚の問責決議や証人喚問が、野党の意向だけで実現するようになったからである。

それを受けて、民主党代表に就任していた小沢一郎の周辺で検討されたのが、池田大作の証人喚問だった。かつて自民党が激しい創価学会攻撃を仕掛け、池田の証人喚問を要求することによって、創価学会を非自民勢力から引き離した前例にならい、自民党から創価学会・公明党を引き離そうと考えたのだ。自民党の亀井や野中らに脅された創価学会と公明党がどう反応したのかの一部始終を、間近に見ていたのが小沢だった。創価学会の幹部たちは、小沢が、自民党と雌雄を決する次の衆院選に向け、池田の国会招致を強く求めてくるだろうと身構えた。

ところが、参院選から二か月後、安倍が退陣して福田康夫が首相に就任すると、小沢はまず別の方法で公明党を揺さぶってきた。自民・民主の大連立構想だ。小沢は、大連立に向けた福田との党首会談に先立って元首相・森喜朗と事前に秘密折衝を繰り返したが、その中で小沢は、大連立による政権から公明党を外すよう執拗に要求してきたのだ。だが、この大連立構想は、民主党内の猛反対によって頓挫した。

一方で、参院ではその年の一〇月、小沢に近い民主党副代表の石井一が、公明党議員から池田個人への「上納金疑惑」を取り上げ、「池田氏を参考人として招致したい」と声を張り上げた。公明党には衝撃が走り、太田や北側ら公明党の幹部たちは緊急会議を開いて対応を協議した。

実は、こうした事態を見越して、創価学会は参院選直後、密かに新たな方針を決めていた。それは微妙な方針の変更であったために表面化しなかったが、公明党が自民党と連立を組んでから初めての政治活動に関する方針の変更だった。

創価学会は以前、毎年七月から八月にかけて、池田が避暑のため軽井沢に滞在する機会を利用して、全国の創価学会幹部が軽井沢とその周辺の学会施設に集結して「全国研修会」を開いてきた。〇七年八月中旬に行われた研修会でその方針は決まり、それを受けて、各地で異変が起き始めていた。

創価学会は、自公連立後も二〇〇三年の衆院選までは、個々の選挙区事情に応じ、かなりの数の選挙区で密かに民主党候補を支援していた。大阪の中野寛成や東京の城島正光(光力)など旧民社党系労組出身の議員らがその対象だった。彼らは見返りに労組票などを比例区で公明党に回してきた。かつての公明党と民社党による「公民協力」の名残だった。だが、二〇〇五年の郵政解散に伴う衆院選ではそれが消えた。創価学会が小泉側の求めに応じて彼らを切り、公明党候補がいないほぼすべての選挙区で自民党候補を支援したからだ。その結果、中野も城島も落選。民主党からは創価学会シンパの議員が消えた。民主党とは完全に縁が切れたはずだった。

ところが、この年の研修会を境に、以前、創価学会と良好な関係にあった民主党の議員や元議員らに対し、学会幹部や公明党議員が再び接触するようになった。〇七年参院選の結果からは、次の衆院選で民主党政権が誕生する可能性はかなり高いと見られていた。そのため、公明党も創価学会も幹部が個人的なツテを活かし、民主党側とのパイプの再構築に取り組むことになったのだ。

公明党は小選挙区にも候補を擁立する以上、次の衆院選でも基本的には自公の選挙協力を維持せざるを得ない。だが、同時に民主党とのパイプ作りも水面下で進め、一部では選挙協力も行う——それが〇七年の軽井沢で決まった新たな方針だった。

衝撃的だった参院選の分析結果

創価学会にとって、次の衆院選はかつてなく厳しい環境下で行われることになる――。そう覚悟していた学会は、〇七年の参院選後、選挙結果について詳細な分析を行なった。その結果、「F（＝フレンド）票」と呼ばれる学会員以外の支持者の票が減ったことが直接の敗因ではあるものの、地方を含めかなり多くの学会員自身が公明党に投票していなかったという事実が浮かび上がってきた。本来は公明党への支持を外に広げるべき学会員の一定数が公明党ではなく民主党に投票していたとの分析結果は、関係者に衝撃を与えた。

その原因のひとつは、公明党が自民党と連立を組んで約一〇年の間、庶民の目線に立って暮らしを守るという「平和と福祉の党」である公明党が、とりわけ小泉政権下で党是に反する政策を推進せざるを得ない立場に立たされるようになったことにあるとされた。たとえば評判がきわめて悪かった後期高齢者医療制度を推進したのは、小泉内閣で厚労相を務めた公明党の坂口力だった。次に入閣したのは、国土交通相の冬柴鐵三だが、国交省の利益を代弁するかのような国会答弁を繰り返して世論の批判を浴びた。

創価学会では、次の衆院選を意識して〇八年三月、各種の集会で政治問題を積極的に取り上げるよう指示を出した。だが、その途端に道路特定財源の問題が大きな関心を集め、ガソリン税等の暫定税率の維持を主張する国交相の冬柴や公明党への非難の声が噴出した。釈明に追われたある地方幹部は「公明党は自民党以上に守旧派と見られており、これでは選挙にならない」と苛立った。

創価学会内部の軋みも参院選で苦戦した原因だった。二五年ぶりの会長交代で選挙への悪影響が懸念されていたことは先に述べたが、実際、秋谷退任の後、公明党の選挙はほとんどがうまくいっていなかった。会長人事だけでなく、各地方組織でも世代交代が図られたが、こうした人事が古参会員たちの不満を招き、選挙での戦闘力を鈍らせているとの指摘が内部から出ていた。

それでも池田は〇八年三月、再び大規模な人事を行なった。選挙で絶大な力を発揮する婦人部の部長が約一〇年ぶりに交代。青年部長なども若返りが進んだ。さらに各ブロックの責任者である「方面長」も関西など各地で交代した。八〇歳になった池田は、当面の選挙への悪影響よりも、自分が健在であるうちに内部を自らの色に染めることを優先したのだ。それは、高齢になった池田の「焦り」でもあったのだろう。

福田退陣、麻生への交代を画策した公明党・創価学会

衆院選に向け危機感を強めていた創価学会は、支持率が低迷していた福田内閣の下では衆院選は戦えないと考えた。福田は安倍とは異なって、清和会出身ではあったものの、中国との関係を重視するなど自民党内ではどちらかと言えばハト派で、その意味では公明党とも考え方が近かった。

だが、選挙での勝利を何よりも優先する公明党と創価学会は、翌二〇〇九年に控えていた東京都議選と衆院選が重なることを極度に嫌がっていたこともあり、不人気の福田には早期に退陣してもらった上で、新しい首相の下で早期解散に持ち込むことを狙っていた。具体的には、比較的国民の人気が高かった麻生太郎への交代を画策したのだ。

公明党は、連立政権のパートナーではあっても、他党の人事に注文を付けるようなことは控えてきた。公明党に対する自民党支持層の潜在的な反発も意識して、出過ぎた言動は避けてきたのだ。

ところが、この時は強い危機感から、そんな遠慮はかなぐり捨てた。公明党前代表の神崎武法は、〇八年七月、講演で「これから支持率があがって福田政権の手で解散になるのか、支持率が低迷して福田さんが代わり、次の首相で解散になるのかわからない」と発言。あえて「公明党は福田を見限っている」とのメッセージを発信した。同時期に、創価学会の弁護士グループトップで副会長の八尋頼雄らが、古賀誠や二階俊博、青木幹雄ら自民党の実力者に次々と会って、新政権での早期解散に理解を求めた。八尋はこの時期、東京・四谷の料理屋で元首相の小泉純一郎とも会って同様の要請をした。

さらに〇八年八月の内閣改造にあたって、福田は従来一人の公明党の閣僚枠を二人に増やし、そのうち一人は女性でお願いしたいと公明党に内々要請したが、公明党はこの提案を断った。

決定的だったのが、海上自衛隊によるインド洋での米艦船等に対する給油活動を継続させるための新テロ対策特別措置法改正案の取り扱いだった。福田は〇八年秋の臨時国会で成立させようとしたのに対し、公明党が難色を示したのだ。創価学会と公明党は、この時、年末から年始にかけての解散・総選挙に照準を合わせていた。その総選挙の直前に、参院では野党の反対で可決できないこの法案を、与党が三分の二を占める衆院の再議決で成立させることには抵抗が強かったのだ。当時、ガソリン価格が高騰し、無償での米軍等への給油に批判が高まっていたからだ。そのため、公明党は秋の臨時国会の会期についても、この法案の再議決を前提としないよう短期の日程を強く主張した。福田は、給油活動の継続について事実上、米側に約束していたため、臨時国会での成立にこだわっていた。

追い込まれた福田が突如、退陣を表明したのは〇八年九月一日だった。政策だけであれば、比較的すんなり自民党と妥協することが多い公明党だが、この時のように国政選挙や都議選が絡むと強硬になる。そうした事例の一つだった。

小沢一郎が学会幹部に伝えた驚くべき提案

福田が退陣した後は、公明党の希望通り、国民の人気が高かった麻生太郎が首相に就任した。ところが、公明党はその麻生によってさらに窮地に追い込まれることになった。麻生が、解散時期をどんどん先送りしたためだ。

〇九年七月に東京都議選があることは初めからわかっていた。学会にとって都議会は一九五五年に最初に政治進出を果たした「聖地」。先述したように、創価学会内では都議会議員は国会議員と同列に扱われ、その選挙には毎回、全国から学会員を動員している。都議選と衆院選の時期が近づけば、都議選への他県からの応援に支障が生じる。そのため、公明党・創価学会は、都議選前後の半年間は衆院選を避けたいとして、〇八年中の解散・総選挙を麻生に求めた。

一〇月下旬には、公明党代表の太田と幹事長の北側が、グランドプリンスホテル赤坂の中華料理店に入った後で従業員用エレベーターを使って「籠脱《かごぬ》け」し、上階の客室で麻生と向き合った。「このまま解散時期を引き延ばせば、福田さんの二の舞ですよ」。二人は約二時間にわたって繰り返し、時には激しく麻生に詰め寄った。年内解散を何としても実現するよう創価学会首脳たちから強く求められていた二人は、先送りになれば面目が立たないため、必死だったのだ。だが、麻生は最後まで首を縦に振らず、太田らは翌々日には、ANAインターコンチネンタルホテル東京に場所を代えて再び麻生と密会。一二月までには選挙を実施するよう迫ったが、麻生は「リーマンショック」による経済情勢の悪化を理由にいつ解散するかの言質すら与えなかった。

〇八年末、学会幹部は「麻生さんが年内解散を見送ったことで、公明党は衆院選と都議選の両方で敗北を覚悟しなければならない」と険しい表情で語り、麻生への不満を口にした。だが、公明党が小選挙区で候補者を擁立する以上、自民党には協力を仰がざるを得ず、幹部たちは苦悩の色を深めた。

この時期、水面下では小沢一郎が、活発な動きを見せていた。福田が突如退陣を表明する直前の〇八年の八月下旬、小沢は、密かに京都を訪れ、創価学会の総関西長で副理事長の西口良三と会談した。かつて細川・羽田政権の頃、小沢と西口は頻繁に連絡を取り合う仲だった。西口は池田の信頼が厚いため、西口と話せば池田にも話が通じると小沢は判断していたのだ。それに会長の秋谷は、小沢の政敵だった竹下や青木らと親しい関係にあったから、秋谷と話したのでは情報が自民党にもれると考え、西口を窓口に使ったのだ。

久しぶりに西口とゆっくり会食した小沢は、創価学会が自民党と距離を置き、次期衆院選で自民・民主両党と等距離を保つのであれば、公明党が候補者を立てる小選挙区では民主党候補を降ろしても構わないとの思い切った提案を行なった。

小沢の提案の背景には、元公明党委員長・矢野絢也が、創価学会幹部の妨害で評論活動を中止せざるを得なくなったとして学会を相手に起こした訴訟があった。民主党の菅直人や国民新党の亀井静香らは、公明党と学会の内情を知り尽くし、今や学会と全面対決している矢野を野党の有志議員の「勉強会」に招き、次は参考人として参院に正式に招致する構えを見せていた。創価学会幹部から「何としても矢野の国会招致を阻止せよ」との要請を受けた公明党は対応に苦慮していた。小沢はこれを逆手にとり、「民主党に協力姿勢を示せば、矢野問題も取り上げないよ」と揺さぶりをかけたのだ。

だがこの時期、創価学会は早期解散を狙っていた。小沢－西口会談と同じ頃、創価学会理事長の正木正明は、公明党幹事長の北側とともに、福田内閣の下で自民党幹事長を務めていた麻生と会談。早期解散に向けた戦略を協議していた。それゆえ、創価学会は小沢の申し出を断る。これを受けて小沢は、太田昭宏が出馬する東京一二区に自らが立候補することをほのめかすなど、両者の関係はより悪化した。

池田大作からの驚愕の指示

○八年七月末、軽井沢で毎年恒例の創価学会の研修会が開催された。そこでの池田の「指導」は衝撃的だった。

「どんな政治状況になろうとも我々は勝たなければならない。そのためには『自公ありき』と考える必要はない」「選択肢を狭める必要はない。関係は幅広く作っておくべきだ」

つまり池田は、創価学会を守るためには自民党との連立には拘泥せず、民主党政権に備えるようにと明確に指示したのだ。

これを受けて、一部の議員たちはさっそく池田発言に沿ってメッセージを出し始めた。たとえば、参院議員から衆院への鞍替えが決まっていた遠山清彦は、新聞のインタビューで「『自公』ありきではなく、どの枠組みが国民のためになるかとの視点で臨むべきだ。政策実現のためには『民公』の選択肢も排除しない」と発言した。

ただ、選挙は戦いだ。とりわけ第一線で票の獲得活動を行う婦人部の運動員に複雑な指示を出しても運動量が落ちるだけだ。それに、小選挙区に公明党候補を擁立する以上、次の衆院選も基本は自民党と協力して戦うしかなかった。そのため、公明党は「財源なき政策、危うい安全保障政策、鳩山(由紀夫)代表の偽装献金問題を訴えていく」などとして民主党批判を強めていった。選挙が近づくにつれ、池田の指示は無視されているように見えた。だが、水面下では指示に沿った動きが活発になっていた。

自民党と公明党が連立を組んで約一〇年。両党の選挙協力は著しく深化し、公明党が候補を立てない小選挙区では、公明党・創価学会が自民党候補を支援し、その見返りに自民党候補の後援会や支援企業などから公明党の比例票を出してもらうという「バーター取引」があたり前のことになっていた。

ところが、この時の衆院選は少し様相が異なった。自民党が、支持率二〇%を切るような麻生内閣のもとで選挙に突っ込むことを決めたため、いくら公明党の比例票を増やすためといっても、評判の悪い自民党の候補者への投票を学会員に指示しにくくなっていた。その一方で、自公両党の亀裂を見越して民主党候補が地元の創価学会幹部に協力を求めるケースも各地で相次ぎ、申し入れを受けた学会側も選挙区によっては限定的ながら民主党候補との協力を行う動きが出始めていた。

ただ、公明党や創価学会としては、間もなく敵として戦う民主党幹部との関係作りに正面から乗り出すわけにはいかないし、仮に民主党政権が誕生しても、選挙で激しく批判した相手にすぐにすり寄るわけにもいかない。一方で、政権与党を完全に敵に回せば、かつて自民党から激しく攻撃された悪夢が蘇る。それを防ぐためにも、民主党の選挙の実働部隊であり、かつては公明党とも良好な関係だった連合など労組との関係を深めておくことには大きな意味があった。それゆえ、この時期から学会の理事長の正木をはじめ、公明党の幹事長の北側、副代表の井上義久らが、連合会長の高木剛らと相次いで会合を持つなどして、水面下でのパイプ作りに躍起になっていた。

公明党は、自分たちの力だけで衆院小選挙区を勝ち抜く力はないため、小選挙区に候補者を擁立する以上は、二大政党のどちらかと全面的に協力せざるを得ない。それゆえ、次も自民党と協力することを決めていたわけだが、一〇人にも満たない議員を小選挙区で当選させるために、残りのほとんどの選挙区で相手に協力するというのは、いかにも効率が悪い。それでも自民党政権が安定していた時は、自民党との協力によって比例区の公明票をかなり増やすことができたからまだよかった。だが、支持率が極端に低かった麻生内閣の下での選挙では、自民党支持者自体が大幅に減っており、選挙協力のメリットも少なくなる。それに二大政党の一方だけと全面的な協力を行えば、もう一方を完全に敵に回すことになり、野党に転落した時には、敵に回した与党側から激しい攻撃を受ける恐れが高まる。

それでは、創価学会は政治との関係をどうするのがいちばんいいのか。この頃、創価学会の内部では、政治との関係を縮小させるしかないとの意見が強まりつつあった。学会では、その数年前から、夏の軽井沢での研修会の場で、今後、政治との関わりをどうしていくべきかをめぐって議論を繰り返していた。その中では、今の小選挙区比例代表並立制をかつての中選挙区制に戻すか、比例代表中心の制度に変えることが望ましいが、それが無理ならば小選挙区から撤退して衆院では比例区に特化するべきだとの意見が強まっていた。

小選挙区撤退論が強まった理由

衆院に小選挙区比例代表並立制が導入されて以降、公明党として戦ったそれまで三回の衆院選で、公明党の議席はいずれも三〇議席台前半にとどまった。平均すると中選挙区時代より二〇議席前後も減らしている。それも、わずか八つの小選挙区での議席を確保するため、学会は運動員を周辺の都道府県から大量にその選挙区に投入。同時にこの八つの小選挙区で自民党の支援を得る見返りに、それ以外の小選挙区の大半で自民党候補を支援するという不均衡な協力を行なっている。

これを止めて衆院で比例区だけに特化すれば、今は小選挙区に割いている学会員のエネルギーも含め、すべての力を比例票集めに注入できる。同時に、自民・民主を問わず、公明党の比例票を上積みする上でより協力的な候補と臨機応変に選挙協力を進めることができるようになる。それらによって、比例の議席をこれまでよりも増やすことが可能になるとの試算も出していた。試算通りならば、小選挙区から完全撤退しても、衆院の議席数は差し引きで二～三議席減らすだけにとどまり、国会の中での存在感にさほど変化はない。

比例に特化すれば、自民党と全面的な選挙協力は行う必要がないので、国会では時の政権に対して是々非々の態度で臨むことも可能だ。政権交代のたびに二大政党のはざまで振り回されることもなくなり、あの「悪夢のような日々」が再現される可能性も少なくなる。

このように考えてみると、今はあまりにも無駄な労力を払っているのではないか——というわけだ。

とりわけ男子部など若い世代では縮小路線に賛同する意見が多く、比例区も含めて衆院からの完全撤退を主張する若手幹部もいたという。

だが、これまで創価学会は縮小路線に転換する決断ができなかった。その一つの理由は衆院への進出を決めたのも、小選挙区で戦い続けることを決めたのも、池田大作本人だからだ。最高幹部たちは、池田に異を唱えることになる縮小路線への転換を言い出せないでいた。ところが、政治状況が大きく変わろうとしていたこの時期、政治に進出してから五〇年余の間、一貫して議席拡大を目指してきた創価学会が、初めて縮小路線に舵を切るかどうかで揺れていたのだ。

自民党の政策への共同責任の重圧

このように、創価学会内で民主党政権に向けた布石ともいえる議論が活発になっていた背景には、森政権以降の「非経世会政権」の下で、公明党が政府・自民党の打ち出す保守色の強い政策、あるいは新自由主義的な政策に振り回され、共同責任を負わされることが多かったため、学会内に強い不満が溜まっていたこともあった。

第一次安倍政権下で、公明党が最も強く抵抗した政策課題は、森内閣の時からの懸案事項だった教育基本法の改正問題だった。池田大作が高く評価してきたリベラル色の強い教育基本法の改正に安倍が強い意欲を示したことから両党の間に軋轢が生じた。自民党側が「愛国心」という言葉を盛り込むよう求めたのに対して公明党が強く抵抗したため、その取り扱いが焦点になったが、最終的にはこの問題でも、公明党は表現ぶりを少し変えることで妥協した。

第5章 幻の「民公連携」

——池田の体調悪化と創価学会の迷走

民主党へ政権交代した第45回衆議院選後，発足した公明党新執行部．自民党との今後の選挙協力のあり方についても見直す方向を示した．左から漆原良夫国対委員長，山口那津男代表，井上義久幹事長，斉藤鉄夫政調会長（2009年9月8日，共同）

満座の中で太田らを罵倒した池田大作

二〇〇九年八月の衆院選は歴史的な政権交代選挙となったが、公明党にとっても一九六七年の衆院進出以降、過去最低の議席（二一議席）となる歴史的惨敗となった。候補を擁立した八つの小選挙区では全敗。代表の太田や幹事長の北側ら幹部も軒並み落選した。創価学会・公明党の実力を示すバロメーターである公明党に投じられた比例の得票総数（全国一一ブロックの合計）は八〇五万票。衆院に小選挙区比例代表並立制が導入されて以降、投票率は最も高い六九％まで上がったにもかかわらず、公明党の得票はその四年前の衆院選から九三万票も減少した。予想を超えた惨状に幹部たちは言葉を失った。

衆院選後初の創価学会本部幹部会が、〇九年九月一〇日、東京・八王子の東京牧口記念会館で開催された。その模様について翌日の聖教新聞は「（池田）名誉会長は、『広宣流布こそ永遠の大事業』と強調。全国の偉大な同志の奮闘に心からの感謝の言葉を述べた」などと報じた。「広宣流布」とは広く日蓮の教えを伝えることを意味し、選挙での公明党の勢力拡大が「広宣流布」と同一視されていることから、それを「永遠の大事業」と宣言したことは、選挙の敗北を認めたものとも受け取れる。だが、直接、衆院選に触れたくだりはなかった。その三日後の聖教新聞には「名誉会長のスピーチ全文」が掲載されたが、間接的に衆院選敗北を総括したとも受け取れる発言は見られるものの、やはり直接選挙に触れた言葉はなかった。

だが、実際はこの席で、池田はきわめて厳しい責任追及を行なっていた。それは具体的かつ激しすぎるため、新聞掲載時に削られたのだ。全国の創価学会の会館に配信される演説の映像からも、その部分はカットされた。

「勝負は必ず勝たなければならない。私はずっと命がけで戦い、そして勝ってきた。今回はなぜこうなったのだ」「幹部たちに油断があった。原田（会長）、秋谷（栄之助・前会長）、西口（良三・前総関西長）……、お前たちは真剣に戦ったのか」「そこに座っている太田もそうだ。議員たちはいったい何をやっていたのか」

池田は、一〇〇〇人ほどの出席者の前で、その場にいた創価学会および公明党の最高幹部あわせて六人ほどの具体名を挙げて叱責した。いや、罵倒という言葉の方がしっくりくるほど、激しいものだったという。

こうした会合で、池田が幹部を名指しで面罵することは珍しくはない。それが一般会員たちの不満のガス抜きにもなり、池田の権威を高めることにもなるからだ。だが、この日の口調は、いつになく激しいものだった。

先述したように、池田はこの三年ほど前から自分の直系を幹部に登用する形で人事の若返りを進めてきた。四半世紀にわたって選挙運動を指揮してきた前会長の秋谷を事実上解任し、選挙にはまったくの素人である自分の「側用人」の原田を会長に据えた人事がその象徴だった。公明党の議席拡大よりも学会内部の組織固め＝池田体制の完成を優先したものであり、選挙にはある程度、支障が出ても仕方がないと考えての人事だったはずだ。

だが、予想をはるかに超えた惨敗に池田の怒りが爆発した。公明党はその前の参院選でも敗北していた。選挙活動を組織の引き締めや拡大につなげてきた創価学会は、選挙に負け続ければ弱体化すると考えられている。同時に国会で一定の影響力を確保しなければ、組織防衛もままならない。池田は自らが行なった人事の失敗とも指摘されかねない選挙結果に苛立ちを強めていたのだ。

秋谷ラインの復権と民主党シフト

衆院選の惨敗を受け、創価学会内では「先祖帰り」とも言える動きが顕在化した。次の参院選に向けた選挙対策の前面に、前会長の秋谷が再び出てきたのだ。秋谷は三年前に会長職を退いた後、最高指導会議議長という閑職に追いやられていた。その後も選挙対策については一定の関与をしていたというが、徐々に発言力が復活したのだ。

〇六年に秋谷が会長を外された際、二五年もの間、選挙を陣頭指揮してきた秋谷が一線から退けば、学会の選挙運動に支障が生じるとの懸念は、学会や公明党の中だけでなく、連立のパートナーである自民党からも出ていた。実際、その後の国政選挙で自公両党は二連敗。それも惨敗だった。翌年の参院選を乗り切るためには、選挙に精通し、永田町人脈も豊富な秋谷の力を借りる必要があったのだ。秋谷は、選挙対策から外されていた副会長の佐藤浩を選挙の実務責任者に復帰させた。

秋谷と副会長で事務総長の谷川佳樹、そして佐藤の三人は、自公連立が始まってからの一〇年間、自民党との選挙協力を推進してきた。それゆえ、秋谷や佐藤の復権は、民主党との関係構築が急務になっている現実と矛盾する動きにも見えた。だが、それは誤った見方だった。

現に秋谷がまず行なったのは、かつて公明党書記長として辣腕をふるった市川雄一を翌二〇一〇年一月、党常任顧問に復帰させたことだった。市川は、非自民の細川・羽田政権下で、「一・一ライン」と呼ばれる小沢一郎との太いパイプを誇った。〇九年九月に発足した鳩山政権下の与党・民主党の幹事長は小沢であり、市川の復帰は露骨な民主党シフトだった。市川は、細川政権に参加して以降の公明党の戦略が新進党解党によって失敗に終わり、自民党からの激しい学会攻撃を招いたことの責任を一身に負わされ、池田から罵声を浴びて蟄居に追い込まれていた。それが十数年ぶりに表舞台に復帰したのだ。

秋谷は、自らも小沢と密会するなど民主党とのパイプの復活に精力的に取り組んだ。秋谷も佐藤も、あくまで「選挙対策のプロ」であり、彼らにとって公明党を勝たせるため、あるいは学会を守るためには自民党も民主党も関係ないのだ。とりわけ秋谷は、小沢との直接のパイプは太くないとはいえ、細川・羽田政権当時はともに裏から政権を支え、その後もともに新進党を支援して自民党と戦ってきた経歴を持つ。

ちなみに、創価学会内ではその頃、地方の現場レベルでも、いったん閑職に引っ込んでいた元幹部たちが次々とラインに復帰していた。とりわけ議員ＯＢは、彼らが持つ豊富な経験と幅広い人脈が選挙で頼りになると考えられ、重要ポストに返り咲いた。そこには、自公連立以前の人脈が必要だったという面もあった。その象徴が市川と同時に公明党顧問に復帰した大川清幸と黒柳明という二人の元参院議員だ。この二人は議員ＯＢの中でも学会内での地位が高く、ＯＢたちを動かすための象徴として復帰させたという。

池田によって引退させられていた秋谷や市川らの復権は、「池田体制」を磐石なものにするために行われた人事の失敗とともに、学会および公明党の人材不足も浮き彫りにした。

くすぶる小選挙区撤退論

公明党が衆院選で惨敗して野党になったことで、創価学会内では、選挙前からくすぶっていた、衆院小選挙区からの撤退を柱とした今後の政治路線に関する議論が本格化した。これまでのように自民党と全面的に協力して、比例区と小選挙区の両方で議席獲得を目指すのは止めようとの意見が一層強まったのだ。

衆院選直後の〇九年九月、東京・信濃町の学会施設で、全国一三方面の方面長らが本部の幹部たちと意見を交わす「方面長会議」が開催された。

会議では、「もはや自民党と一体となって選挙を戦うことにはならない。公明党単独では小選挙区で勝てない以上、小選挙区での議席確保にこだわっても仕方がない」「比例区に特化すれば、より効率的に議席が確保できる。今回も小選挙区に注入した力を比例に振り向ければ比例の議席はもっと取れた」といった小選挙区撤退を求める意見が相次いだ。これに対して、関西方面の代表などからは「小選挙区から撤退したらジリ貧になる。比例区だけでは政党としての存在感を示すことができない」などの反対意見も出された。

結局、衆院選の総括としては、公明党の公認候補を擁立した八つの小選挙区全ての勝利にこだわったため、逆に全敗という結果を招いたとの認識で一致し、その時々の情勢に応じて柔軟な選挙戦術をとることになった。ただ、小選挙区からの撤退については、「小選挙区で戦ってこそ、比例票の上積みが可能だ」とか、「(公明党では行なっていない)小選挙区と比例の重複立候補をさせることで比例票を伸ばすべきだ」といった意見も出て、結論は先送りされた。

本書で何度も述べているが、公明党は自らの力だけでは小選挙区で勝ち抜けない以上、小選挙区では二大政党のどちらか一方と全面的に協力して戦うしかない。それでも、小選挙区で当選させるのには多大な労力が必要になる上、この時のように協力相手とともに野党に転落してしまえば、今度は与党になった敵対政党から攻撃され、池田の国会招致や学会に対する税務調査の強化といったしっぺ返しを受ける恐れが高まる。民主党政権が誕生したからといって今度は民主党に近付いても、民主党が今後、衆院選を何度も勝ち抜いて長期政権になるとの見通しが持てない以上、民主党との全面協力には踏み切れない。そうであれば、小選挙区から撤退し、比例で一定議席を確保した上で、二大政党の狭間で政権に対して是々非々の立場で臨むしかないとの意見が、この時期、学会本部の幹部たちの間に広がっていた。以前から小選挙区撤退論を唱えていた幹部の一人は、「今回、八選挙区全て負けたことで、小選挙区から撤退する環境が整った。ケガの功名だ」ともらした。だが、小選挙区制になってから、全国各方面のうち最も多くの小選挙区で戦ってきた関西方面の幹部らは、小選挙区撤退に強い抵抗を示していた。

先送りされた政治路線論議

創価学会では、こうした政治路線に関する議論の場が、〇九年秋に数回持たれ、太田に代わって新たに公明党代表に就任した山口那津男も二回ほど参加した。創価学会内の意見を受けて、山口は、衆院選から間もない九月一五日、テレビ番組で「小選挙区からの撤退は、選択肢としてあり得る」と表明した。だが、公明党内では太田や北側をはじめ、落選したベテランから「引き続き小選挙区でも戦うべきだ」との意見が出ていて、山口自身、完全撤退すべきか否か迷っていた。そのため、最終結論はなかなか出ないまま、時が過ぎて行った。

一連の議論の中では、衆院選で比例に特化した場合の詳しいシミュレーションも示された。仮に先の衆院選で比例に特化していれば、北関東や南関東、それに東海など六つの比例ブロックで一議席ずつ、最大で計六議席増やすことが可能だったというものだった。八つの小選挙区で議席を確保するため、創価学会では周辺の都道府県から大量の運動員を泊りがけで動員するなど大きな労力を費やしており、それを止めてそれぞれの地元で選挙に取り組めば、比例票を増やすことは可能との理屈だった。

その一方で、小選挙区で自民党との全面的な選挙協力はせずに、自民、民主両党の候補と三つ巴の戦いをした場合でも、大阪六区など関西の一部では、公明党が勝てる可能性があるというシミュレーションも示されたという。

だが、一一月に入った頃には、こうした議論は中断され、結論は参院選後に先送りされる。翌年の参院選対策が優先されたのだ。

池田の一言で消えた太田昭宏の公認

この頃、二〇一〇年の参院選をめぐってひとつの問題が起きていた。第3章でも少し触れたが、衆院選で落選した前公明党代表の太田昭宏を翌年の参院選の比例区候補にするかどうかをめぐって、創価学会と公明党が混乱に陥ったのだ。

太田は、京大を卒業後、創価学会で男子部長、青年部長などの要職を歴任した学会のエリート職員だった。池田の「秘蔵っ子」と言われ、鳴り物入りで国会議員に転出した「公明党のプリンス」だった。だが、太田が公明党代表に就任した〇六年以降、参院選と衆院選の二回の国政選挙で惨敗。その責任を取って代表を辞任した。自らも落選した以上、政界を引退するか、次の衆院選で捲土重来を期すのが当然というのが多くの学会幹部の意見だった。この時期、学会では、幹事長だった北側の処遇も含めて議論になったが、青年部や婦人部からは「敗北の責任者である以上、二人とも引退すべきだ」との意見が出たという。

だが、会長の原田はこうした反対論を押し切って太田の参院選比例区への擁立を決める。〇九年の衆院選も〇七年の参院選も、自民党の麻生太郎や安倍晋三の不手際の巻き添えになって惨敗したという側面が強いし、次の衆院選が四年後の二〇一三年だと仮定すると太田は六八歳で、立候補できるかどうか不透明だった。そもそも原田と太田は、ともに同年代の学会エリートだったが、太田は途中で望んでいなかった政界転出を余儀なくされたという経緯もあって、原田は太田に同情的だったという。さらに、太田は名誉会長の池田にとって数少ない気心の知れた国会議員だったため、原田が池田の気持を忖度して参院転出を決めたのではないかとも言われる。この方針は、〇九年一二月三日、正式に発表された。太田は、年末年始も学会関係者や経済団体などへの挨拶回りを精力的に行うなど張り切っていた。

太田を擁立することによって、創価学会は参院選の運動のやり方まで変更することを決めていた。公明党は、参院選では全国を独自にブロック分けして、各ブロックに比例候補を一人ずつ割り当てて集票に責任を持たせるという方法をとってきた。また、自民党との選挙協力をスムーズに行うため、投票依頼は党名ではなく候補者名で行うよう指示してきた。自民党支持者に「公明党」と書かせるには心理的抵抗が強いからだ。しかし、この時は選挙運動の中心となる学会婦人部を中心に太田の公認に反発が広がり、太田を引き受けようというブロックがなかったため、次の参院選では、投票を基本的に党名でするよう呼びかけるとの方針を決めたのだ。

ところが、年明けに異変が起きる。二〇一〇年の正月、池田の前に会長の原田ら幹部たちが集う新春恒例の会合で、池田が「ところで参院選だが、太田は（公認して）大丈夫なのか」と発言したのだ。世間の理解とは異なり、池田が個別の選挙方針などに口を挟むことは、少なくともこの頃はほとんどなかったという。それだけに太田の公認に疑問を呈した池田の発言に幹部たちは狼狽し、直ちに参院選方針の見直しが始まる。

太田の公認を早々に発表したのは、反発する学会員たちを説得する時間を十分に作るためだったのだが、太田への反発は収まるどころか広がりを見せていた。とりわけ選挙運動の核となる婦人部の幹部たちは、「経験豊富なベテラン議員も必要なのだ」と幹部に説得されても、「そもそも太田さんの公認は、（在任中に六六歳を超える場合は公認しないという）定年制を定めた党の内規にも反する。浜四津（敏子・代表代行）さんでさえ定年制に従って今期限りで引退するのに、納得できない」と猛反発していた。こうした声が池田の耳に入っていたのだ。

さらに、党名での投票呼びかけの方針にも地方幹部から異論が相次いでいた。自民党との選挙協力で公明党の比例票を伸ばしてきた九州や東北の方面長からは「党名投票では保守層に支持を広げにくいので、候補者名での投票の呼びかけに戻すべきだ」との意見が出されていた。

このため、創価学会は一月下旬、太田を公認から外すことを決定。同時に前回までと同様、候補者名で支持の拡大を図る方針に戻した。

迷走する参院選方針

二〇一〇年の参院選をめぐっては、選挙区に何人の候補を立てるかについても途中で方針が変わった。当初は、衆院選惨敗のショックもあって、選挙区は東京と大阪の二つに絞る方針だった。無理をしてまで議席の拡大を目指さないという「政治縮小路線」の先取りでもあった。

だが、それでは比例区に擁立する八人と合わせて全員が当選しても一〇議席にとどまり、現有一一議席より減ってしまうのはいかがなものかとの意見が出てきた。主に地方幹部から「議席を減らすことが前提では士気が落ちる」として候補者を増やすよう求める声が出てきたのだ。

そこに首相・鳩山由紀夫と民主党幹事長・小沢一郎の政治資金問題が浮上。内閣支持率が急落するなど、野党の公明党にとって選挙情勢が好転したこともあって、新たに埼玉選挙区にも候補者を擁立することを決め、現有一一議席の確保を目指す方針に転換した。

このように創価学会の参院選方針が迷走した背景には、幹部たちの自信喪失があったのだろう。学会員の公明党離れという深刻な事態に有効な手が打てず、選挙に自信が持てないでいたのだ。

連立一〇年の桎梏

実は、惨敗した〇九年衆院選でも、公明党は保守地盤の厚い九州や東北、それに四国の一部では健闘し、中には比例票を増やしていた県もあった。自民党候補との選挙協力の成果だった。それにもかかわらず全体では大幅に票を減らしたのは、東京など本来、公明党が強い大都市やその周辺で票が大量に減ったためだった。創価学会の分析では、都市部に住む、とりわけ男性の学会員の多くが民主党に投票していた実態が浮き彫りになった。これは組織にとって衝撃的な事態だった。先にも触れたが、こうした現象は〇七年の参院選でも見られ、それなりに対策を打ってきたはずだった。

創価学会ではその原因について、熱心な運動員の高齢化という構造的な問題と並んで、公明党が連立政権下で自民党に引きずられ、「平和と福祉の党」という立党の原点が失われたことにあると分析していた。

ところが、公明党側では、山口が代表就任の挨拶で「この一〇年で公明党らしさが失われた」「連立政権の中で埋没した」などと自公連立の負の側面を強調しようとしたところ、太田や北側、それに冬柴鐵三ら自公政権を主導した先輩たちから強い異論が出されて表現が修正された。さらに政調会長室でまとめた自公政権一〇年を政策面で総括する文書も、「小泉首相に従ってイラク戦争を支持し、イラクへの自衛隊派遣に賛成したことはまちがいだった」との文言が入ったことに、当時の幹部だった元議員らから異論が出て、文書自体が「お蔵入り」になったという。

公明党は、この時点ですでに一〇年間続けてきた自民党との連立の桎梏《しっこく》から簡単には抜け出せなくなっていた。創価学会側は、純粋に選挙で勝つためにどうしたらいいかという観点から自公連立を支持してきたが、党側は心理的にも自民党との連立に引きずられるようになっていたのだ。公明党が立党の原点に戻って存在感を発揮できるようにするのか、それとも目前の選挙を考えて自民党との協力関係を優先させるのか。答えの出ないこの問いは、今に至るまで公明党の議員たちに突き付けられている。

復活した市川が賛成させた補正予算案

この時期、最も注目を集めた公明党関係のニュースは、かつて小沢一郎との「一・一ライン」で永田町を席捲した市川雄一の復活だった。市川の公明党常任顧問への復帰は、一〇年一月七日に発表された。代表の山口は、記者会見で「小沢氏が力を持つ民主党との連携を念頭に置いた人事なのか」と質問されると、「そういうことではない」と否定してみせた。

だが、これはもちろん建前にすぎない。先述したように、市川の復帰は、創価学会の前会長・秋谷栄之助が主導した人事で、一〇年間続いた自公路線に引きずられがちな公明党を民主党シフトに転換させるためだった。市川と小沢は、小沢が新進党を解党させた際に喧嘩別れしていたが、市川を一線に復帰させることは民主党への強いメッセージになると考えたのだ。

復帰した市川は毎週木曜日に開かれる公明党の中央幹事会に必ず出席。党の代表や幹事長らが並ぶひな壇に座って、会合の最後に毎回のように長広舌をふるった。

「君たちがなぜ議員バッヂを付けているのか、その意味をよく考えなくてはならない。そこを考えれば、与党ともっとうまくつきあわなくてはならないことがわかるだろう」「そのために私はここに戻ってきた。私の話をよく聞いてほしい」

復帰当初、市川はこうした発言を繰り返した。要するに創価学会を守るためには、民主党と仲良くする必要があるという意味なのだが、背景には、創価学会と泥沼の訴訟合戦を繰り広げていた元公明党委員長・矢野絢也の存在があった。当時、民主党や国民新党の議員が、矢野を国会に招致して公明党と学会の「政教分離問題」を追及する姿勢を示していたことから、学会ではこれを何としても阻止しなければならないと考えていた。矢野は、創価学会と公明党の「奥の院」の実態を講演や著書で明かしていた。そのため、矢野の招致が行われると、池田の国会招致にもつながる恐れがあった。

同時に民主党はマニフェストで宗教法人税制の見直しも掲げていたため、それが具体化すれば審議の過程で池田招致が浮上する可能性もあった。これらを阻止するためには民主党とうまくつきあうことが必要で、それが公明党議員の第一の役目だろうというのが、市川の言わんとするところだった。

その市川が早速、主導権を発揮したのが、〇九年度の第二次補正予算案への対応だった。公明党は自民党と一緒になって「政府の経済対策は不十分だ」と批判していた。執行部は当然のように補正予算案に反対するつもりだった。ところが市川は「緊急に必要な景気対策や雇用対策を盛り込んだもので、賛成しやすい。ここで賛成することで、もはや我々は自民党と一体ではないことを示すことができる。このチャンスを逃すべきではない」と主張。執行部を説得し、賛成に回らせた。

民主党は、鳩山と小沢に政治資金問題が浮上して、国会対策でも苦しい立場に置かれていただけに、補正予算案への賛成は、実際に民主党への強いメッセージとなった。これ以降、民主党は公明党に気配りするようになり、公明党もそれに応えて、政府提出の「子ども手当法案」や「高校無償化法案」に一部を修正させた上で賛成に回る。

だが、こうした動きに対しては足元の学会員から批判が噴出した。「仏敵」として戦ってきた相手が提出した目玉法案に賛成することは感情的に許せないというわけだ。しかも、その民主党のツートップに、学会婦人部が最も嫌う金銭スキャンダルが浮上していた。

先に説明したように、創価学会と公明党は、基本的に毎週一回、人目につきにくい早朝に、双方の幹部一〇人余が集まって非公式な協議の場をもっている。創価学会の婦人部や青年部の代表は、こうした現場の学会員たちの不満の声を受けて、補正予算案や子ども手当法案などになぜ賛成したのかを一般の学会員にわかりやすく説明して欲しいと強く要求。党側は、賛成理由を議員が説明するＤＶＤを急遽作成するなど対応に追われた。

創価学会の最高指導者である池田が、自公政権下の〇八年夏の軽井沢での研修会で、早くも「『自公ありき』と考える必要はない」と民主党とのパイプ作りを密かに指示していたことは、先に紹介した。その池田は、民主党政権が誕生した時、国会で矢野問題がくすぶっていることもあって、その時以上に与党・民主党との関係の構築を急ぎたいと考えていたにちがいない。それは、一旦は自分が引退させた市川を、前会長の秋谷を通じて表舞台に引っ張り出してきたことからも推察できる。だが、巨大化した創価学会は、その池田が指示しても、直ちに政治路線を大転換できるほど単純な組織ではない。選挙の最前線で戦ってきた運動員には民主党への反発が強かったのだ。それが、この時期の創価学会や公明党の動きをわかりにくいものにした。

学会員の猛反発を招いた小沢－秋谷会談

一〇年二月二六日の深夜、永田町に衝撃が走った。小沢一郎と創価学会幹部が密会したとの情報が駆け巡ったからだ。創価学会も小沢も表向きは会談の事実を否定したため、翌日の朝刊に記事を掲載したのは一部の新聞だけで、しかも出席した学会幹部の名前は特定されていなかった。その後、小沢と山口はそれぞれ記者会見であらためて全面否定した。

会談は二六日夜にホテルニューオータニの一室で行われた。出席者は民主党側が小沢と参院議員会長の輿石東《こしいしあずま》、創価学会側が秋谷と事務総長(副会長)の谷川佳樹だった。秋谷は、将来の会長候補である谷川を同行させたのだ。

この席で小沢は学会側に対し、夏の参院選では自民党への支援を手控えるよう働きかけたと言われ、輿石が立候補する参院山梨選挙区の情勢も話題になったという。

両者はなぜこの時期に会談し、その事実が直ちに外へもれたのか。学会関係者によれば、会談をセットしたのは小沢側だという。小沢は一月に東京地検特捜部の事情聴取を受けるなど自らの政治資金問題で苦境に立たされ、その影響で民主党の支持率も急速に低下していた。小沢は参院選で二人区への複数候補擁立を進めていたが、この方針に閣僚らが正面から異論を唱えるなど、その力に翳りも見え始めていた。小沢が幹事長に居座ることで党の支持率がさらに低下すれば、党内で小沢外しの動きが強まることが予想された。

そんな小沢にとって創価学会との関係の再構築は、自らの政治生命の延命につながる。選挙で少しでも学会の協力を得られるとなれば、民主党議員はそのパイプ役である小沢には逆らえない。また、参院選の結果、与党三党で過半数を維持できなくても、学会を通じて公明党の協力が得られれば、衆参の「ねじれ」は回避される。それが実現できるのは小沢だということになれば、小沢の地位は安泰だ。何かと要求が多い連立相手の社民党や国民新党に対しても「学会カード」は強い牽制材料になる。何より、学会と自民党の選挙協力の度合いを少しでも低下させることができれば、参院選情勢は好転する。

つまり、この会談は小沢にとってはいいことずくめなのだ。このため小沢側は、わざと人目に付きやすい国会近くのホテルを会談場所に指定し、小沢側近がそれとなく情報を流したのではないかと言われた。民主党には、立正佼成会など反創価学会の宗教団体の支援を受けて当選してきた議員も少なくなかったが、小沢‐秋谷会談が明らかになっても党内から批判の声は出なかった。

一方、創価学会側が会談を受けた背景に、民主党政権とのパイプを太くするという基本方針があったことは言うまでもない。矢野問題に関連して矢野や池田が国会に招致されるのを防ぐためにも小沢の誘いは断れない。だが、自らのカネの問題で窮地に立たされ、各種世論調査で国民の八割近くが幹事長を辞任すべきと答えていた小沢との密会が表に出ることは避けたかった。

実際、この会談が報道されると、現場の学会員から地域の学会幹部や公明党議員に抗議が殺到した。ある西日本の国会議員は、大勢の婦人部の運動員から「我々は小沢を『仏敵』だと思って衆院選を戦った。カネまみれの小沢とうちの最高幹部が会うなど納得できない」という怒りの声を浴びせられたという。この議員は「学会の最高幹部は会員の皆さんを守るため、与党に対して手を打つ必要があれば、たとえ悪い相手でも会うことはある」などと苦しい弁明を繰り返す羽目に陥った。

民主党との距離を「演出」した公明党

こうした内部からの強い反発を受け、創価学会と公明党は一〇年三月に入ると軌道修正を図る。まず、市川が姿を隠した。皆勤だった党の中央幹事会を三月前半は続けて欠席。「民主党シフト」の象徴である市川を隠すことで民主党への擦り寄りという印象を薄めようとした。

さらに公明党代表の山口も発言を微妙に修正する。二月中旬の党首討論では、鳩山由紀夫が政治資金制度の改革に意欲を示すとその姿勢を持ち上げる場面もあった。だが、三月末の討論では「まさに失望内閣だ」と批判一辺倒に転じた。

山口は、二月には首相官邸に自ら押しかけ、介護施設待機者の解消などを目指す政策提言「新・介護公明ビジョン」を手渡した。鳩山から「大いに参考にしたい」との回答を引き出すと満面に笑みを浮かべて記者会見し、「今後、他の政策課題でも政府から呼びかけがあれば積極的に対応したい」と民主党寄りの姿勢を隠さなかった。

ところが、三月上旬に鳩山の側近から公明党幹部に電話が入り、子ども手当法案の修正協議について「山口代表に官邸に来て頂ければ、直ちに修正に応じられるのだが」との誘いを受けたが、学会員の反発を恐れて応じなかった。山口は三月、会員の反発を抑えるため、会員向けのビデオの中で「参院選後に民主党と連立を組むようなことは考えていない」とわざわざ明言した。

こうした「路線のブレ」について当時、創価学会の幹部は、「民主党との連立は無理だが、学会を守るためにも、公明党は参院選後、政策課題ごとに政府・民主党と協議を行い、公明党の主張がある程度受け入れられれば法案に賛成するという『閣外協力』に近い形に持っていくしかない。しかし、目の前の参院選を勝ち抜くためには、今の民主党や鳩山政権とは距離を置く必要がある」と解説した。

さらに創価学会は、参院選の戦術として、従来通り自民党との選挙協力を基本にするしかないとの方針を固める。〇九年の衆院選で民主党が圧勝したとはいえ、そもそも民主党は地方組織が未整備で、国会議員の後援会も脆弱だ。仮に公明党・創価学会が民主党候補と選挙協力しても、相手に公明党の比例票を出せる力はごくわずかで、見返りはあまり期待できない。協力するとすれば、かつての「公民協力」のように、民主党支持の労働組合とバーター協力するしかないのだが、今は学会員の反発を考えて民主党との協力に踏み切れる状況にはないと判断したのだ。現場の学会員を怒らせて、運動の足を鈍らせては元も子もない。それに、学会と公明党が衆院選前から水面下で進めてきた連合加盟労組との関係強化も足踏み状態が続いていた。付け焼刃の選挙協力では票の獲得には役に立たない。

創価学会の幹部は当時、「政策的に見れば、公明党は自民党よりも民主党の方がはるかに近い関係にある。だが、今度の参院選については民主党との協力はごく一部にとどめざるを得ない」ともらした。通常国会の前半で重要法案に賛成したり、小沢‐秋谷会談を行なったおかげで、とりあえず矢野や池田が国会招致される恐れも遠のいていた。あとは参院選で目標の議席数を確保して学会の力を改めて示した上で、選挙後に民主党との関係を再構築しようと考えたのだ。

当時の聖教新聞には「さあ創立八〇周年だ。勝利、勝利、勝利あれ」といった勇ましい言葉が躍っていた。だが、九〇年代から二〇〇〇年代にかけて公明党は、自民党との協調路線から非自民連立政権への参加、そして今度は一転して自民党との連立へと大きな路線転換を繰り返してきた。そして、この時点では、創価学会が主導して「民主党との協調路線」に舵を切ろうとしていた。国民の政治意識が高くなっている中で、説明が付きにくい路線変更を繰り返す公明党は今後、どれだけの票を集めることができるのか、「平和と福祉の党」を捨てたとして公明党を見放した学会員を引き戻すことは可能なのか、そして、議席拡大を諦めつつある中で、運動員のモチベーションはどこまで維持できるのか——、当時私はそうした疑問を持っていた。

だが、序章で述べたように、創価学会では選挙運動そのものが、宗教団体・創価学会の中心的な活動になっている。それゆえ、多くの矛盾を抱えながらも、学会の運動員たちの活動量が大きく落ちることはなかった。

「池田不在」の衝撃

二〇一〇年六月、鳩山内閣の総辞職を受けた民主党代表選で新代表に菅直人が選出され、菅内閣が発足した。菅内閣の下、七月に行われた参院選で、与党の民主党は四四議席の獲得にとどまり、参院では連立相手の国民新党を加えても過半数に達しない「ねじれ国会」が出現した。再び、公明党が法案の成否を左右するキャスティングボートを握ったのだ。

参院選前の公明党や創価学会の動きから見れば、公明党は参院で新たに握ったキャスティングボートをテコに、民主党との一層の関係強化に乗り出すだろうと予想された。ところが、民主党との関係はその後もあまり深まらず、二〇一〇年秋の臨時国会では、前回は賛成した補正予算案に反対する。

そうした対応になったのには、事実上の「池田不在」が長期化し、創価学会が動揺していたことも影響していた。

二〇一〇年一一月三日、創価学会創立八〇周年を祝う式典が、東京・八王子の創価大学記念講堂で開催された。だが、そこに名誉会長・池田大作の姿はなかった。

一九六〇年、弱冠三二歳で創価学会会長に就任した池田は、国内八二七万世帯、一九二の国と地域にも会員を抱える巨大組織を築き上げ、その過程で絶対的なカリスマ指導者となった。この類稀なるオルガナイザーは、七九年に会長を退いた後も名誉会長やＳＧＩ＝創価学会インタナショナルの会長として、マンモス教団に君臨し続けている。それは発行部数五〇〇万部を誇る聖教新聞や、『潮』『第三文明』といった学会系の雑誌を眺めれば一目瞭然だ。その池田が、創立八〇周年の式典という重要な行事を欠席した。学会にとって非常事態であることはまちがいない。実際、多くの学会員たちが「ここにも出てこられないほど（池田）先生の具合は悪いのか……」と受け止めた。式典では、正面に設置された超大型画面で、八〇年の学会の軌跡をまとめた映像が上映され、副理事長の長谷川重夫が、会場を埋め尽くした四〇〇〇人の出席者を前に、池田が寄せたという「祝福の和歌」と「記念のメッセージ」を代読した。

池田は、二〇一〇年五月に開かれた本部幹部会を最後に、大勢の人が集まる場所には一度も姿を見せていなかった。その後、日常的に池田と言葉を交わしていたのは、長男で副理事長の池田博正ら家族を除けば、会長の原田と副理事長の長谷川という側近中の側近二人だけだった。

池田が姿を見せた最後の本部幹部会の出席者によれば、この時の池田の挨拶は、所々でろれつが回らずに聞き取りにくかった上、他人の挨拶を聞いている時も口の周りをしきりに動かすなど、すでに「異変」が見られたという。一方で、少なくとも〇三年春に心臓病を悪化させて東京・御茶ノ水の順天堂大学病院に緊急入院した時のような重篤な容態ではないとされた。実際、この式典の半月余り後の聖教新聞は、池田がアメリカの名門大学から「名誉人文博士号」を授与され、夫婦揃って授与式に出席したことを大々的に伝えていた。そこには、原田や長谷川、それに数人の創価大学関係者も同席し、その様子を収めた写真を大きく掲載して池田の健在をアピールした。

ただ、池田は、参院選に向けた総決起大会となった一〇年六月の本部幹部会に寄せたメッセージの中で、自らの欠席理由に関して「皆が創価学会のすべての責任を担って戦う時が来ている。（中略）私を頼るのではなく、君たちが全責任をもってやる時代である」と語っている。また、創立八〇周年の記念式典へのメッセージには、「（私は）ありとあらゆる難を受けながら悔いなき歴史を残してきた。何ものにも負けないこの『人間革命』の勇気の力を、私は後継の青年に譲り託します」と自分の没後に言及したとも受け取れるくだりがあった。このため、幹部たちの間には池田時代の終焉を意識する空気が急速に広まった。最高幹部の一人は「先生はもう二度と本部幹部会には出席されないかもしれない」ともらした。創立八〇周年は、図らずも「ポスト池田」時代が目前に迫っていることを内外に示すことになった。

中止された参院選後の本部幹部会

一〇年七月の参院選直後には、予定されていた本部幹部会が池田の指示で急遽中止になって、全国の学会員たちに戸惑いが広がった。本部幹部会は、毎月一回、全国の地方組織の幹部が東京に集まって開かれる重要行事だ。とりわけ全国規模の選挙の後は、池田が選挙の総括を含むスピーチを行うため、特に重要視されてきた。先ほど紹介したように、〇九年衆院選直後の本部幹部会では、池田がその場に居合わせた会長の原田や公明党代表の太田ら学会・党の最高幹部たちの実名を次々と挙げて叱責し、惨敗の責任を厳しく追及した。一〇年参院選でも、公明党は比例区では敗北した三年前からさらに一二万票減らし、議席も二議席減となった。ただ、選挙区では劣勢が伝えられた埼玉を含め、候補を擁立した三選挙区すべてで上位当選を果たした。比例と合わせて合計九議席を獲得したことについて、学会では「久しぶりに野党として戦ったことを考えれば善戦だ」と評価していた。

しかも民主党が大幅に議席を減らしたため、非改選を含め一九議席を占める公明党が、再び参院でキャスティングボートを握ったことは、久々の朗報だった。公明党にとっては、大きな存在感を発揮できる土俵が現れたことになる。このため、選挙後の本部幹部会は、池田が勝利宣言を行う祝賀の集会になるはずだった。

ところが池田は「今回は暑い中、皆、本当によくがんばった。各地で見事な大勝利の歴史を築くことができた」「皆を休ませてあげたい。ゆっくり疲れを癒し、英気を養ってもらいたい」とのメッセージとともに、本部幹部会を中止するという異例の通達を出したのだ。

さらに異変は続いた。毎年夏、池田が軽井沢に滞在する時期に合わせて全国の幹部たちが軽井沢とその周辺に集まって開かれる「全国研修会」も中止されたのだ。

池田はその四年前、四半世紀ぶりに会長を交代させ、原田を新会長に据えるなど、自分の直系幹部を登用する形で人事の若返りを進めてきた。それは自らが健在であるうちに学会内部を「池田色」に染め上げることを優先し、選挙活動にはある程度支障が出てもしかたがないと考えてのことだったと言われる。〇九年の衆院選の後、学会内部で議論が進んでいた衆院小選挙区からの撤退についても、池田は理解を示していたという。

ところが、その池田が参院選後、姿を消したこともあって、創価学会の政治方針をめぐる内部の議論は混迷の度を深める。

秘密会合で話し合われた参院選の総括と今後の政治方針

軽井沢での研修会が中止になったことを受け、学会では参院選直後の二〇一〇年七月末、東京・信濃町で「最高協議会」と呼ばれる会合を開いた。参加者は、会長の原田や理事長の正木正明、それに事務総長の谷川佳樹ら学会の中枢幹部と婦人部、青年部などの代表、それに全国一三方面の各方面長や方面の婦人部長、青年部長など全部で一〇〇人ほどになる。全体会議の他、テーマ別に少人数の会合も開かれたのだが、開催の事実は聖教新聞にも掲載されず、いわば秘密会だった。三日間にわたって開かれた協議会では、参院選の総括と今後の政治方針が大きなテーマとなった。

初日には、公明党代表の山口も駆けつけ、直前に行われた参院選の結果について、「新党の乱立もあって比例では苦戦したが、全体として党の再建につながる結果を得られた。献身的なご支援を頂いた会員の皆様に心から感謝を申し上げたい」と深々と頭を下げた。

会合では、参院選の実務を取り仕切った副会長の佐藤浩が「今回は久しぶりに野党として臨んだ選挙で厳しい戦いが予想されたが、一定の成果が得られ、退潮傾向に歯止めをかけることができた」と総括。各方面長からも「今回は第三極として戦ったことで公明党が批判を受けなかった。会員からは『かえって戦いやすかった』との声も聞かれた」などと評価する意見が相次いだ。

少人数会合で時間をかけて議論したのは、衆院選直後からの課題である民主党との距離の取り方と実現すべき政策課題についてだった。民主党政権との関係については、学会の組織防衛のためにも、政権との距離を縮めておくことが重要だとの認識でおおむね一致。民主党とのパイプ作りを急ぐことになった。だが、同時に地方の方面長らからは、「我々は今回も民主党にレッドカードを突き付ける戦いをした。会員の民主党に対する見方は非常に厳しく、今後国会で民主党に協力するには、我々の要求を相当、呑んでもらわないと組織が持たない」との意見も相次いだ。

民主党政権との付き合いで一番の問題は、距離を縮めようにも、菅政権との間に有力な足がかりがないことだった。何しろ首相の菅直人や官房長官の仙谷由人は、これまで学会批判の急先鋒だったのだ。会合では、「幹事長の枝野（幸男）らも力不足だ。結局、民主党で我々と実のある話ができるのは小沢一郎だけだ」として、小沢の復権に期待する意見も出たが、「仮に小沢が復権しても、政治資金問題を抱える小沢に協力すれば会員の猛反発は必至だ」との反論も出された。

結局、誰が民主党で実権を握るにせよ、転がり込んできたキャスティングボートの立場を徹底的に利用し、学会の要求を実現していくべきだとして、具体的に何を重点に政策実現を図るかの検討が行われた。

全員の意見が一致したのが、衆院の選挙制度の抜本改革だった。第１章の最後に記したように、学会幹部たちは、今の小選挙区比例代表並立制について、「死票が多く、会員の負担が大きいわりに成果が乏しい」「公明党は毎回、比例区で一三％前後の得票率を得ているのに、議席占有率はその半分程度で得票に見合った議席が得られない」といった強い不満を抱えている。このため、会合では「選挙制度改革が実現するのであれば、民主党と連立を組んでも学会員の理解は得られる」との意見まで出たという。

創価学会と公明党にとって、小選挙区制の廃止はかねてからの切実な願望であり、公明党は自民党との連立に踏み切った時から選挙制度の抜本改革を求め、当初は定数三の中選挙区を一五〇つくる中選挙区制の復活を求めていた。だが、この会合では「三人区でも公明党候補を当選させるのは難しい」として、かつての案は白紙に戻すことを決めた。民主党は、参院選マニフェストで衆院比例区の定数を八〇削減する方針を打ち出していたが、それが実現すれば公明党は大打撃を受ける。このため、この民主党案を阻止するためにも、新たに独自の改革案を至急まとめて民主党に実現を迫っていく方針を決め、具体的な中身については党側に任せることになった。

ただ、会合では「キャスティングボートを握っているからといっても、選挙制度改革の実現はきわめて難しい。（民主党との協力の）ハードルをあまり高くしすぎて政権を追い込むと政局が混乱し、早期に解散・総選挙が行われる恐れがある」との懸念の声も出された。

この意見の背景には翌年四月の統一地方選があった。学会の選挙は、巨大組織を着実に動かすため、投票日の半年ほど前から様々な行事を綿密に組んで有権者に名前を浸透させていくスケジュール闘争であり、運動員を目前のひとつの選挙に集中させて票を獲りに行かせる。だが、二種類の選挙が同時に行われれば、こうした創価学会独自の選挙運動は機能不全に陥る。このため学会は、統一地方選と同時期に衆院選が行われることを恐れていたのだ。

一方、次の衆院選をどう戦うか、具体的には小選挙区から撤退するかどうかなどについては、衆院の選挙制度の抜本改革を求めていくことを決めたこともあり、議論をほとんどせず、結論は先送りされた。

戦略なき民主党の学会・公明党対策

一方の民主党だが、二〇一〇年九月の代表選で菅直人が再選されると、公明党や学会との関係構築に本格的に乗り出す。参院でキャスティングボートを握る公明党を与党側に引き込むことさえできれば、安定した政権運営が可能になることは明らかだったからだが、それは遅々として進まなかった。

その理由のひとつは、前述したように首相ら政権幹部が学会の「仏敵」で、これまで没交渉だったからだ。民主党が野党だった時、菅は反創価学会の宗教団体の支持を得ることを目的に作られた「宗教と政治を考える会」の最高顧問に就任。衆院予算委員会で公明党と学会との関係を「政教一致」と断定して攻撃した。その「考える会」の会長が官房長官の仙谷だった。しかも、仙谷は創価学会が「裏切り者」として徹底的に攻撃していた矢野絢也の子息を秘書にしていたこともあって、菅同様に学会から敵視されていた。さらに党の幹事長が「原理主義者」と呼ばれる堅物の岡田克也では、公明党とのパイプ作りが難航するのも当然だった。

ただ、菅や仙谷は必死だった。創価学会攻撃の急先鋒だったことなど忘れたかのように、あの手この手を繰り出した。だが、それは場当たり的であり、綿密な戦略を欠いていた。

菅直人は臨時国会に先立つ九月下旬、突然、池田大作が設立した東京富士美術館を訪問し、特別展を鑑賞した。これはかつて小泉純一郎が行なったパフォーマンスを真似したものだった。長年公明党とは確執があった小泉だったが、首相就任の翌年、南アフリカで開かれた国際会議に出席した際、NGO展示会場の一角にあったSGI＝創価学会インタナショナルのコーナーに立ち寄って池田大作が撮影した写真を鑑賞。二か月後に開かれた公明党大会に来賓として出席した際、挨拶で池田の写真を絶賛してみせた。これが学会員の共感を呼び、小泉と学会の距離が縮まって、政権基盤の強化に大きな役割を果たした。

ところが、菅は美術館を短時間、訪問しただけだった。創価学会の幹部は「小泉さんの成功のポイントは、(池田)先生の名前を挙げて写真を絶賛したことだった。菅首相が富士美術館に行ったといっても会員たちは何も反応しない」と酷評した。それでも政権維持に必死の菅は、公明党へのアプローチを続けた。臨時国会の代表質問では、批判を浴びせる公明党議員に対して、「与野党の枠を超えた協力を頂ければたいへんありがたい」と低姿勢な受け答えに終始。公明党に秋波を送り続けた。

公明党対策で最も活発に動いたのは、〝陰の総理〟との異名が定着しつつあった官房長官の仙谷だった。旧知の公明党幹事長・井上義久との関係を軸にさまざまな仕掛けを行なった。

九月下旬、まず仙谷は井上に連絡を取り、「補正予算案に公明党の政策を盛り込むから優先順位を付けてほしい」と要請した。仙谷と井上は、特に親しい関係にあったわけではない。ただ、仙谷が弁護士として活動していた時代からの知り合いで、仙谷にとっては比較的、気安く話ができる数少ない公明党議員だった。一方で仙谷は、この頃、創価学会の広報室にいきなり電話を入れて「幹部の皆さんに挨拶をしたい」と面会を申し入れ、断られている。ある学会幹部は「我々はあくまで宗教団体であり、知らない政治家に正面玄関から会いに来られても応じるわけはないのに仙谷さんはまったくわかっていない」と突き放した。

さらに仙谷は、同時期に創価学会の不興を買う行動もとった。秋の叙勲で矢野絢也に旭日大綬章を贈ることを決めたのだ。仙谷を責めるつもりはない。当初、学会の中枢幹部たちは、「どうせ内閣府の役人が事務的にやったことだろう」と冷静に受け止めていた。ところが、その後のマスコミ報道で、矢野が裁判で学会幹部と係争中であることを理由に官僚たちが叙勲を躊躇したのに対し、仙谷が「そんなものは障害にならん」と手続きを進めるよう指示していたことが明らかになった。このため、学会や公明党の幹部は「やはり仙谷は信用ならない。本当にうちと協力したいのか」と不信感を募らせた。「矢野問題」が創価学会にとってどれだけ重要であるかの認識が、仙谷には欠けていたのだ。

スクープされた民主・公明の補正予算協議

この時期の民主党と公明党の関係を象徴的に示したのが、補正予算案をめぐる両党の協議だった。公明党は、二〇一〇年の参院選後、創価学会の最高協議会で決まった方針に沿って「ねじれ国会」の主役となるべく、政府・民主党に政策要求を突き付ける戦術を取り始める。九月初旬には、約四兆円の補正予算案を柱とする独自の緊急経済対策を発表。その一週間後には、自民党などとともに首相官邸の官房長官室に仙谷を訪ね、「経済危機対策に関する申し入れ」を行い、公明党独自の対策も提出した。九月下旬、仙谷が公明党幹事長の井上に対して「優先順位を付けてほしい」と頼んだのは、この公明党の要求をできる限り呑むことで補正予算案への賛成を得るためだった。

公明党はその前年度の第二次補正予算案には賛成していた。今度は、政府側が初めから公明党の主張を大幅に取り入れる姿勢を示しており、賛成に傾くのは当然の成り行きだった。

実際、政府側は公明党に最大限の配慮を示した。財源については、〇九年度の決算剰余金の全額を充当するなど公明党の案をほぼ丸呑み。歳出面でも地域活性化交付金の地方自治体への交付や学校の耐震化など公明党の主張を大幅に取り入れた。このため、公明党幹部たちは「こちらから補正予算の編成を提案した以上、反対はできない」ともらし、賛成の方向で調整が進んだ。

だが、補正予算をめぐる両者の協議には、当初から暗雲が漂っていた。最初の誤算は、読売新聞のスクープ記事だった。九月二九日の朝刊に「民主・公明　政策協議へ～補正予算など部分連合念頭に」との見出しが躍った。記事は一面に大きなスペースを取って掲載され、「補正予算案などをめぐって民主党と公明党の幹事長や国対委員長らが近く政策協議を開始することがわかった」「民主党からの政策協議の提案に対し、公明党は幹部が協議した結果、これに応じることを決めた」という内容だった。公明党関連の記事が全国紙の一面で取り上げられることは稀で、このスクープは大きな波紋を呼んだ。

この政策協議は、仙谷が井上に持ちかけ、秘密裏に設定したものだった。仙谷としては両党の幹事長らで協議を積み重ね、補正予算のみならず、多くの政策課題について意見をすり合わせて、ゆくゆくは「閣外協力」へと発展させたいとの思惑があった。公明党内の反発も予想されるため、当面は秘密裏に進めることになっていた。

ところが、協議開始前にこの話が表に出たことで公明党は大混乱に陥る。まず、公明党の前代表・太田が敏感に反応した。自公路線を牽引してきた太田は、民主党との距離を縮めようとする路線に反発していた。太田は、気心の知れている執行部の一人を呼びつけ、強い調子で異論を伝えた。前幹事長の北側一雄ら他の「自公」派のベテランたちも反対し、党内抗争の様相を呈した。

さらに執行部には厳しい状況が生まれる。読売新聞の記事を読んだ全国の学会員から党本部に抗議電話が次々とかかってきたのだ。学会の中枢幹部の思惑とは異なり、現場の第一線で組織拡大や選挙運動を担っている婦人部の運動員たちにとって、一〇年余も戦ってきた民主党は敵だった。これまでも公明党と民主党が接近する気配を見せるたびに反発の声が上っていた。そこに読売が刺激的な記事を掲載したため、批判の声が一気に高まったのだ。

これを受けて山口や井上ら党幹部は、この記事が取り上げた協議とは別に予定していた与野党の政調会長会談についても、「支持者の誤解を招く」としてキャンセル。両党の協議は最初から躓くことになった。情報管理の甘さが招いた事態だった。

公明党の「ねじれ特需」

それでも政府・民主党は粘った。仙谷は引き続き、井上と連絡を取り合った。二人は、九月から一〇月にかけて数回、都内で秘密裏に会談した。時には仙谷と司法修習の同期である公明党の国対委員長・漆原良夫も同席した。仙谷は、公明党側が求める政策の優先順位を聞き出し、次々と補正予算案に反映させた。その他にも、公明党が自公政権時代から強く主張してきたものの実現しなかった美術品補償法案や、学会婦人部が強く求めてきた子宮頸がんワクチンの公的助成の実施などでも合意。公明党は「ねじれ特需」に沸き、議員たちは「自公政権時代よりも公明党の政策が実現する」と囁き合った。

そもそも経済政策でも外交・安保政策でも政策的には、公明党は自民党よりも民主党に近い。理詰めで考えれば公明党が参院のキャスティングボートを握った時から、こうした状況が生まれても不思議ではなかった。

菅直人も自ら動いた。東京工業大学応用物理学科の後輩で、菅にとって数少ない旧知の公明党議員である政調会長の斉藤鉄夫に何度も電話を入れ、補正予算案への賛成を依頼した。

公明党が「ねじれ特需」に沸く光景はその一〇年以上前にもみられた。それは公明党が自民党との連立に踏み切る直前のことだった。当時の小渕政権は、参院でキャスティングボートを握る公明党を与党に引き入れるため、公明党の政策を次々と丸呑みした。その典型が「地域振興券」(商品券)構想だった。当時、自民党内では「究極のバラマキ政策だ」としてその経済効果を疑問視する声が強かったが、小渕と官房長官の野中広務は、公明党の主張を受け入れて、その支給経費を補正予算案に盛り込み、賛成を取り付けた。これが端緒になって自公連立に向けた機運は一気に高まった。

今回も菅や仙谷は、当時の自民党と同じように公明党を引き込めると考えていたに違いない。ところが、それは失敗に終わった。その理由の一つは、先に述べた菅や仙谷の稚拙な公明党対策だった。菅政権には小渕政権で公明党対策を担った野中のような「寝業師」がおらず、公明党・創価学会対策は荒っぽさばかりが目に付いた。

学会員の民主嫌いと公明党の民主への配慮

民主党執行部の機能不全も影響した。とりわけ学会婦人部が最も敏感な「政治とカネ」の問題で、民主党が何の手も打てなかったことは大きく響いた。公明党が求めた小沢の国会招致に道筋を付けられなかった上、幹事長の岡田克也が、公明党の国会招致要求を「国民生活に密着した補正予算案を盾に無理難題を押し付けている」などと非難したことも、公明党や創価学会の神経を逆なでした。

決め手となったのは、内閣支持率の急落に伴う学会内の雰囲気の変化だった。尖閣諸島沖の中国漁船衝突事件への対応などで政権の不手際が連日報道されたことを受け、内閣支持率はこの時期、急速に低下していった。これを受けて学会の中では反民主党の気運が一段と強まった。原田ら学会幹部と山口ら公明党幹部が定期的に行う非公式な協議で、学会側は民主党に対する内部の厳しい雰囲気を党側に伝えた。

一〇月二四日投票の衆院北海道五区の補欠選挙で、自民党の元官房長官・町村信孝が民主党候補に圧勝するとその流れは加速する。各社の出口調査によれば、公明党支持層の八〇~九〇%が町村に投票していた。この補欠選挙で創価学会と公明党は、町村の支援を積極的には行なっていない。それにもかかわらずこうした結果になったことは、学会員たちがいかに民主党を嫌っていたかの証左だった。

結局、公明党は、「泥舟の菅内閣に協力すれば翌年の統一地方選は戦えない」として、一一月八日、補正予算案に反対の方針を固める。それでも民主党とのパイプを残したい公明党執行部は、正式決定を前に幹部が手分けして菅や仙石らに反対する方針を事前に通知した。諦め切れない首相の菅は「う～ん、残念だ」と何度も何度も繰り返したという。

補正予算案本体には反対した公明党だったが、公明党が反対すれば成立しない予算関連法案には賛成し、予算の執行には影響が出ないよう配慮した。さらに国会軽視の発言をした法相・柳田稔については早期辞任を促したものの、仙谷らに対する問責決議案については、補正予算案や関連法案の採決に影響が出ないよう、自民党に働きかけて提出時期を遅らせるなど国会審議には協力した。

民主党に反発する学会員の意向を汲むと同時に、民主党へも配慮して早期解散を避ける――矛盾した二つの命題を両立させるぎりぎりの選択だった。

池田の体調悪化がもたらした暗雲

菅政権の稚拙な公明党対策と支持率急落を受けた創価学会内の「反民主」機運の高まりに加え、「民公連携」が足踏みした要因がもう一つあった。それは池田大作の体調悪化だった。

そもそも一般の学会員が民主党に強い嫌悪感を抱いているのに、公明党の幹部たちはなぜ民主党にこれほど気を使うのか。その理由の一つは、先に述べたように政局が大混乱に陥って早期の解散・総選挙につながらないようにするためだった。菅内閣が崩壊すれば民主党は新首相を選出し、支持率が高いうちに解散・総選挙に打って出るだろうと予想された。だが、公明党は、統一地方選を目前に控え、それは避けたかったのだ。

しかし、根本的な理由は別にあった。権力を持つ政府・与党からの創価学会攻撃を防ぐためだ。仮に池田ら学会幹部の国会招致や民主党が政権公約に掲げた宗教法人課税の強化が現実のものになった場合、学会側から厳しく叱責されるのは国会議員たちだ。公明党議員の第一の任務は学会組織を守ることであり、それは昔も今も変わりはない。かつて、自民党から証人喚問要求などで脅され続けた時の恐怖が忘れられないがゆえに、池田は「組織を守るために与党とのパイプをしっかり作れ」と言い続けてきた。

幹部の一人は当時、「名誉会長が政治方針について具体的な指示を出すことは、かなり前からなかった。名誉会長の不在で政治路線が混乱しているとの見方は的外れだ」と語った。だが、〇八年の軽井沢での研修会で民主党とのパイプ作りの重要性を強調したように、池田は節目々々で、大きな方向性について指示を飛ばし、それによって公明党の政治路線が左右されてきた。池田不在が何らかの影響を与えていたことは確かだった。いちばん大きな影響は、最高幹部たちに与えた心理的影響だった。

原田が第六代の創価学会会長に就任して四年余が経っていた。日々の業務は、会長の原田、理事長の正木正明、副会長の一人で事務総長の谷川佳樹の三人による集団指導体制に移行し、選挙に関しては、そこに前会長の秋谷と副会長の佐藤浩が加わる指導部が形成されてきた。それは、池田の意向が直接、組織内に伝わりやすい体制であり、あくまで池田あっての集団指導体制だった。

ところが、その池田が事実上、不在となってしまった。池田の長期不在は否応なく、最高幹部たちに「ポスト池田」時代が間近に迫っていることを意識させた。遠からず、誰かが池田の代わりに組織を率いていく必要があるのだ。

池田の後の会長は今の原田で三人目だ。だが、いずれの会長も池田という強力なオーナーの下での役員の一人に過ぎなかった。しかし、池田亡き後の会長は、名実ともにトップリーダーになるわけでその重みはまったく異なる。その次世代のリーダーを目指す大幹部たちにとって、学会内で足元を固める大切な時期に入っていたのだ。

足かせとなった「ポスト池田」レース

自公連立政権下では、創価学会の幹部が公明党議員の頭越しに自民党の幹部と会合を持つことは珍しいことではなかった。元首相・竹下登をはじめ幅広い政界人脈を誇ってきた秋谷は別格にしても、多くの幹部がそれぞれに人脈を持っていた。福田康夫政権の末期には、理事長の正木が自民党幹事長だった麻生太郎と密会し、麻生政権への移行や解散戦略について協議したこともあった。

ところが、民主党政権が誕生して以来、新政権との関係構築が大きな課題になっているにもかかわらず、学会幹部と民主党幹部との接触はあまりなかった。自公政権が一〇年も続き、野党議員との関係が切れてしまっていたという事情もあるが、最高幹部たちが「ポスト池田」を意識し、政界対策で下手に動いて火傷を負いたくないと考えるようになったことも影響していたと見られる。一般の学会員の間に民主党政権への批判が強まっている時に、民主党の議員と会ってその情報がもれたらどうなるかは明らかだ。批判を浴びても池田は不在で、庇ってくれる人もいない。

二〇一〇年二月、前会長の秋谷が、当時、幹事長だった小沢一郎らと密会し、それがマスコミで報じられると、全国の学会員から抗議が殺到したことは先に紹介した。この小沢‐秋谷会談に同席していたのが、「ポスト池田」の最有力候補である事務総長（副会長）の谷川佳樹だった。その谷川は、二〇一〇年参院選では、情勢が最も厳しいといわれた埼玉選挙区の責任者として陣頭指揮を執り、公明党候補を当選させた。それによって学会内での基盤をさらに強固にしたといわれていた。谷川は東大卒ということもあって、旧知の国会議員も少なくない。だが、小沢との密会が批判を浴びたこともあり、その後、政治家との接触はほぼ断っていた。

その谷川と並ぶ「ポスト池田」候補だったのが谷川の二つ歳上の理事長の正木正明だ。正木は創価大学を卒業して直ちに創価学会本部に入り、谷川の前任の男子部長、青年部長を歴任。原田が会長に就いた二〇〇六年に、理事長に就任した。

正木の強みは、池田が創設した創価大学のＯＢ会である「創友会」のまとめ役で、「創大閥」を基盤に持つことだった。現在の創価学会には、二世会員を中心に創価大出身の専従職員が多く、彼らが正木の支持基盤になっていた。ただ、関西地区の責任者として戦った二〇一〇年参院選では、関西を地盤とした比例候補を落選させ、立場を悪化させていた。正木は、民主党にも人脈を持ち、それを使って民主党とのパイプを作ろうという動きも見せていたが、当初はごく限られたものだった。

「ポスト池田」は、主に創価大出身者の支持を集める正木と、東大や早大など創価大学以外の出身の幹部を基盤とする谷川の争いと見られていたが、この時点ではいずれも決め手を欠いていた。

池田不在の中、発言力を高める婦人部

そうした中、学会内で発言力を高めていたのが婦人部だ。ある幹部は「学会の意思決定に対する婦人部の発言力が高まっている。だが、婦人部の意見は、その時々の現場の運動員の感情に引きずられ

るので、どうしてもブレが大きくなる」と心配していた。

創価学会において組織の拡大や選挙の集票活動で最も頼りになるのは婦人部の運動員だ。それゆえ、池田は本部幹部会などの大きな会合では、婦人部を持ち上げる発言を忘れなかった。だが、実際の舵取りでは必ずしも婦人部の意向が尊重されてきたわけではない。自公連立に踏み切る際も、婦人部はそれまで敵として戦ってきた自民党との連携に反発。幹部たちはそれを押し切って連立入りを決めた。

婦人部の意見は、その時々の世論のムードに左右されがちだ。民主党政権発足時から「反民主」の雰囲気が強かった婦人部だが、世論調査で内閣支持率が急落するのと歩調を合わせるかのように政権批判を強め、この頃は「全面対決も辞さず」という強硬論一色になっていた。公明党が二〇一〇年の補正予算案に反対することになった背景にも婦人部の発言力の高まりがあった。

このように婦人部の意向が通るようになったのは、「ポスト池田」を競っていた正木や谷川が、この大事な時期に婦人部の反発を買いたくないと考え、婦人部の考えに強く異を唱えることに躊躇したからだと言われる。そのため、学会全体が婦人部の意見に引きずられ、公明党もそれに引っ張られるという構図になっていたと見られる。

二〇一〇年秋の臨時国会の終盤、創価学会内では、仮に民主党が早期解散に打って出てくるなら受けて立つべきだとして、衆院選が早期に行われる場合には、前回までと同様、八つの小選挙区に候補を擁立し、自民党と全面的に協力して戦うべきだとの主戦論が強まっていた。〇九年衆院選の直後は多数を占めていた「小選挙区からの完全撤退論」は少数意見となり、前回同様、全力で小選挙区の議席を獲りに行くか、それとも小選挙区の候補者を比例区にも重複立候補させ、それによって比例区での議席獲得を優先させる戦術をとるのか、という議論に変わっていた。

その一方で、臨時国会が閉幕し、統一地方選に向けた準備が本格化する頃には、「自民党の政権復帰が確実とは言えない中で、政権与党を敵に回していいものか」といった冷静な意見も盛り返した。しかも、その頃、民主・自民の大連立に向けた蠢動も伝えられたため、「公明党だけが置き去りにされては困る」として、民主党とのパイプを再構築しようとする新たな動きも始まった。

このように公明党の方針が迷走した背景には、池田の体調悪化によって「ポスト池田」レースが本格化し、創価学会の幹部たちが、民主党政権との距離を縮めるという基本方針と婦人部などの反対意見との間で板挟みの状態に陥って判断が定まらなかったことも影響していた。

一方、政治との関係を縮小させるかどうかについては、議論がほぼ止まってしまった。ただ、二〇一〇年の参院選でも、事実上の獲得目標は改選議席よりも一議席少ない一〇議席で、実際の獲得議席はさらに少ない九議席だった。それでも「大健闘だった」と総括した。この時期、創価学会は、すでに長年続けてきた政治面での拡大路線を事実上捨て去り、「できるだけ少ない労力で一定の影響力を確保する」との方針に転換していたともいえるのだ。

第6章

潰えた選挙制度改革という悲願
——創価学会・民主党の交渉の顛末

衆院選挙制度改革協議会に臨む（左から）公明党の東順治氏，自民党の細田博之氏，民主党の樽床伸二幹事長代行（2012年2月8日，共同）

菅内閣支持率急落に勢いづく「自公派」

これまで述べてきたように、創価学会は、八つの小選挙区で全敗した〇九年総選挙の直後には、小選挙区から撤退する方向に大きく傾いていた。そうなれば、学会員の負担は大幅に減る。同時に他党との全面的な選挙協力は不必要となり、国会ではフリーハンドを握ることもできる。

ところが、鳩山・菅両内閣の稚拙な政権運営と支持率低下を目の当たりにして、まず多くの落選議員を抱える関西方面で「次の衆院選はリベンジ戦だ」「次も小選挙区で民主党と戦い、議席奪還を果たすべきだ」との声が高まった。同時に選挙の実働部隊である婦人部に首相の菅に対する嫌悪感が強まり、「打倒民主党」との声が充満した。その結果、民主党との距離はむしろ広がってしまった。

菅内閣の支持率急落は、公明党内の力関係にも影響した。代表の山口や幹事長の井上ら執行部は、当初学会首脳の意向を受けて何とか民主党との距離を縮めるべく機会を窺ってきた。ところが、それにブレーキをかける「自公派」の力が増してきたのだ。

二〇一一年三月、東日本大震災が発生した。震災対策の不手際も重なって、菅内閣の支持率はさらに下落した。だが、井上は、震災対応に与野党は関係なく、民主党との協力を進める良い機会だとして、改めて関係構築を模索した。ところが、内閣支持率が急落したことで、公明党内では、前代表の太田や前幹事長の北側ら「自公派」のベテランたちが勢いづき、井上らの足を引っ張った。前回の衆院選で落選した太田らは次期衆院選で小選挙区での復活を目指していた。それには自民党との全面的な協力が欠かせないため、「民公接近」に歯止めをかけたかったのだ。

さらに創価学会における絶対的な指導者である池田が体調悪化で明確な指示を出せない状態に陥ったことで、学会婦人部の「お墨付き」を得た「自公派」の抑え役がいなくなった。次期衆院選の選挙方針に関する創価学会・公明党内の議論は、次第に「現状維持」に傾いていった。

公明党が、これまでと同様、衆院の小選挙区でも議席を獲得しようと思えば、現実的には自民党と選挙協力するしかない。先にも触れたが、小沢は、政権交代の前、「自民党との全面的な選挙協力を止めれば、公明党が候補者を立てるすべての小選挙区で民主党候補を降ろしてもよい」と提案してきたことがある。だが、自らの政治資金問題を抱える小沢は表舞台から去り、民主党執行部からそうした「荒業」ができる議員は消えていた。学会票が喉から手が出るほどほしい自民党なら、初めから公明党候補が立候補する選挙区は空けてくれるし、何よりもこの一〇年余の選挙協力のノウハウがある。

創価学会は、まだ菅内閣が続いていた二〇一一年の七月二五日から四日間、東京・信濃町の学会関連施設で再び最高協議会を開催した。池田が人前に出られない状態が続いたため、毎年夏に池田が軽井沢に滞在するのに合わせて全国の学会幹部が結集する研修会は前年に続いて中止され、東京で最高協議会が開催されたのだ。

自民との選挙協力決定の裏事情

最重要の議題は、今後の選挙方針だった。このため、協議の場には公明党代表の山口も出席した。

「私どもの力不足で民主党政権が誕生し、二年近くがたったが、ご案内のようなひどい状況だ」。会議の冒頭、政治情勢の説明に立った山口は、菅内閣を酷評。その上で、「皆さんの意を受けて選挙制度改革が早期に実現するよう全力を挙げるが、次の衆院選までに実現するのはかなり難しい」と次期衆院選が現行の小選挙区比例代表並立制で行われる可能性が強いとの認識を示した。さらに「菅内閣はまもなく総辞職し、衆院選は新首相の下で来年中に行われる可能性がある。そこに向けて選挙準備をお願いしたい」として学会側の理解を求めた。

これを受けて会議では、▼各地方の意向を受け、次期衆院選では前回敗北した関東・関西の八選挙区に新たに北海道一〇区も加えた九選挙区で公明党の公認候補を擁立すること、▼小選挙区で議席を確保するためには自民党と選挙協力するしか方法がないことなどを確認し、次の衆院選も自民党と選挙協力を行なって九つの小選挙区で議席獲得を目指す方針が内定した。

だが、創価学会内には、選挙制度改革に民主党がどう取り組むのかをもう少し見きわめたいとの意見も残っていた。それにもかかわらず、衆院議員の任期がまだ二年余りも残っているこの時期に、従来通りの選挙方針を決めてしまった。その背景には、何としても翌年中には解散・総選挙に持ち込みたいという創価学会の内部事情があった。

創価学会が最重要課題としている衆院の選挙制度改革に向けた動きは、この時期、まだ始まる気配がなかった。一方で、民主党の議席は、衆院では三〇〇議席を超えていたので、いつ誰が解散しても次は議席を減らすことが確実だと予想されていた。そのため、常識的には翌々年八月の任期満了近くまで解散はないだろうと見られていた。ところが、その翌々年、つまり二〇一三年は、三年に一度の参院選と四年に一度の東京都議選が重なる、一二年に一度めぐってくる「巳年」だった。参院選と東京都議選は、ともに同年七月前後に行われるため、衆院選が任期満了近くになると、事実上の「トリプル選挙」になってしまう。

創価学会にとって都議会は最初に政界進出を果たした「聖地」だ。都議の選挙は国政選挙と同列に扱われ、毎回、全国から学会員を大量に動員して戦う。一方、小選挙区で候補者を擁立すれば、その周辺の都道府県からやはり大量の学会員を動員して選挙戦を戦う必要がある。それゆえ、創価学会ではこの三つの選挙が重なれば学会の戦力は分散し、戦う前から公明党の敗北は確実だと考えていた。そうした事態は何としても避け、翌年中に衆院選は終えたいというのが創価学会の強い希望だった。

そのため最高協議会では、選挙実務を担う副会長の佐藤が、「再来年のトリプル選挙は避けたい。衆院選は来年行われるという前提で準備を進めて欲しい」と指示を出した。早期の衆院解散に持ち込むことが前提になっていたため、その方針も早く決める必要があったのだ。

早期解散を目指した創価学会

菅直人は大震災という与野党協調の好機も活かせず、稚拙な政権運営によって「ねじれ国会」打開の方策を示すことができないまま退陣した。

これを受けて、二〇一一年九月二日に発足した野田内閣にとっては、政権の手足を縛る「ねじれ国会」を乗り切る道筋を付けることが喫緊の課題となった。それは、かつての自民党の小渕内閣の発足時と同じ状況だった。小渕は、その後、自由党と公明党を連立に引き入れて「ねじれ国会」を乗り切った。代表選挙の最中には自民党との「大連立」にも言及していた野田だったが、自民党が徹底抗戦の姿勢を変えようとしないのを見て直ちに、参院で一九議席を占める公明党を取り込むべく露骨に擦り寄り始めた。この動きについては後で詳述する。

一方で、創価学会および公明党は、野田内閣の発足を受けて、解散・総選挙に関する戦略について議論を深める。毎週一回、信濃町の通称「学会村」の一角で開かれている学会と公明党の幹部たちによる非公式協議でも、衆院の解散問題が繰り返し議論された。

「トリプル選挙は何としても避けてほしい。衆院選と都議選が同時期になって衆院選で惨敗した麻生内閣時の二の舞は避けるべきだ」「参院でキャスティングボートを握っているのだから、それを最大限活かして解散時期をこちらの希望通りにできないのか」

創価学会の幹部たちは、党側に対して繰り返し早期解散の実現を要請した。具体的には、翌二〇一二年六月頃の解散に持ち込めないかという議論になっていった。

秋の臨時国会で震災復興対策の第三次補正予算案とその関連法案に賛成することは規定路線だった。仮に自民党が最後まで反対しても、民主党が一部修正に応じれば賛成する方針だった。与党の国民新党が強く望んでいる郵政改革法案についても一部を修正させた上で賛成し、与党に恩を売ることを決めていた。勝負は翌年の通常国会と見定めていた。野党である公明党が解散時期に影響力を発揮できるとすれば、それは参院でキャスティングボートを握っていることを活かすしか方法はない。二〇一二年度予算案は、野党が反対しても衆院の優越で成立する。だが、赤字国債発行法案などの予算関連法案は、参院でも可決しなければ成立しない。そのため、翌年の通常国会では予算関連法案に賛成して成立させる見返りに、野田から早期に解散・総選挙を実施するとの約束を取り付けることを考えたのだ。その年、菅内閣が予算関連法案の成立にどれだけ苦しんだかを思い起こせば、このシナリオも現実味を帯びると考えた。菅内閣はその成立と引き換えに退陣したようなものだった。予算の執行に不可欠な関連法案が通らなければ、政権維持は不可能なのだ。

解散時期の目標をなぜ一二年六月に設定したのかといえば、同年九月には民主党代表選が控えていたからだ。そこで野田が再選されるかどうかはまったく見通せない。首相が交代してしまえば約束は宙に浮いてしまうので、通常国会の会期末までに解散してもらうしかない。しかも自民党の総裁選も同じ一二年九月に行われる。総裁の谷垣禎一は、それまでに野田政権を解散に追い込めなければ再選はないと言われていた。それもあって自民党は翌年の通常国会で野田政権を追い込もうとするに相違ない。公明党はそれにぎりぎりまで付き合って政府・民主党を追い込んだ上、最終段階では予算関連法案に賛成して野田に恩を売り、解散に持ち込むというのが、この時点で考えたシナリオだった。野田政権を本当に追い詰めても、総辞職されると総選挙がさらに遠のく可能性があるとして、野田との取引を考えたのだ。

実際には、翌年の通常国会で野田内閣が消費増税法案を提出し、民主・自民・公明の「三党合意」によってそれが成立したものの、民主党が分裂するなど想定外の展開を辿った上、通常国会中に選挙制度改革をめぐる協議が行われたために、このシナリオは不発に終わる。ただ、選挙に勝つことを何よりも優先させる公明党・創価学会が、衆院解散を自らの望み通りの時期に行わせることにいかに心血を注ぐのかがよくわかる内部の議論だった。

自民との選挙協力を維持しつつ民主とのパイプを構築

創価学会の事務総長の谷川や副会長の佐藤らは、一一年七月の最高協議会の前から、公明党代表の山口らと今後の民主党との関係などについて意見交換を重ねていた。

その中で学会側は、菅退陣の後に安定した政権が出現した場合、民主党側が再び学会攻撃を仕掛けてくる可能性があるとの懸念を示した。民主党が与党になって二年間、政権が不安定だったこともあって攻撃は影を潜めていたが、学会としては過去の悪夢を忘れるわけにはいかない。それに悲願である衆院の選挙制度改革を実現するためにも、民主党への働きかけは不可欠だ。いずれにせよ、民主党とのパイプの構築が必要だとの考えで、学会と公明党は一致していた。

ところが、七月の最高協議会では、次期衆院選でも自民党と選挙協力を行うという、それとは矛盾する方針を決めた。それは、先ほど指摘したように、婦人部を中心に組織内で「次はリベンジ戦」との雰囲気が盛り上がっている以上、士気を高めて選挙で結果を残すためには、小選挙区での議席奪還を目指すしかないと判断したからだ。矛盾は承知の上で、組織のモチベーションを維持するための苦肉の選択だった。

その上で、相反する二つの方針を今後、どう両立させていくのかが検討された。これについて創価学会首脳部の一人は、「民主党の出方次第で、選挙区によっては民主党の候補を支援することも十分あり得る」と語っていた。実際、最高協議会では、地方幹部から「(公明党候補を立てる)九選挙区以外では、これまで通り自民党を支援するのか」との質問が出されると、佐藤は「それは今後の状況次第だし、候補者にもよる」として、地域によっては民主党との協力もあり得るとの考えを示していた。

さらにある幹部は「仮に衆院選の結果、自民党が第一党になったとしても、自動的に自公連立政権を作るべきではない。場合によっては閣外で是々非々路線を取り、民自両党に働きかけて選挙制度改革を実現させることを第一に考えるべきだ」との考えを示していた。つまり、次期衆院選で自民党と選挙協力を行うといっても、この時点では、従来の「自公路線」を続けるという決断をしていたわけではなかったのだ。

自民党は弱体化しており、以前のようにその政権が半永久的に続くとは考えられない。そうであれば、民主党との全面的な対決には大きな危険が伴う。目前の選挙を乗り切るために自民党との選挙協力は維持するが、それはあくまで当面の戦術だという位置付けだった。

実際、九月に野田内閣が発足すると、学会内の雰囲気が変わる。とりわけ、公明党の求める選挙制度改革案に全面的な賛意を示す駿河台大学法科大学院教授・成田憲彦が内閣官房参与に起用されたことは、創価学会と公明党に対する強いメッセージとなった。

かつて細川内閣で首席秘書官を務めた成田は、選挙制度に詳しい。この年の七月には、公明党の政治改革本部に招かれて講演し、公明党が新たに衆院への導入を目指すことになった「小選挙区比例代表連用制」に賛意を示していた。さらに野田内閣発足の直後に発売された創価学会系の総合雑誌『潮』一〇月号には、成田の論文が掲載されていた。その内容がまさに公明党の主張する「連用制」への移行の勧めだった上、内閣官房参与に起用されるとの報道と重なったため、永田町に大きな波紋が広がった。

野田は、成田の起用を内定した後、九月九日の正式な辞令交付に先立って、公明党副代表で党政治改革本部長を務める東順治と密かに会い、「成田さんの起用は公明党に対するサインですから」と直接、伝えた。野田と東は、小泉政権下の同じ時期に、それぞれ民主党と公明党で国対委員長を務め、一緒に視察旅行にも出かけた間柄だった。

学会が「連用制」を目指す理由

公明党と創価学会が、前年二〇一〇年夏の最高協議会で中選挙区制復活に代わって実現を目指すことになった「新たな選挙制度案」というのが、「小選挙区比例代表連用制」だった。その背景には、できるだけ得票率に見合った議席数が得られる制度にしたいとの願望と同時に、以前のような組織拡大が望めない時代の中で、負担が大きい小選挙区の選挙運動から学会員を解放したいとの考えがあった。

連用制というのは、比例区の得票数を「小選挙区の獲得議席＋1」で割って議席を決めていくというもので、一言で言えば、小選挙区での当選者が少なければ少ないほど比例区では当選者が多くなるという仕組みだ。逆に言えば、小選挙区の獲得議席が多ければ多いほど、比例区の議席は減っていく。かつて、政治改革論議が盛り上がっていた一九九〇年代前半、自民党が主張する単純小選挙区制と社会党や公明党が主張する小選挙区比例代表併用制の折衷案として、財界人らで作る「民間政治臨調」がこの制度を提案したことがあった。大量の「死票」が出る小選挙区制の「民意の集約機能」を比例で大幅に是正し、各党の得票率に応じた議席配分により近づけようというものだったが、「わかりにくい」との批判が出て、消えていた案だった。

創価学会としては、比例代表での得票率がそのまま全体の議席数に反映されるドイツ型の「小選挙区比例代表併用制」が最も望ましいと考えていた。だが、小選挙区制による初めての選挙から一五年も経ち、今の制度で当選してきた議員たちの多くは、制度の抜本改革にきわめて消極的だ。細川政権の下で今の制度が導入された時は、「国民全体が政治改革という熱病にかかっていた」（元首相の一人）と評されるほどに選挙制度改革の機運が盛り上がっていたが、それでも法案の成立はきわめて難航した。個々の国会議員が生き残れるか否かに直結する選挙制度の抜本改革は、それほど難しいことなのだ。小選挙区という現職議員の「既得権益」を守りつつ、各党の得票率に応じた議席配分により近づけることができる「連用制」であれば、民主、自民両党の理解も得やすいと考えたのだ。

民主党は前年の参院選マニフェストで、今の衆院の選挙制度（小選挙区比例代表並立制）を維持したまま、比例区の定数を八〇削減する方針を打ち出していたが、仮にそれが実現すれば公明党は大打撃を受ける。公明党としては、それを阻止するためにも、初めからある程度、民主党に妥協する必要があった。そこで出てきた案が「連用制」だったのだ。

公明党・創価学会にとってこの案が持つメリットは、単に得票率に見合った議席を得るというだけにとどまらない。連用制や併用制であれば、小選挙区での議席獲得のために、二大政党のどちらかと全面的な選挙協力を行う必要はなくなる。比例だけで十分な議席を確保できるからだ。政権交代が常態化する時代になれば、二大政党のどちらと組んで選挙を戦っても、野党になる可能性は常にある。そうなれば、与党になった敵の政党から目の敵にされ、宗教法人課税の強化や創価学会幹部の国会招致といった事態を招く恐れが高まる。そうであるならば、第三極として独自に選挙戦を戦い、一定の議席を確保した上で、国会では是々非々の態度で政権に対峙して政策実現を図ったほうがいいと考えたのだ。

公明党は一一年一〇月、党政治改革本部の会合で、衆院の現行の選挙制度に代わる案として、「連用制」「併用制」「中選挙区制」の三案を併記した中間報告をまとめた。執行部が実際に実現を目指したのは「連用制」だったが、幹事長の井上が「これから議論するのに初めから連用制に絞れば『公明党の党利党略だ』と批判されるだけだ。自民党に賛同者が多い中選挙区制なども挙げておいた方がいい」と主張し、三案併記となった。実際、民主・自民両党内には、「連用制は公明党が衆院で常にキャスティングボートを握る制度だ。公明党はすでに参院でキャスティングボートを握っており、これでは『事実上の公明党政権』が永遠に続くことになりかねない」として抵抗が強かった。

だが、野田が新政権発足にあたって成田を起用したことで、創価学会や公明党は野田が選挙制度の抜本改革に踏み込んでくれるのではとの期待を抱いた。実際、一〇月から始まった「衆院選挙制度に関する各党協議会」の座長となった民主党幹事長代行の樽床伸二は、非公式な席ではあったが、公明党の幹部に対し、「とりあえず今の制度での一票の格差是正を優先させたいが、次々回の選挙からは公明党の意向に沿った方向で抜本改革しますから」と囁いた。

野田と極秘に会談した創価学会幹部

選挙制度に詳しく、公明党にも人脈を持つ成田の起用を野田に進言したのは、野田の師匠にあたる元首相・細川護熙だった。だが、その前に野田に対し、公明党対策の肝は選挙制度改革であることを伝えた人物がいた。それが他ならぬ創価学会副会長（広宣局長）の佐藤浩だった。後に佐藤は、第二次安倍政権で官房長官の菅義偉との太いパイプを誇ることになるが、この頃は、民主党政権中枢との関係を作ろうと全力を挙げていた。佐藤は、菅直人の退陣が秒読みとなった七月頃から、与野党を問わず永田町の政界関係者と直接、接触を重ねていた。

佐藤は、学会本部で男子部長、青年部長などを歴任した後、副会長の一人として選挙を担当。自公連立政権下で、前会長の秋谷の下で自民党との選挙協力の実務を仕切ってきた。〇七年参院選で公明党が敗北するとその責任を取って一時は選挙対策から外れていたが、佐藤が関わらなかった〇九年衆院選で公明党が惨敗すると、「やはり選挙を仕切れるのは佐藤だ」との声を受けて復活。一〇年の参院選は、選挙対策を一手に担った。

佐藤は、それまで公明党以外の国会議員との接触にそれほど積極的ではなかった。だが、創価学会が最も重視する選挙制度改革の協議がなかなか始まらないことに業を煮やし、直接、与野党の有力議員に接触を始めたのだ。

二〇一一年八月、佐藤は、次期民主党代表の有力候補の一人と目されていた野田に接触し、「学会としては選挙制度の抜本改革を最重要課題と考えている」と強調した上で、民主党がこの問題に本気で取り組めば、公明党が民主党の政権運営に全面協力することも可能だとの考えを伝えた。そして、公明党が望む具体案として「連用制」についても詳しく説明。野田も一定の理解を示したという。

この前後、佐藤は、自民党幹事長の石原伸晃《のぶてる》や同党の政治制度改革実行本部長の細田博之らにも会って同様の考えを伝えた。だが、石原ら自民党側は、比例区の定数を削減する代わりに比例の一部で少数政党を優遇する独自の自民党案について説明し、「これには公明党が主張する連用制の考え方も入っている」と主張し、議論は平行線を辿った。

佐藤が直接、政界対策に乗り出したのには、もうひとつ大きな理由があった。それは解散の時期に影響力を行使したいと考えたからだ。

先に紹介した早期解散シナリオを実現させるための最大の問題は、民主党側で誰がそれを担保してくれるかだった。公明党が予算関連法案に賛成しても早期解散の約束を破られては元も子もない。公明党・創価学会の悩みは、信義を守って約束どおり政府・党をまとめてくれる信頼できる交渉相手が民主党にいないことだった。しかも、衆院の解散権という首相に付与された最大の権限を事実上、制約する約束を取り付けようというのだ。生半可なことでは実現できないことは承知の上だった。

本来なら、こうした裏交渉は幹事長の仕事だが、民主党幹事長の輿石東と学会には、ほとんど接点はなかった。選挙制度改革の責任者である幹事長代行の樽床とも信頼関係を作っている幹部はいなかった。官房長官当時、学会とのパイプ役になろうとした政調会長代行の仙谷由人については、依然として学会側にアレルギーが強かった。結局、学会とのパイプ役は、民主党においては幹事長代理（後に国対委員長）の城島光力、政府においては内閣官房参与の成田しか見当たらなかった。

城島は味の素労組の出身で、旧新進党から立候補し、創価学会と旧民社党系労組との協力によって初当選した経緯がある上、かつて立候補していた東京一三区が前公明党代表の太田昭宏の選挙区と隣り合わせだったことから、自公連立政権の発足以降も、太田の選挙区とのバーター協力によって水面下で創価学会の支援を得ていた。学会にとっては数少ない気心の知れた民主党議員だった。それだけに城島を知る学会幹部は多く、佐藤もそのパイプを活かして城島とは連絡を取っていた。だが、城島が党内でどれだけ力を発揮できるかは未知数だった。

佐藤はこうした状況を懸念し、自らパイプ作りに動くとともに、永田町関係者の「品定め」を行なっていたのだ。

ダッチロールした選挙制度改革への対応

第5章で説明したように、創価学会は二〇一〇年七月の最高協議会で、選挙制度の抜本改革を最優先の政治課題と位置付けていた。そして、比例部分で小政党を優遇する「連用制」の導入を目指すことを決めた。

これを知った野田は、首相就任の直後から、連用制の導入を真剣に検討するとのメッセージを公明党に送った。だが、幹事長の輿石東ら民主党の執行部は、議席を減らすことが確実である次の衆院選を、できるだけ先送りしたいとの思惑もあって、野田から公明党との協議を急ぐよう指示を受けても動きがきわめて鈍かった。翌一二年二月になって、ようやく幹事長代行の樽床伸二が、衆院各党協議会という公式の場で「座長私案」を示したが、比例定数の八〇削減が明示される一方、制度の抜本改革については「比例の一部を連用制とするなどの意見もある」と一言付け加えられていただけだった。公明党は「こんな案は断じて認めるわけにはいかない」と強く反発し、協議会の席を立った。

その後、各党協議会は膠着状態が続いた。だが、水面下では、創価学会の意向を受けた公明党幹部が民主党との折衝を行なっていた。

その交渉を主に担ったのは、幹事長代行の斉藤鉄夫だった。斉藤は民主党の樽床と密かに接触を続けた。表向きは強く批判していた「比例定数八〇削減」についても、「連用制を全面的に導入するならば受け入れも可能」との考えを樽床らに伝えた。

当時、民主党内では、消費増税法案を成立させるためには、国会議員が「自ら身を切る覚悟」を国民に示すべきだとして、比例定数の大幅削減の旗は降ろせないとの意見が大勢だった。斉藤の提案はそれを踏まえた妥協案だった。

「一部連用制案」の浮上

同じ頃、創価学会の最高幹部たちも直接、民主党側と接触を始めていた。理事長の正木正明が、国対委員長に転じていた城島光力や野田に近い外務副大臣の山口壮《つよし》らと、また、以前から幅広い政界人脈を持つ副会長の八尋頼雄が幹事長・輿石東らとそれぞれ接触。連用制の導入が決まれば早期解散を目指す方針を撤回することも検討すると伝えた。佐藤浩も官房長官の藤村修らと会談するなど引き続き活発に動いた。

輿石や樽床ら民主党の執行部は、公明党の提案について密かに詳細な検討を加えた。だが、連用制を全面的に導入すれば、比例区の議席数は少数政党に圧倒的に有利となる。民主党が圧勝した前回衆院選の結果をもとに試算すると、比例区の当選者は、公明党や共産党でさえも民主党より多くなってしまう。「これでは党内が持たない」というのが結論だった。このため、樽床らは、単純に得票数に応じて議席を決める従来の比例区での各党の議席数の順序と逆転しない範囲内で、連用制を一部導入する案を作成した。それが「一部連用制案」だった。

二〇一二年六月一四日に開かれた与野党の幹事長・書記局長会談で、民主党は「現行の一一ブロック制の比例区を全国単一の比例区に変更し、一八〇の比例定数を四〇削減。その一四〇議席の比例定数のうち三五議席だけを対象に連用制を導入」という複雑な案を提出した。

会談で、公明党幹事長の井上は「検討に値する案だ」と一定の評価を示したが、民主党執行部はこの会談に先立って、公明党には内々この案を提示して理解を求めていた。同時に、国対委員長の城島や官房副長官の齋藤勁《つよし》らが、正木ら創価学会の幹部にも直接事前に説明していた。

この提案に対し、公明党で選挙制度改革の責任者を務める副代表の東順治や斉藤鉄夫らは、「選挙制度改革という難題を実現するには、不満はあってもこの案に乗るしかない」と判断。代表の山口らに対し、「ここで実現させなければ、選挙制度は永久に変わらない」と訴え、賛成する方向で党内調整を進めることになった。

ところが、最終方針を決める創価学会と公明党双方の最高幹部による少人数の協議では、賛否両論が交錯。当初は民主党案の受け入れに理解を示していたとされる会長の原田までが「そもそも民主党には本気で法案を成立させる決意があるのか」と疑問を呈したことから、しばらく各党の動きを静観することになった。

この「一部連用制案」には、自民党が「憲法違反の疑いがある」と強く反対していた。民主党内でも、単純小選挙区制論者を中心になお異論がくすぶっていた。そのため、公明党が成立に向けて積極的に動かなければ、事態は進まない状況にあった。だが、創価学会および公明党の幹部たちは、自分たちが表立って動けば、「公明党の党利党略だ」との批判が強まるとの懸念を持っていた。そうした批判を避けるには、法案を民主党と公明党だけで通すことは避ける必要があった。そのため、自民党の賛同を得ることは困難だとしても、社民党などその他の政党を民主党に説得してもらって、ほとんどの政党が賛成する形で法案が可決される環境が整うのを待つことになったのだ。

潰えた選挙制度改革の悲願

だが、それから間もない六月二六日、衆院本会議で消費増税法案などの採決が行われ、民主党から造反者が続出。小沢ら五〇人余の議員が離党した。それによって、どのみち参院では民主党と公明党だけでは法案を可決できない状況に陥った。それでも、社民党や「みんなの党」などは、小政党に有利な「一部連用制案」に不満はあっても賛成する意向をもらしていた。民主・公明両党が本気になれば実現の可能性は残っていたのだ。

ところが、この頃になると、肝心の創価学会や公明党が選挙制度改革の早期成立に消極的になる。前述したように、創価学会で会長に次ぐ地位である理事長の正木は、旧知の民主党議員たちと直接、接触して、法案の成立に向けて水面下で動いていた。正木は、谷川と並ぶ「ポスト池田」の有力候補だったが、この頃はすでに谷川にリードを許していると言われていた。正木が積極的に動いた裏には、ここで「手柄」を立てて劣勢をはね返したいという意図もあったのではないかと言われている。これに対し、谷川に近い副会長の佐藤浩らは、国会終盤になると「すぐに解散になるかもしれないこの時期に、民主党と公明党の主導でこの法案を成立させ、選挙協力の相手である自民党を怒らせるのはいかがなものか」と慎重論を唱え始めた。選挙制度改革がこの時点で実現しても、早期に衆院選が行われれば従来の制度で実施されることになる。しかも、公明党はその早期の衆院選を希望していた。実際、八月八日には、首相の野田が民主・自民・公明の三党首会談の席上、「近いうちに国民の信を問う」と発言している。

一方で、当時民主党は首相や執行部のコントロールの効かない混乱状態に陥っており、民主党執行部の言うことを信用できるのかという問題もあった。そのため、原田も山口も様子見を決め込んだ。民主党内の混乱が響いて、選挙制度改革に関する民主党と各党との協議も、その後進まなかった。結局、民主党が単独で国会に提出していた「一部連用制」を含む選挙制度改革法案は九月に廃案となった。

消費増税法案をめぐってガタついていた民主党が、この法案の成立に積極的ではなかったことが廃案になった最大の要因だった。だが、最終局面で創価学会および公明党の内部の意見が割れたことも響いた。公明党が腰砕けになった背景には、「ポスト池田」を睨んだ創価学会内の手柄争いも絡んでいた。池田の「不在」が、こうした創価学会の迷走を招いたともいえる。

首相官邸でこの経緯を見ていた野田側近の一人は、通常国会の閉会後「結局、公明党は自民党と離れられないことがわかったよ」と述懐した。だが、それは表面的な見方だ。仮に民主党執行部が、もう数か月早く法案を提出し、各党に積極的に根回しを行なっていれば、あるいは、消費増税法案をめぐる混乱がなければ、法案は成立していた可能性があった。

こうして選挙制度改革のチャンスは潰えた。創価学会の幹部は、「悲願達成の大きなチャンスを逃してしまった」と嘆いた。

消費税政局での公明党の混乱

第5章の最後で、この時期の創価学会・公明党が、婦人部の意向に振り回され、政治方針をめぐって迷走する姿を描いたが、それは二〇一二年の消費増税法案をめぐる対応でも見られた。

財政再建派の野田は、二〇一二年三月、消費税率を五%から一〇%まで段階的に引き上げる消費増税法案を含む社会保障・税一体改革関連法案を国会に提出した。公明党は当初、自民党とともに法案を否決して野田政権を早期解散に追い込む方針で、創価学会もそれを了承していた。

公明党内には、いずれは消費税率の引き上げは避けられないことだし、与党時代には消費増税の必要性を認めていたのだから、むしろ公明党が主導して法案の修正協議を進め、食料品への軽減税率の導入という公明党の主張を取り入れさせた上で賛成すべきとの意見もあった。だが、学会婦人部に消費増税アレルギーが強かったこともあり、そうした意見はかき消された。

六月初め、創価学会は早くも次期衆院選に向け、学会員以外に公明党への支持を広げる最高レベルの選挙活動、「F(=フレンド)作戦」を開始した。消費増税法案を否決すれば、通常国会の会期末までに解散に持ち込むことは可能だと判断したのだ。

ところが、その直後に、自民党は突如、民主党と法案の修正協議に入ることを決定。両党が歩み寄る動きを見せたことから、公明党も「自分たちだけが取り残され、意見を反映させることもできなくなる」として慌てて協議に参加。結局、公明党が強く望んだ軽減税率の導入については曖昧な記述のまま、自民党に引きずられる形で三党の合意文書に署名した。公明党執行部は、直前に、その内容を創価学会首脳部に説明。学会もそれを了承した。

ただ、執行部一任を取り付けるため、六月一四日に開かれた公明党中央幹事会では、参院議員の松あきらが、学会婦人部の反対意見をバックに「この時期に増税に賛成など許されない」と強硬に反対を主張。さらに前代表の太田までが「(自分の選挙区の)対立候補が声高に反対を叫んでいるのに、増税に賛成では戦えない」と反対の論陣を張り、執行部が押し黙ってしまう場面もあった。翌日の両院議員団会議も反対論が噴出して大荒れになる。一時間半の議論の末、幹事長の井上が強引に一任を取り付けたが、党内の亀裂は隠しようもなかった。

衆院本会議で消費増税法案が民主・自民・公明などの賛成で可決された翌朝、創価学会と公明党は、双方の幹部が出席して緊急の連絡会議を開いた。この中で山口らは、「民主・自民両党が急に修正協議に入るとは想定外だった」などと釈明。両党の動きを完全に見誤っていたことを陳謝した上で、「もはや今国会での解散の可能性はほとんどない」と報告した。そして、不満を募らせる婦人部を説得するため、なぜ消費増税法案に賛成したのかを説明するＤＶＤを急いで作成し、全国に配布することを決めた。

これを受けて創価学会は常任中央会議を開いて、開始したばかりの最高レベルの選挙活動を一旦止め、秋以降の総選挙を想定して態勢を組み直すことを決めた。夏休み明けの八月下旬には方面長会議を開催し、秋の臨時国会で野田政権を解散に追い込むとの方針を決め、「一一月解散・一二月投票」を想定して、九月中旬から再び最高レベルの選挙活動に突入した。

消費増税問題をめぐる公明党内の対立は、従来、一枚岩と見られてきたこの党も、今や結束を保つことが容易ではないことを浮き彫りにした。

自民党にどこまで協力すべきなのか　学会幹部たちの迷い

すでに見てきたように、創価学会内では以前から、衆院小選挙区からの撤退など選挙との関わりを縮小させる方向で議論が行われてきた。戦後、驚異的な急成長を遂げた創価学会も、今世紀に入るともはや頭打ちの状態であることは隠しようもなく、選挙活動を組織拡大につなげる方式も限界にきていた。

創価学会では、組織を引き締め、拡大することに選挙を利用してきたのだが、この頃には、選挙のたびに会員に強いる過重な負担がむしろ組織を疲弊させているとの認識が、多くの幹部たちに共有されていた。それは、小選挙区を基本とする制度で、解散時期も見通せないことが多い衆院選で特に顕著になっていた。紆余曲折を経て次も自民党と協力して小選挙区でも議席獲得を目指す方針を決めた学会だったが、自公の選挙協力を今後もまったく同じように続けると決めたわけではなかった。

一二年七月に開かれた創価学会の「最高協議会」で、副会長の佐藤は、次期衆院選では九つの小選挙区で候補者を擁立し、自民党との選挙協力を基本に勝利を目指すとの方針を、前年に続き再度説明した。その一方で、「今は自民党と連立を組んでいるわけではない」として、自民党候補の九割以上を推薦した前回とは異なり、推薦候補を絞る方針も示した。

自公両党の選挙協力は、連立政権の一〇年間で深化し、「小泉郵政解散」の〇五年衆院選以降、学会は自民党候補の大半を支援してきた。だが、先述したようにそれ以前は自公政権下でも、創価学会に理解があり、かつ比例の公明党の票集めに協力する候補であれば、民主党の候補であっても密かに選挙協力を行なっていた。元衆院副議長・中野寛成や前出の城島ら旧民社党系（民社協会）の議員が主にその対象となってきた。佐藤は、次期衆院選で、そういった裏の協力を本格的に復活させる余地を残したのだ。学会はこの時すでに相当数の選挙区で自民党候補を支援しない構えを見せていた。関西では橋下徹らの「日本維新の会」とも一定の協力を行うことにしていた。そこには、選挙後の政権の枠組みに確信が持てない中で、ウイングを広げておく方が得策だとの判断があった。

佐藤から示された方針に対し、地方の出席者からは「自民への推薦はどの程度減らすのか」とか、『維新の会』とは比例で競合するが、批判してはだめなのか」といった質問が出されたが、基本方針自体には異論は出なかったという。むしろ、「維新の会」などに世論の注目が集まる中、選挙戦で自民党との違いをどう打ち出すかに意見が集中した。消費税率引き上げにあたって食料品などを対象とする軽減税率を税率八％段階から実施するために政府から担保を取るべきだとの意見の他、「原発ゼロを目指す方針をもっと明確にできないのか」といった意見が相次いだという。

「自動的に連立を組むわけではない」

この時期、創価学会の中には、「仮に次の衆院選で、自公両党で過半数を獲得したとしても、自動的に連立を組むわけではない」と強調する幹部もいた。もはや自民党が政権与党であり続ける時代ではない以上、自民党と一体に見られることはリスクが大きいと考えたからだった。ただ、選挙の結果、維新の会が議席を伸ばして自民党に近付くことも予想されるとして、政策決定からまったく外されてしまわないよう、やはり政権に加わるべきとの意見が根強かった。

この時期になっても、幹部の一人は「小選挙区で議席獲得を目指すのは、できれば次で最後にしたい」ともらしていた。この幹部は、選挙制度改革は引き続き求めていくとしても、その実現はかなり困難であり、今の制度が続くのであれば、小選挙区からの撤退を再度検討したいと考えていた。

従来、公明党は選挙に背水の陣で臨むため、小選挙区候補に比例区との重複立候補を一切認めてこなかった。だが、この頃、創価学会と公明党は、次期衆院選では、関西地区の小選挙区候補者に比例区と重複立候補させることを検討していた。これが実現していれば、小選挙区からの撤退に向けた「実験」の意味も持つことになったのだが、結局、関西方面が従来通りに戦いたいと主張し、見送りになった。

第7章

「ポスト池田」レースと第二次安倍政権下の自公連立

第46回衆議院選で，28人目の当選者の名前に印を付ける公明党の山口那津男代表(右から2人目)，右は松あきら副代表(2012年12月17日，朝日新聞社)

〝勝利〟とは裏腹の憂鬱

「公明党大躍進！　三一議席獲得」

二〇一二年一二月の衆院選の翌日、聖教新聞には、公明党の勝利を喧伝する見出しが躍った。その横には、三年前の衆院選では全滅した小選挙区で「リベンジ」を果たした前公明党代表・太田や前幹事長・北側らが笑顔で万歳をする写真が並んだ。

だが、表面的な勝利宣言とは裏腹に創価学会や公明党の幹部たちの表情は冴えなかった。議席こそ一〇増えたものの、学会の実力を示すバロメーターといわれる比例区の得票総数（全国一一ブロックの合計）は七一一万票余と、惨敗した前回〇九年衆院選の時と比べても大幅に減っていたからだ。

この数字は、公明党にとってかなり深刻だった。小渕政権下の九九年に自民党と連立を組んで以降、公明党は自民党との選挙協力を活かして比例の得票数を伸ばしてきた。公明党候補が立候補する八～九つ程度の選挙区を除く大半の小選挙区で自民党候補を支援する見返りに「小選挙区は自民、比例は公明」の合言葉が自民党支持者に浸透していった。比例の得票総数は、〇五年のいわゆる「小泉郵政解散選挙」では過去最高の八九八万票余に達した。ところが、〇九年の衆院選ではそこから九三万票減らして八〇五万票。一二年衆院選はそこからさらに九四万票も減少させたのだ。七一一万という数字は、自民党と連立を組む前の九八年参院選比例区の七七四万票余をも大幅に下回っていた。

翌二〇一三年一月七日、衆院選後初めてとなる創価学会の本部幹部会が、東京・巣鴨の戸田記念講堂で開かれた。最高指導者の池田大作は、やはり激励のメッセージを寄せただけだったが、一〇議席増を果たした衆院選結果を受け、その勝利を高らかに宣言する場となった。会長の原田は、約一〇〇〇人の出席者を前に、「衆院選における皆さんの献身的な支援で公明党は前回の雪辱を果たし、一〇議席増加という輝かしい勝利を果たした」と胸を張った。その一方で、自民党が単独過半数を大きく上回る二九四議席も獲得したことを意識して、「公明党は平和・福祉の党として庶民のための政治の実現に邁進し抜いてもらいたい」と存在感を発揮するよう党側に釘をさした。

だが、本部幹部会の前日に開かれた全国一三方面の方面長や有力な県長らが東京の中枢幹部たちと意見を交わす「方面長会議」には、祝賀ムードはなかった。得票数の大幅減という冷厳な数字を前に、地方組織の幹部たちからも危機感を露わにする発言が相次いだのだ。

「今回は小選挙区での『リベンジ』に集中しすぎて比例票の獲得が疎かになった」「『維新の会』などに注目が集まったことで公明党の存在感が薄くなり、支持拡大が難しかった」といった分析に加え、「運動員の高齢化がさらに進み、組織外への票の獲得活動が不十分だった」「このままではこの夏の参院選はたいへん厳しい」といった率直な意見も出された。

ある幹部は、「投票率が低かったことを割り引いても七一一万票というのは相当厳しい。会員の高齢化で組織の弱体化が進んでいることの表れだ」と分析。さらに「今回、自民党との選挙協力が比較的うまく行った中で大幅に票を減らしたことは、我々が自力で獲得した票はさらに大幅に減っているということだ」と深刻な表情で語った。そして、新たな会員を少しでも獲得するなどして組織を活性化するしか打開策はないともらした。

民主党とも一部で協力していた創価学会

実は、この衆院選で、創価学会はこれまでのような自民党との全面的な選挙協力を一部見直した。第6章で紹介したように、推薦する自民党候補を減らし、わずかではあるが、密かに民主党の候補なども支援したのだ。それはわずかな見直しであり、選挙結果に影響を与えるようなものではなかったため、表面化していない。だが、〇九年の政権交代を踏まえ、自民党が半永久的に政権与党であり続けることはもはやないと創価学会が判断して打ち出した方針の見直しだった。

その内容だが、まず推薦する自民党候補を八〇人程度減らして二〇〇人余にとどめた。当初はもっと減らす予定だったが、自民党側に繰り返し懇願されて最後は二〇〇人を超えた。だが、推薦候補を大幅に減らしたのは連立政権を組んでから初めてだった。

さらに、かつては幅広く行なっていた民主党候補との水面下でのバーター協力を一部で復活させた。愛知県などの一部の選挙区で、創価学会に理解があり、比例で公明票を出すという見返りが少しでも期待できる民主党候補を支援したのだ。その他にも、学会に対する理解が深い民主党候補がいる選挙区で、自民党候補に推薦を出さず、積極的に支援しないことで、民主党側に協力した選挙区もあった。民主党との水面下の協力は、小泉政権下で自民党との選挙協力が深まる過程で消えていたが、それがごく一部で復活していた〇九年の衆院選に続き、ある程度復活していたのだ。その数は、〇九年衆院選の時よりも増えていたという。

だが、結果は自民党の圧勝に終わり、選挙での民主党への配慮は、短期的に見れば無駄になった。

ただ、自民一辺倒の選挙協力の見直しは、学会の組織防衛のために民主党にも保険をかけるという意味と同時に、公明党および創価学会の存在感を高めるためでもあった。自民党の言いなりにすべての選挙区で協力しても足元を見られ、今後の政策実現にもプラスにならないと考えたのだ。

民主党政権下、とりわけ菅内閣以降の「ねじれ国会」の中で、公明党は政権に対して厳しい姿勢で臨む一方、政権側が公明党の要求を受け入れれば協力する姿勢も見せた。その結果、創価学会婦人部が強く求めてきた女性のガン対策など公明党独自の政策が次々と実現した。議員たちは「自公政権時代よりも独自政策が実現する」と囁きあったものだ。政策的には民主党と近いこともあり、公明党にとって三年余の野党時代は案外、居心地がよかったのだ。

安倍－山口の党首会談を受けて、再び連立与党となった公明党だったが、今度は逆に存在感の発揮が難しくなることが予想された。衆院選で自民党が圧勝し、公明党との力の差がさらに広がった上、参院では自民党の議席と合わせても過半数には達せず、キャスティングボートも失っていた。影響力発揮の唯一の頼りは、二〇一三年夏の参院選の勝利を至上命題とする首相の安倍が、選挙で学会からの支援をもらいたいと考えていることだけだった。

両党の神経戦は衆院選の最中から始まっていた。自民党が総裁の安倍の意向を踏まえて、政権公約で集団的自衛権の行使を可能にする憲法解釈の見直しや憲法への「国防軍」の明記などを掲げたことに対し、公明党代表の山口はラジオ番組で「憲法の柱を守ることが重要だ。はみ出したいなら限界が来るかもしれない」などと述べて自民党を牽制。山口は、選挙戦を通じ、集団的自衛権の行使などに一貫して反対する発言を繰り返した。「平和の党」である公明党は、衆院選の公約に核軍縮や平和外交の推進を掲げていた。山口は、安倍自民党に対する支持者の不安を取り除く必要があったのだ。だが、実際に政権運営が始まれば、自民党にブレーキをかけることは容易ではない。小泉政権下では、世論調査で反対意見が圧倒的に多かった自衛隊のイラク派遣でさえも、公明党は自民党に追従して賛成に回った。

少しでも独自色を出したい山口は、年が明けると、さっそく「平和外交の推進」との公約に沿って中国を訪問。共産党総書記の習近平と会談して安倍の親書を手渡した。そして対話による関係改善を呼びかけ、大局的見地から両国の戦略的互恵関係を深めていくことで一致し、連立与党として一定の存在感を示すことに成功した。創価学会もこれに合わせて、名誉会長の池田の名前で「日中首脳会談の定期開催の制度化」などを内容とする「日中平和提言」を発表し、中国に強い公明党・創価学会をアピールした。

ただ、訪中直前、香港のテレビ局のインタビューを受けた山口が、尖閣諸島の領有権について「棚上げ論」に触れたところ、自民党から非難する発言が相次ぐなど、ここでも安倍自民党との温度差が浮き彫りになった。

強まる安倍政権への警戒感

安倍政権で自民党のブレーキ役になるのは容易ではない——。そうした公明党・創価学会の懸念がさっそく現実となったのが、平成二五年度(二〇一三年度)税制改正をめぐる協議だった。

公明党は、衆院選の公約で、二〇一四年四月に消費税率を八％に引き上げる段階で、弱者対策として食料品などに軽減税率を導入することを掲げた。公明党と創価学会は、野田政権下で民主、自民、公明の三党合意への参加を決める際、消費増税に抵抗が強かった学会婦人部を説得するため、八％段階からの軽減税率の実施を求めていくことを方針とした。三党合意の軽減税率に関する記述は曖昧な表現にとどまっていたが、公明党は、創価学会側から確実に実施するよう強く求められていた。

一三年の年明け早々に始まった自民党との税制改正協議で、公明党は、与党の税制改正大綱に軽減税率の実施を明確に書き込むよう強く求めた。だが、協議は難航を極めた。自民党が財務省と一緒になって、八％段階からの軽減税率の導入は、徴税事務が複雑になることから、準備が間に合わないなどとして強く反対したからだ。

二週間にわたり、ほぼ連日開かれた両党の協議で、公明党側は創価学会婦人部が短期間に集めた六〇〇万人分にも上る署名を盾に、「八％段階から導入しなければ組織がもたない」として、軽減税率の導入を粘り強く求めたが、自民党税制調査会長の野田毅ら自民党側に全く譲る気配は見られなかった。この間、公明党執行部は学会側と頻繁に連絡を取って「状況は厳しい」と説明したが、学会側は「八％段階からの導入は選挙公約の柱だ」として、強い調子で実現するよう求め続けた。

このため、公明党は「せめてコメだけでも八％段階から適用できないか」と粘ったが、自民党側は拒否。公明党は一月一八日、ついに幹事長の井上や税調会長の斉藤ら幹部が協議した結果、税率一〇％段階での導入を明確にすることを条件に、八％段階では断念することを決め、学会との連絡会議を開いて理解を求めた。婦人部の代表からは強い不満の声が出されたが、学会側も最終的にはこれを了承した。

その後の協議で、公明党は税制改正大綱の中に「一〇%引き上げ時に導入する」と明確に書くよう要求したが、自民党側は「現時点では準備が間に合うかどうかわからない」として難色を示した。協議の最終段階では、公明党の斉藤が「導入時期を明確にしないのなら与党としての大綱は作れない」と発言すると、自民党税調幹部の宮沢洋一が「それなら自公別々に作ればいい」とけんか腰で応じるなど、激論が交わされた。結局、最後は公明党が妥協して「一〇%引き上げ時に導入を目指す」との玉虫色の表現で最終決着した。

「連立政権の先行きが思いやられる」

公明党は創価学会との連絡会議を開いてこれを報告し、学会側も渋々了承したが、学会幹部の一人は「非常に残念な決着だ。連立政権の先行きが思いやられる」ともらした。同時に、公明党執行部の間からは、安倍が最後まで、公明党のために動こうとしなかったことに不満がもれた。

この時期、公明党は、夏の参院選で自民党が大勝して、参院でも衆院と同様、「日本維新の会」や「みんなの党」と合わせ、公明党抜きで憲法改正を発議できる三分の二の議席を超えれば、安倍が改憲に向けた動きを一気に強めかねないと警戒していた。

維新の共同代表だった石原慎太郎は、すでに衆院選の直前、「憲法見直しに同意しない公明党と連立する限り、自民党には期待できない」と発言し、自公両党に揺さぶりをかけていた。安倍が一三年一月上旬、わざわざ大阪に出向いてもう一人の維新共同代表である橋下徹と会談したことにも、創価学会・公明党は「参院選後をにらんだ動きではないか」と身構えた。安倍と橋下は、憲法改正や教育委員会制度の見直しなどで主張が一致するだけに、両者の接近を公明党は当初から警戒していた。

安倍政権の保守的政策への傾斜に歯止めをかけようと思っても、参院選で公明党が議席を伸ばして維新の伸張を抑えること以外に、公明党や学会にできることはない。そもそも、自ら保守思想の持ち主であることをアピールする安倍は、以前は「公明嫌い」を公言していたのだ。

仮に参院選で自民党と維新などで三分の二を超える議席を獲得してしまえば、公明党が反対しても憲法改正に向けた動きが一気に進む可能性がある。それに反発して連立を解消し、野党になれば、キャスティングボートも持たない公明党は政権への影響力を持てなくなってしまう。それならば、与党にとどまって少しでもブレーキ役となった方がましだということになる。

公明党と創価学会の首脳たちは、「連立離脱カード」を使って牽制することも難しい政治環境の中、安倍の独走をどうすれば止められるのかと頭を悩ませていたが、それは現実化していくことになる。

改憲論議を避けたかった創価学会・公明党の憂鬱

二〇一二年末の衆院選では、安倍晋三率いる自民党が地滑り的勝利を収め、明確な「改憲政党」である「日本維新の会」や「みんなの党」と合わせた議席は、すでに衆院の三分の二を超えていた。これを受けて安倍は、第二次政権の発足当初、参院でも自民、維新、みんな、それに新党改革の改憲政党四党で「三分の二」を確保できないかと、半ば本気で考えていた。

定数二四二の参院の三分の二は一六二議席。「改憲政党」四党の非改選議席は六二議席で、参院で明確な「改憲勢力」が三分の二を確保するためには、参院選で四党が計一〇〇議席を獲る必要があった。非常に高いハードルであり、現実にはそこまでは無理としても、改憲勢力が大幅に伸長すれば、民主党の一部もなびき、改憲に慎重な公明党の発言力も低下して結局、自民党に従うだろう――。二〇一三年夏の参院選を前に、安倍はこうしたシナリオを描いていたのだ。

二〇一三年は、創価学会の政治進出の原点であり、学会が国政選挙並みに重視する東京都議選が一二年に一度、参院選と重なる「巳年」だった。六月に都議選、七月に参院選と連続して重要な選挙が行われ、ただでさえ難しい対応を迫られる年なのに、年初から学会にとっては頭の痛い問題が持ち上がっていた。それは、安倍が前記のようなシナリオに沿って、憲法改正を参院選の争点にする考えを表明したことだった。

創価学会には、憲法改正そのものへの反対意見がなお根強い。それゆえ、この問題が参院選で前面に出れば、最前線で集票活動を担う婦人部の運動員の足が鈍ることが懸念された。それは何としても避けたいというのが、学会首脳部の切実な願いだった。

憲法改正が争点になれば、自民党との足並みが乱れ、改憲問題について有権者に説明して回る必要に迫られる。憲法改正に最もアレルギーが強い婦人部の運動員たちに、どの点で自民党と意見が異なり、どの点で一致しているのか等々を説明させようとすれば、その運動量は大きく低下し、集票に大きなマイナスとなるのは確実だと考えられていた。

そのため、公明党や創価学会の幹部たちは、早くから安倍政権のキーマンたちに頻繁に接触し、憲法改正を争点にしないよう繰り返し求めた。

公明党代表の山口は、四月の安倍との党首会談で「野党は国会で憲法改正について次々と聞いてくるだろう」と首相の改憲姿勢を牽制。「参院選の争点はあくまで経済（政策）だ」として憲法改正を前面に出さないよう求めた。また、幹事長の井上義久は官房長官の菅義偉や自民党幹事長の石破茂に対し、憲法を参院選の争点から外すよう繰り返し理解を求めた。国対委員長の漆原良夫や幹事長代行の斉藤鉄夫らも、それぞれ旧知の自民党幹部と接触し、同様の意向を伝えた。

自公両党首のさや当て

政権発足間もないこの時期、自公両党の関係は、非常にぎくしゃくしていた。両党の党首が、憲法問題で繰り返し、さや当てを演じたのが最大の原因だった。安倍が憲法改正の発議条件を緩和する憲法九六条の改正に意欲を示すと、山口は記者会見で「九六条改正が九条改正にストレートに結び付くのではと心配する声もある。立法府で落ち着いて議論するのが当面の課題だ」と正面から反論。次に安倍が、侵略行為に国連が一致して対応する「集団安全保障」にも参加できるよう憲法九条の改正が必要だとの考えを示すと、山口は記者団に「政府には憲法順守義務がある。一国会議員として論点を提示したのだろう」と語り、冷たく突き放すといった具合だった。

二人は直接会っても、話はまったくかみ合わなかったようで、安倍は、側近の一人に「山口さんは苦手なんだよね。会っても形式的なことしか言わないから本音の話もできない」と不満をもらし、山口は周辺に「どうしようもない総理だ」などと、安倍をこき下ろしていた。

こうした両党首の関係を心配した公明党の中堅幹部は二月末、衆院第二議員会館にある官房長官・菅義偉の事務所を密かに訪ねた。そして「うちの幹部たちも今の首相官邸とのパイプが細いことを気にしている。普段から両党がもっと意思疎通を図らないと連立政権はまずいことになる」と切り出し、首相が憲法改正で踏み込んだ発言をする時は、事前に発言の真意や背景を公明党側に伝えてもらえないかと菅に頼んだ。菅もこれを了解し、安倍と山口の接触を増やすことも約束した。実際にその後、両党首は毎月一回、昼食をとりながら意見交換することになる。この中堅幹部は続けて、「憲法（改正問題）は参院選の争点にしてはならない。長期安定政権を作ることが何より重要であり、憲法改正は参院選後に時間をかけてじっくり議論すべきだ」と伝えると、菅は「私もそう思っている」と応じた。

動き出した学会最高幹部たち

創価学会の最高幹部たちも密かに憲法改正問題の鎮静化に動いた。「ポスト池田」の最有力候補である事務総長（副会長）の谷川は、その夏の参院選で神奈川選挙区の担当になっていたこともあり、自民党神奈川県連会長を務めていた菅義偉と都内で直接、会談した。もう一人の「ポスト池田」の有力候補だった理事長の正木も幹事長の石破茂らと接触した他、選挙実務を担当する副会長の佐藤は、公明党選対委員長の高木陽介も交えて自民党選対委員長の河村建夫らと会談した。いずれの幹部も、参院選情勢をめぐって意見交換するとともに、憲法問題が参院選の争点にならないよう要請したのだ。

一連の働きかけで、学会側が展開した論理は、次のようなものだった。安倍が憲法改正を自らの手で実現したいと考えていることは理解している。だが、国民の関心事は経済や生活の向上であり、参院選で憲法問題を持ち出しても、自公両党で過半数確保という目標の達成に何ら資するところはない。かえって両党間のスタンスの違いが浮き彫りになって、憲法改正に慎重な学会の運動員の足が鈍るだけであり、選挙区選挙における自民党への協力にもマイナスだというものだった。

だが、当初、そうした働きかけは無視され、安倍は発言をさらにエスカレートさせる。日銀総裁・黒田東彦の打ち出した「異次元金融緩和」の効果もあって、この年の四月には円安と株高が大幅に進み、内閣支持率は政権発足から三か月が過ぎても七〇%台の高い水準を維持していた。自信を深めた安倍は、参院選まではできるだけ封印するはずだった持論の表明を我慢できなくなったのだ。

四月下旬の参院予算委員会では、「ぜひ九六条の改正にチャレンジしていきたい。（中略）参院選でも堂々と九六条改正を掲げて戦うべきだと考えている」と憲法改正、とりわけ九六条の改正を参院選の争点にする考えを強調した。この発言に対し、公明党の山口は、同日の記者会見で「（参院選の）争点になるという認識を私は持ちようがない」「議論が九六条まで届いていない中で、国民に一体、何を判断しろといえるのか」と強く反論した。

安倍はこのまま暴走するのではないか――。公明党・創価学会の幹部たちは焦燥感を強めた。

安倍の軌道修正

だが、五月に入ると、安倍は発言を徐々に軌道修正する。まず、ゴールデンウイークの前半、一連の外国訪問の最後に訪れたトルコの首都アンカラでの記者会見で、微妙に発言を変えた。従来通り、憲法改正を参院選の公約に掲げることや、この問題では維新やみんなとも協力していく考えを示す一方で、「九六条改正は国民的な理解を得られている段階ではない。公明党の立場はよく理解しており、誠意を持って議論を進めていきたい」と慎重論に耳を傾ける姿勢を見せたのだ。

公明党に一定の配慮を示した発言だったが、公明党の幹部たちは、安倍周辺に発言の一層の軌道修正を働きかけた。

それに応えるかのように、安倍は発言を変えていく。五月五日、東京ドームで行われた二人の元プロ野球選手、長嶋茂雄と松井秀喜への国民栄誉賞授与式に、安倍は背番号「96」のジャイアンツのユニフォームを着て臨んだ。式の終了後、記者団から「背番号は憲法九六条改正への意欲のあらわれか」と問われた安倍は、「まだ十分に国民的議論が深まっているとは言えない。やはり憲法改正だから、『熟議』が必要だろう。友党である公明党の皆さんともていねいに議論していきたい」と低姿勢を演出。その後、フジテレビ系のニュース番組に出演した際には、「無理にやろうとすれば元も子もない。国民的議論が高まっているかと言えば、そうではない」と慎重な姿勢をさらに強めた。

「強硬なナショナリスト」　米政府の安倍観

安倍が憲法改正に関する姿勢を転換させたのは、アメリカのオバマ政権や議会関係者の間に、北朝鮮情勢が緊迫する中、韓国や中国が警戒を示している憲法改正に安倍政権が前のめりになれば、日本と中韓両国との関係が一層悪化しかねないという懸念が広がり、それが官邸に伝えられたためだとの見方が流れた。その頃、米国防総省高官が、「集団的自衛権の行使容認も憲法改正も先送りしてほしい。対北朝鮮を考えたら韓国との関係改善が先だ」と発言したことが日本に伝わっていたからだ。

安倍自身は国会答弁でこうした見方を否定したが、五月には、米議会調査局がまとめた日米関係に関する報告書が、安倍について「強硬なナショナリスト」「侵略の歴史を否定する歴史修正主義を信奉していることをほのめかしている」「地域の関係を壊し、アメリカの利益を損なう恐れがあるとの懸念を生んだ」などと厳しい見方を示したことが報道された。

こうした見方は、オバマ政権内でもかなり共有されていた。アメリカからすれば、歴史修正主義的な発言を繰り返して中韓両国との関係を悪化させる安倍とその盟友たちの言動は迷惑でしかない。米政府内には、憲法改正も慎重にしてほしいという雰囲気が広がっていた。

余談になるが、安倍の外交ブレーンである内閣官房参与で元外務事務次官の谷内正太郎が、参院選の最中の七月中旬、国際会議に出席するためにアメリカを訪問。その合間を縫って、密かに国家安全保障担当の大統領補佐官であるスーザン・ライスと会談したが、ライスから「アメリカは従来、日本政府に対し集団的自衛権を行使できるようにしてほしいと繰り返し求めてきたが、このタイミングで進めることには懸念をもっている。まずは中韓両国との関係改善を進めてほしい」と直接、釘を刺されている。

戦後の日本で、アメリカとの関係を悪化させて長期政権になった例はない。小泉純一郎が五年半にわたって政権を維持できたのも、ブッシュ政権と良好な関係を築いたことが大きな要因だった。これを安倍自身、意識していなかったはずはない。公明党の要請だけで、発言を修正したわけではなかったのだ。

憲法改正のカギは結局、公明党・創価学会

ただ、側近によれば、安倍が姿勢を変えた最も大きな理由は、「参院選は親の仇だ。参院選で勝利

して初めて本当の政権交代になる」と自ら力説する政治決戦を前に、菅ら多くの側近たちから、この時期に公明党との関係を悪化させるべきではないと説得されたことだったという。

それと同時に、憲法九六条改正については、賛成より反対が多いという世論調査結果が相次いで出されたことも大きかった。五月三日の憲法記念日を前に各社が相次いで行なった世論調査では、軒並み「反対」が「賛成」を上回るという結果が出ていた。朝日新聞や毎日新聞はもとより、九六条を改正すべきとの論陣を張る産経新聞とフジテレビなどが合同で実施した世論調査でさえ、「反対」が「賛成」を二・六ポイント上回っていた。

安倍は五月中旬の参院予算委員会で、憲法九六条の改正について「反対意見の方が多いのも事実だ。いま国民投票に付したところで否決される」と、国民の支持が広がっていない現状を率直に認めた。その上で安倍は、九六条を先行改正するのではなく、各党で合意の得やすい条項を併せて発議することにも柔軟な姿勢を示した。

さらに安倍は、六月上旬に発売された月刊誌『Voice』のインタビューで、九六条改正にあたっては、戦力不保持を定めた九条や基本的人権に関する条項など憲法の基本原則に絡む条文については、発議条件の緩和対象から除外することも選択肢になるとの考えを初めて示した。

六月二〇日、ぎりぎりまで安倍が手を加えた自民党の参院選公約が発表された。そこでは当初、目玉になるはずだった憲法改正についての記述は最後に回され、九六条の「先行改正」は明記されなかった。さらに「改正の主な内容」に、「環境保全の義務」などを新たに加え、環境権などの「加憲」を唱える公明党に配慮していた。そもそも、安倍が五月に入ってから憲法改正に絡んで発言した内容、すなわち「熟議が必要」「九六条先行ではなく、他の条項と併せて発議」「九条などは発議条件の緩和の対象から除外」等は、すべて創価学会と公明党の考えに沿ったものだった。

安倍はこの時期、尊敬する祖父・岸信介も成し遂げられなかった憲法改正を実現し、歴史に名を刻むためには、結局、公明党を引き込むしかないという現実に思いを致したのではないか。

憲法改正が現実のものになるのか、その場合、改正の内容はどうなるのか——、結局、カギを握るのは、公明党とその背後に控える創価学会なのだ。

創価学会が密かに行なっていた改憲問題の集中討議

ここまで述べてきたように、二〇一三年の三月から四月にかけて、創価学会と公明党は、繰り返し、憲法問題の「棚上げ」を首相側に働きかけたものの、しばらくは安倍の姿勢に変化は見られなかった。これに危機感を抱いた創価学会は、首相側に争点回避を働きかけるだけでは限界があると判断。参院選に向け、憲法改正問題で自らの立ち位置をより明確にして、首相側との論争に備えておく必要があるとして、急遽内部で議論を始めた。

それまで創価学会は、内部で意見が割れる憲法改正問題は、可能な限り避けて通ろうとしてきたため、意外にもこの問題に関する本格的な議論は、行なっていなかったのだ。

それは、四月下旬に始まった。五月三日の憲法記念日を前に、公明党の幹部に対してテレビ出演やインタビューの申し込みが相次ぎ、そこでは自民党とのスタンスの違いに質問が集中することは目に見えていた。そのため、学会および公明党として、憲法改正、とりわけ安倍が「先行改正」の方針を打ち出していた九六条改正について、双方の幹部の間でコンセンサスを作っておく必要もあったのだ。

表の議論の場となったのは、四月二六日に開かれた公明党の憲法調査会だった。だが、その前々日、創価学会では、密かに最高幹部と婦人部の幹部だけが集まってこの問題について、集中的な議論を行なっていた。

参加したのは、会長の原田、理事長の正木、事務総長の谷川という、創価学会を事実上動かしていたトップ三人と副会長の一人で選挙実務を担う佐藤浩、それに婦人部総合長、婦人部長などの婦人部の幹部ら合わせて一〇人ほどだった。

会議は休憩を挟んで数時間に及んだという。というのも、「護憲」の意識が強い婦人部を説得し、安倍政権とぎりぎり折り合いを付けることができる方向で議論をまとめるのに時間を要したのだ。

会議では、婦人部の代表たちから、九六条改正を含め憲法改正そのものに慎重な意見が相次いだ。彼女たちは、「いったん憲法改正を認めてしまったら、戦争の道に突き進むのではないかとの懸念の声が組織内に広がっている」「(池田)先生は、これまで九条改正は行うべきではないと繰り返しおっしゃっている」などと主張したのだ。「九六条の先行改正」についても、「改正の発議条件を緩和すれば、九条改正にストレートに結びついてしまう」との強い懸念が出された。

これに対し、佐藤ら幹部たちは、▼池田は二〇〇一年一月に発表した「平和提言」で、憲法に適宜検討を加えるのは当然だとしており、改正を否定しているわけではない、▼公明党は二〇〇二年一一月の党大会で、国民主権主義、恒久平和主義、基本的人権の保障の「憲法三原則」は堅持しつつ、環境権やプライバシー権などの新しい人権を加える「加憲」の立場を検討するとしているなどと説明。

その上で、「改正論議を容認することは以前からの確認事項だ」として、九六条を含め、議論していくこと自体は認めるよう説得した。

それでも、婦人部の代表たちは、池田が「九条の理念や精神は変えてはならない」「九条の扱いについては慎重に」と繰り返し述べているとして、改正の議論が九条改正につながらないようにすべきだと釘を刺した。これに対して幹部らは、二〇〇四年に公明党が公表した憲法の条文ごとの「論点整理」で、九条についても一項の戦争放棄、二項の戦力不保持は維持した上で、自衛隊の存在を認める記述を置くべきか否かや国際貢献を行う条文を入れるかどうかを検討対象にしていると指摘。その上で、「九条については一、二項とも守っていく」との立場は堅持していく方針を示して、ようやく婦人部を納得させた。

ただ、当面の課題である九六条の手続き規定の改正については、他のどの条文の改正を目指すのかを明らかにしないまま、安易に改正することには慎重な立場をとるとの方針を確認したものの、それ以上、議論は深まらなかった。

密かに行われた憲法問題に関する学会・公明党の意思統一

翌日、創価学会は、前日のメンバーに公明党代表の山口、幹事長の井上、憲法調査会長の北側一雄、幹事長代行の斉藤鉄夫の党幹部四人も加えて、九六条の改正問題にどう臨むのかをあらためて議論した。

その場でも、婦人部の代表が、池田が憲法九条の改正にはきわめて慎重な立場を取っていることを紹介して、「私たちは、九六条改正を認めれば、九条の改正に結びつく恐れが強いと心配している」とあらためて懸念を示した。これには山口が、「九条の平和主義など憲法の三原則は軽々しく変えてはならないのは当然だ。硬性憲法の基本は維持すべきだ」と婦人部の主張に理解を示した。

その後の議論では、党・学会の双方から「三原則以外の、統治機構を定めた部分などは柔軟に対応してもいいのではないか」「九六条改正については、世論調査で反対意見が強いが、一方で安倍内閣は国民の高い支持を得ている。改正に絶対反対では野党と同じにみられ、参院選を戦う上でもマイナスだ」といった意見も出されたという。

結局、創価学会および公明党としての基本スタンスは、以下のようなものになった。それは、▼今度の参院選では憲法改正を争点にせず、選挙後に時間をかけて議論していくこととし、自民党には引き続き自重を求める、▼憲法改正問題そのものへのスタンスとしては、二〇〇二年に打ち出した「加憲」方針を確認し、「護憲」の共産党や社民党とは異なるスタンスであることを明確にする、▼九六条改正については慎重な議論が必要との立場を取るが、いわゆる日本国憲法の三原則以外の統治機構などの条項については、発議条件の緩和も検討の余地を残す、▼九条については、一項、二項とも守っていくが、「加憲」の対象にすることは否定しない、というものだった。

このうち、九六条改正については、いわゆる三原則以外の条項に関する改正の発議条件を現在の「三分の二」から「五分の三」、または「二分の一」に緩和してもいいのではないかとの意見も出たというが、結論は曖昧なままだった。

婦人部がよりどころにする池田平和提言

ところで、婦人部が会議で繰り返し言及した池田大作の憲法に関する過去の発言とは、どのようなものなのだろうか。

創価学会の絶対的な指導者である池田は、二〇〇一年一月二六、二七日付けの聖教新聞紙上に、「生命の世紀へ　大いなる潮流」と題した論文を掲載した。その中で憲法改正問題について触れたが、それが「平和提言」と呼ばれ、創価学会の憲法に関する指針となっている。

その中身は要約すると、▼戦後、新憲法で出発したドイツが何度も憲法を変えているように、時代の変化に伴い憲法に適宜検討を加えることは大切だ、▼ただ、国民的合意を得ないまま改憲を急ぐことは戒めなければならない、▼平和主義は日本国憲法にとって根幹的意味を持ち、手を付けるべきではないことに変わりはない、▼九条は、国家主権をあえて制限しているが、その「半主権性」は、それを国連に委ねる約束事の上に成立しており、国連による普遍的安全保障と紛争予防措置の環境整備に日本は主導的役割を果たすべきだ、といったところになる。

この池田の提言については、当時、新聞各紙も取り上げたが、評価はまちまちで、「憲法九条は手を付けるべきではない」という見出しを付けた新聞がある一方、「憲法見直し大切」「憲法　適宜検討は当然」との見出しを付けた新聞もあった。

この直後、池田は新聞や雑誌の個別インタビューにも応じ、「憲法改正について議論することは結構だが、国民不在の議論ではいけない」「九条の扱いについては慎重であるべきで、戦争に道を開く可能性がある改正には反対だ」「九条の理念や精神は変えてはならない」などと述べている。これが婦人部を中心に創価学会の大勢が「憲法九条は守るべきだ」としている理由だ。

しかし、その池田も一九七〇年代には、「平和憲法こそ最高に誇りうる栄冠」「現行の日本国憲法を、いま現在改正をする必要があるかどうかという点に関しては、私は否定的に考える」「われわれ国民はあくまでも憲法擁護の姿勢を貫いて、少しでも邪悪な勢力の横暴を許すようなことがあってはならない」などと、「護憲」の立場を明確にしていた。そこから見れば、二〇〇一年の提言は、その二年前に「改憲」を掲げる自民党と連立政権を組んだことも踏まえ、従来の姿勢を軌道修正したと受け取るのが自然だろう。

今回の創価学会と公明党の意見交換の結論も、その時の提言を基本的には踏襲するもので、目新しい点といえば、安倍首相によって新たな課題となった九六条改正について、基本的な考え方をまとめたことくらいだ。

憲法改正に最も慎重な山口

公明党は、二〇〇二年の党大会で「加憲」方針を打ち出したことを受け、二〇〇四年に条文ごとの「論点整理」をまとめたが、その中で九六条の発議条件については、「妥当との意見が大勢」と記述していた。今回まとめた基本的スタンスは、目前に迫った参院選を乗り切り、その後も自民党との連立を維持するため、少し軌道修正して、安倍との妥協の余地を作ったものと言えよう。

創価学会と公明党の幹部による意見交換から一夜明けた四月二六日、公明党は憲法調査会を開いて、九六条改正について初めて公の場で議論した。

この中では、「憲法は国家権力から国民の人権を守るという立憲主義に基づいている。改正要件が厳格な『硬性憲法』になっているのは妥当だ」「手続きの改正だけを先に進めて改正内容を議論しなければ、何のための改正か国民にはわからない」といった慎重意見が大勢を占めた。その一方で、「緩和することが絶対にダメという立場はいかがなものか」「改正対象によっては手続き要件を別にする考え方があってもいい」との意見も出された。

このため、各党が九六条改正について公式に意見表明する場となった五月九日の衆院憲法審査会に党を代表して出席した幹事長代行の斉藤は、「九六条の先行改正については慎重であるべきだ」「現憲法の硬性憲法の性格は維持すべきだ」とする一方、「国会発議の要件を緩和することについては議論の余地がある。たとえば三原則に係る条項以外では三分の二の要件を緩和する、硬性を保ちつつ三分の二を緩和するなどだ」と述べ、曖昧さを残したままの意見表明となった。

今や公明党の国会議員たちも、自民党や民主党と同様、憲法改正に対する考え方にはかなりバラつきがある。その中で改憲に最も慎重な一人が、弁護士でもある代表の山口だ。たびたび安倍の発言に強く反発してきたのは、単に憲法改正が争点に浮上すると参院選で不利になるとの政局的な思惑からだけではなかった。そもそも信念として改憲に慎重なのだ。その一方で、九条改正について柔軟な考えを持つ議員もいる。また、党内には九条はそのままにして、新しい「一〇条」で自衛隊の位置付けなどを書き込むべきだとの意見もある。

カギを握る学会婦人部

公明党は、票もカネも人材も事実上、創価学会に依存している以上、基本的には学会の意向に沿って動かざるを得ない。安倍自民党の進める憲法改正に公明党がどのような態度を示すことになるのかは、学会の動向がカギを握る。

学会中枢幹部の一人は、安倍が一三年五月に入り、公明党の意向に沿った形で発言を徐々に軌道修正したことについて、「我々との間で妥協の余地が出てきたことになり、よい兆しだ」と歓迎した。

安倍が五月中旬以降、発言をより明確に変えた背景には、維新共同代表だった橋下徹が「慰安婦制度は必要」との発言をして批判を浴びたこともあった。維新は、この発言の前から支持率を徐々に低下させていたが、五月のこの発言で、有権者の「維新離れ」は大きく進み、六月の世論調査では、朝日新聞で二%など各社とも一～二%まで低下した。このため、維新を「同志」と見なしてきた安倍も、当面、維新に期待することはできないと考え、公明党を大切にせざるを得ないと思い始めたのだろう。

この頃、公明党・創価学会の幹部たちは、七月の参院選で公明党が三年前の九議席以上を獲得して維新の伸長を抑え、同時に自民党が勝ち過ぎずに「自公両党で参院の過半数確保」という形になることを期待していた。そうなれば、安倍も憲法改正で無理強いはできないだろうと考えたのだ。

ただ、ある学会幹部は「改憲問題で内部の意見をすり合わせたといっても、場当たり的なものにすぎない。参院選後、安倍政権が具体的に改憲に踏み出してきた時にどう対応するのか、内部の意見をまとめるのは非常に難しい」と懸念を示していた。本音ではこの問題に関わりたくなかったのだ。

最大の難題は、安倍政権が憲法九六条の改正とともに、九条改正を打ち出すケースだ。学会婦人部には、憲法九条には全く手を触れるべきではないとの考えが根強く、仮に安倍が九条改正で突っ走れば、学会内では連立離脱すべきとの意見が強まることは必至だった。

一方で、安倍から現憲法下で集団的自衛権の行使を認める「解釈改憲」に同意を求められた場合の対応もきわめて悩ましい問題だった。学会婦人部は「集団的自衛権の行使を認めれば日本が戦争に巻き込まれる」と反対しており、この問題でも連立離脱論が出かねなかったからだ。実際、この問題は翌年、すぐに現実の問題となって創価学会を苦しめることになる。

根強い小選挙区撤退論

繰り返しになるが、学会内では、政権交代が起きた〇九年衆院選の後、衆院小選挙区から撤退して自民党との全面的な選挙協力を解消し、第三極として存在感を発揮した方が得策だとの意見が強まった。結局、そうした意見は一旦、退けられ、手っ取り早く議席回復につながる自民党との選挙協力を維持して一二年末の衆院選を戦った。だが、幹部の一人が選挙後に「選挙制度の抜本改革が無理なら、やはり小選挙区からは撤退した方がいい」ともらしていたように、学会内にはなお、小選挙区からの撤退論が根強くある。

公明党・創価学会が憲法改正問題で、自民党に対してどこまで強い態度を示すことができるかは、この議論とも関係していた。小選挙区からの撤退を決めれば、自民党との連立にこだわる必要がないので、内部に反対意見が強い九六条や九条の改正に嫌々賛成して安倍自民党との連立を維持するより、時期を見て連立を離脱し、「平和の党」の原点に戻って選挙を戦った方が、運動にも力が入るとの理屈が力を持つことになる。先述したように、公明党は自公連立の最初の一〇年で、イラクへの自衛隊派遣に賛成するなどしたため「平和の党」の看板が色褪せ、それが学会員の公明党離れにつながったとの分析をまとめたこともあったのだ。

池田が事実上、指揮が執れなくなってから長い年月が経ち、創価学会内では「ポスト池田」をにらんで、谷川と正木という二人の実力者を軸とした幹部たちの主導権争いが続いていた。そのため、二人が学会内世論を左右する婦人部の意向と異なる判断をしにくい状況も続いていた。婦人部に安倍政権への嫌悪感が強まれば、次の最高指導者の座を目指す谷川も正木もその意向を無視できず、連立離脱が現実味を帯びる可能性もあった。

こうした状況に公明党幹部の一人は、「首相が憲法改正を当面諦めてくれるのがいちばんだが、どうしてもというなら、三原則以外の条項の発議条件の緩和と、公明党が主張する環境権の付与をセットで国民投票にかけ、環境権だけが国民投票の過半数を得て実現するというのが次善のシナリオだ」ともらしていた。これなら学会婦人部も何とか納得させて、内部を連立政権維持でまとめられるというのだ。

参院における「三分の二」をめぐる攻防のカギは、間違いなく公明党が握る。好悪は別として公明党の存在感が増せば、改憲論議のスピードは緩やかになることが予想され、少なくとも当面、九条改正は遠のく。逆に自民党が単独過半数を大きく上回るような状況になれば、安倍自民党は改憲に向けた動きをスピードアップさせ、九条改正が政治日程に上る可能性もあった。それは、公明党が一層苦しい立場に追い込まれることを意味する。公明党は、連立を組んで選挙協力をしながら、本音では自民党の議席があまり伸びないことを望むという微妙な立場にあった。

公明か、「維新」・「みんな」か

二〇一三年七月の参院選でも自民、公明の与党が圧勝し、衆参の「ねじれ」状態も解消された。公明党は選挙区に立候補した四人全員が当選し、比例区の七議席と合わせて改選前を一議席上回る一一議席を獲得したが、自民党が現行制度下では最多となる六五議席を獲得したため、公明党の存在感が高まることにはならなかった。

ただ、自民党は、参院では過半数になお七議席足りなかった。あくまで非改選議席を含め参院で二〇議席を持つ公明党があってこその与党絶対安定多数だった。

一方で、憲法改正や集団的自衛権の問題などで、公明党よりも安倍と考えが近い「日本維新の会」が参院選で八議席を獲得。非改選議席と合わせて九議席の勢力となったことで、公明党が反対しても維新が自民党に協力すれば過半数を確保できるようになった。これが持つ意味は意外に大きかった。しかも、当時、参院でなお一二議席を持っていた「みんなの党」代表の渡辺喜美も、安倍政権への接近姿勢を急速に強めていた。公明党が反対しても両党が賛成すれば、法案は楽々と通るのだ。野党がすべて政府提出法案に反対するのであれば、公明党が参院のキャスティングボートを握る状態が再び生じたと言えたのだが、そうとも言えない微妙な状況が生まれたのだ。

実際、安倍は、二〇一三年末にも「維新」共同代表の橋下徹らと約三時間にわたって会食した。「みんな」の渡辺とは、二〇一三年一一月に会食し、特定秘密保護法案への協力の約束を取り付け、その後も頻繁に連絡を取り合っていた。橋下や渡辺に対しては、自民党内にアレルギーも強いが、安倍がこの二人と「ウマが合う」ことは、周知の事実だった。

とりわけ渡辺は、政権入りを視野に入れていることをもはや隠そうともしなかった。一四年一月には、地元の栃木県大田原市で、集団的自衛権の憲法解釈の見直し問題に関連して、記者団に対し「連立の組み替えが起きるかどうかわからないが、党として答えは用意しておく」と述べ、あえて「連立組み替え」に言及して公明党を牽制してみせた。

二〇一三年秋の臨時国会で成立した特定秘密保護法案の修正協議で、安倍政権は、維新やみんなの賛成を取り付けることにこだわった。それは、安倍政権にとって今後、保守色の強い政策を推し進めて行く上での予行演習的な意味合いもあったのだ。

だが、両党は法案の賛否をめぐり党内の足並みが乱れて混乱した。結局、衆院の採決では維新が、参院では維新・みんな両党がともに棄権し、両党を当てにすることの危うさも浮き彫りになった。

それに何より、公明党を外せば、自民党議員が頼りにする「学会票」を失うことになりかねない。最初の自公連立政権から一四年余。その間、五回にわたる衆院選で、自民党議員の多くは学会票なしには選挙を戦えない体質になっていた。保守色を強める安倍自民党だったが、公明党は簡単に切って捨てるわけにはいかない。衆院一小選挙区あたり平均で二万票以上あるといわれる学会票を失えば、自民党は二〇一二年末の大勝した衆院選でさえ、過半数をかなり割り込んだのだ。

「鉄のトライアングル」は復活していない

二〇一三年は、自民党が久しぶりに与党に復帰した中で概算要求段階から予算編成が行われた年だった。年末、自民党単独政権時代を知るベテランの自民党職員は、業界団体が競って自民党本部に押しかけ、予算獲得に全力を挙げた、かつての光景が復活しないことに困惑していた。いわゆる五五年体制下では、この時期になれば自民党本部は陳情に訪れたあらゆる業界団体や地方自治体の関係者でごった返していたものだ。民主党政権の時、年末の自民党本部の閑散とした様子が報道されることがあった。それが、与党に復帰してもあまり回復していなかったのだ。そもそも、日本経済の長期低迷と公共事業予算の削減等が重なり、業界団体はどこもかつての活力や結束力を失っていた。そこに政権交代が起きたことは、大きかった。自民党が与党に復帰しても、業界団体の方がすでに壊れてしまっており、自民党と業界団体、霞が関の「鉄のトライアングル」は復活などしていないというのが、このベテラン職員の見立てだった。自民党の大物秘書も「旧来のような自民党の固い選挙基盤が回復することはもうないだろう。予算をばら撒いても受け皿となる業界団体はもはや動かない」ともらしていた。それだけに創価学会の票は、自民党議員の死命を制するほど重要になっているのだ。

民主党政権が誕生した〇九年の衆院選で自民党は大敗したものの、一二年末の衆院選における民主党ほどの惨状にならなかったのは、固い創価学会票のおかげだという見方もできる。

自民党にとって学会票がほしいのは、国政選挙だけではない。一四年一月、米軍普天間飛行場の名護市辺野古への移設受け入れの是非が争点となった沖縄県名護市長選が行われた。共産党などが推薦する移設反対派の現職と、自民党が推薦した推進派の新人の一騎打ちとなり、反対派の現職が勝利した。

この市長選で、公明党沖縄県本部は、自民党から同党候補への推薦を依頼されたがそれには応じず、自主投票との方針を決めた。辺野古移設を容認する立場をとる公明党本部は、自民党に配慮して県本部から上がってきた自主投票方針の正式な了承を見送ったが、事実上、それを黙認した。自民党からは、投票日直前まで、「何とかならないか」と繰り返し要請を受けたが、沖縄の創価学会は県内移設に反対で取り付く島もなかったため、方針を覆すことはできなかった。その結果、勝敗のカギを握ると言われた創価学会票の七〇％以上が受け入れ反対の現職に流れたといわれ、選挙後、自民党内からは公明党への恨み節が聞かれた。

この選挙の後、公明党沖縄県本部で幹事長を務める金城勉は、今後も辺野古移設への反対姿勢は変えないと言明した。自民党内では、この年の一一月に予定されていた沖縄県知事選でも公明党の協力を得るのは困難だとの危機感が広がった。その懸念は現実のものとなった。県知事選でも、公明党が自民党推薦の現職・仲井眞弘多への推薦や支持を見送ったことで、普天間飛行場の県内移転反対を掲げた翁長雄志が当選することになる。

「学会票」の重要性を認識しない安倍

その一方で、二〇一四年二月九日投票の東京都知事選では、自民党は推薦する舛添要一に公明党の支援も取り付けて勝利を果たした。自民党にとって、日本で最もまとまった票を叩き出せる創価学会を味方につけることは、地方選でもきわめて重要になっている。それゆえ、安倍が長期政権を目指して政権を安定させようと思えば、公明党を切り捨てるわけにはいかないことは自明の理だった。

だが、保守政治家を標榜する安倍と「平和と福祉の党」である公明党はそもそも「水と油」だ。安倍はかつて創価学会攻撃を執拗に繰り広げた「憲法二〇条を考える会」に参加していたこともある。公明党の中堅幹部は、「安倍さんは自分が圧倒的に強い選挙基盤を持ち、選挙で創価学会など頼りにしたことがないから、学会票の重要性をよくわかっていない」と危惧していた。

衆参の「ねじれ」解消のため、これまで公明党に気を使わざるを得なかった安倍だが、自らと親和性の高い維新などを取り込めば、公明党の賛成がなくても法案を通すことが可能になるという新たな状況が出現した。

これを受けて、安倍が「本丸」と考える保守的な政策を実現する上で公明党が障害になれば、「維新カード」「みんなカード」を使った「公明外し」の誘惑に駆られても不思議ではない。そのぎりぎりの駆け引きが、本番を迎えようとしていた。

税制協議の最中に上がった「連立離脱」の声

そのゴングは、二〇一三年の年末、平成二六年度(二〇一四年度)与党税制改正大綱の作成に向けた協議で鳴った。そこでは、同年一月に行われた平成二五年度(二〇一三年度)の税制改正大綱をめぐる協議と同様、消費税の軽減税率の取り扱いをめぐって攻防が繰り広げられた。一一月末から始まった協議では、軽自動車税の増税問題などでも両党が対立した。だが、公明党は創価学会から強く求められていた軽減税率導入の明確化に焦点を合わせ、その他の問題では早々に妥協した。

公明党は、同年一月の協議では、消費税率八%への引き上げ段階からの食料品への軽減税率導入を強く主張したが、自民党に押し切られて断念した。その後、夏の参院選で一〇％への引き上げ時にはこの制度を必ず導入することを公約に掲げ、「今度こそ引くに引けない」とまなじりを決して協議に臨んだ。創価学会員には今もなお低所得層が比較的多く、公明党は民主党の野田政権の下で消費増税法案に賛成する時から、低所得者対策としての軽減税率の導入を学会側に約束していた。そうした経緯もあって、年末の協議にあたっては早くから手を打ってきた。

代表の山口は、一〇月に首相官邸を訪れた際、安倍に対して軽減税率導入についての結論を必ず年内に出すべきだと捻じ込むなど、再三、安倍に制度導入の明確化を求めた。これを受けて、安倍自身も一一月になると、首相官邸に自民党税制調査会長の野田毅を呼び出し、公明党との連立維持という政治的意味を考慮して、導入に向けた検討作業を加速化させるよう指示した。

さらに公明党は、与党税制協議会で、軽減税率の実施には必須だといわれてきたインボイス（商品ごとに税率・税額を記した送り状）を導入しなくても、軽減税率は可能だとの提案書を提出した。それまで公明党は、ヨーロッパ諸国並みにインボイス方式を導入して事業者の納税率を上げ、サラリーマンの不公平感を是正すべきだと主張してきた。だが、この一年間、公明党が独自に全国商工会連合会など二四もの各種団体からヒアリングを行なった結果、自民党支持の事業者団体には、インボイス導入への抵抗感がきわめて強く、これにこだわっていては軽減税率の導入は不可能だと判断したのだ。

公明党は、インボイス抜きでの軽減税率導入への賛否をあらためて各種団体に問うたところ、多くの団体が賛成、あるいは反対しないとのアンケート結果が出たため、その結果もまとめた上で、協議に臨むという念の入れようだった。さらに財務省幹部からも、「インボイス導入なしでも軽減税率は不可能ではない」との見解も引き出した。

それでも自民党は、税収の減少などを理由に導入時期の明確化を拒み続けた。

両党が激しく衝突したのは、税制改正大綱の決定期限が翌日に迫った一二月一一日だった。東京・紀尾井町のホテルニューオータニの一室で、公明党の税制調査会顧問（副代表）・北側一雄らは、自民党の野田や税制小委員長・額賀福志郎らと向き合った。この日、自民党は改めて軽減税率導入に関する記述案を示したが、それをめぐり協議は大荒れになった。

この自民党案では、軽減税率の導入時期について「税率一〇％時に複数税率を導入する」と記述されていた。これに対し、公明党の北側は「一〇％引き上げ時に」と明確に書くよう求めたが、自民党側は「導入の準備が間に合うかどうかもわからないのに『引き上げ時に』とは書けない」と主張。議論は平行線を辿った。

最も揉めたのは、「軽減税率」の文字が消え、代わりに「複数税率」と書かれていたことだった。公明党は、この案では軽減税率導入の際には、社会保障財源の確保を理由に、贅沢品にはより高い税率を課すことが透けて見えるとして強く反発。かつての「物品税」を想起させる「複数税率」との表現は絶対に認められないと主張した。

だが、自民党側は、軽減税率導入に伴う減収分の財源確保策も明確にしておく必要があると主張。ついに野田が「それじゃまとまらない。両党で別々に大綱を出そうか」と挑発すると、北側も「それで結構だ。その代わり、軽自動車税の増税を含め、これまでの合意は全部白紙だ」と応酬するなど、協議の場は険悪な雰囲気に包まれた。

夜中の一一時を回った頃、協議会は一旦中断し、自公両党それぞれが、ホテル内に確保してあった別室に移って党内だけで議論した。公明党の部屋には、北側、斉藤ら協議に参加する当事者に加えて、幹事長の井上義久らも集まってきていた。そこでは、▼導入時期の書きぶりについては、「一〇％時」に「一〇％への引き上げ時」が含まれるなら仕方がないとして妥協する、▼「複数税率」との表現は絶対に認められない、▼「税収減を補う財源が確保できない」として、いつまでも導入時期が明確にならない事態を避けるため、「安定財源の確保」といった表現をできる限り削除するなどの方針を確認し、対応を北側に一任した。

この議論の最中だった。参加者の一人が「自民党がどうしても下りてこないのなら協議を決裂させてもいいのではないか。来年になれば安倍政権もどうなるかわからないし」と切り出すと、「その通りだ。どうせ来年には集団的自衛権の問題が出てくる」「決裂させた方がすっきりする」といった意見が次々と出された。そして最後には、「自民党がかたくなな態度を続けるなら連立離脱だ」との声が複数の出席者から上がったのだ。

密室でのやり取りとはいえ、公明党首脳が勢揃いした席で「連立離脱」との声が飛び交ったことは、公明党の苛立ちを端的に表していた。

この日の協議では、最終的に自民党が「複数税率」との表現を引っ込め、その代わり「具体的な安定財源の手当て」といった文言については、公明党が渋々認めた。協議が決着した時、部屋の時計はすでに一二日午前一時半を表示していた。

この協議を振り返って公明党幹部の一人は、「安倍首相は一度だけ野田さんに協議の加速を指示したが、その後は音なしだった。最終局面で動いてくれると期待したのだが……」と不満をもらした。実際、この時の税制協議で首相官邸が公明党に配慮を示した形跡はほとんどなかった。

池田大作は落慶入仏式で「復活」をアピール

二〇一三年一一月、東京・信濃町の通称「学会村」に「広宣流布大誓堂」と名付けられた巨大な建物が完成した。延べ床面積約二万㎡に及ぶ、創価学会の新たな総本部だ。その三階にある大礼拝堂で一一月五日に営まれた「落慶入仏式」が関係者の注目を集めた。名誉会長の池田大作がそこで導師を務め、勤行を行なったからだ。

池田は、二〇一〇年五月の本部幹部会への出席を最後に人前から姿を消し、限られた幹部が個別に接することしかできない時期が続いた。二〇一三年に入ると、会長の原田や理事長の正木ら幹部たちを呼びつける回数が増えてはいたが、多くても二～三人と一緒に会う程度だったと言われる。ところが、この「落慶入仏式」には、池田夫妻を含め一四人の最高幹部たちが揃って出席。池田がこれだけ多数の幹部たちの前に姿を見せたのは約三年半ぶりのことだった。

幹部の一人は、「それだけ(池田)先生の体調が戻ってきている証拠ですよ」と復活をアピールしたが、その後、いずれも同じ大礼拝堂で満席の一四〇〇〇人の幹部を集めて行われた「落慶記念勤行会」や「創価学会創立八三周年記念勤行会」には、その姿はなかった。

ある幹部は「体調が回復したといっても演説ができる状態ではない」と説明する。聖教新聞は、この時期にも池田の近影を何度か掲載しているが、いずれも椅子に座った姿で、立ったまま写真を撮ることすらままならないのだろう。幹部によれば、依然として機微な判断が求められる問題で陣頭指揮が執れるような状態ではないという。つまり、池田が事実上不在になって以降の学会内の状況は、基本的に何も変わっていなかったのだ。

この時期に創価学会首脳の人事が行われなかったことも、そのあらわれだと受け止められた。創価学会内では、新総本部の完成を機に、健康不安を抱える原田が会長を退任し、後任には、本部の実務を取り仕切る事務総長（副会長）の谷川が就任するとの見方が広まっていた。学会の中枢幹部の一人も「可能性は五分五分」と話していたが、結局人事は行われなかった。池田が存命している以上、首脳人事については池田の指示または了解が不可欠だが、池田は何も語らなかったという。

二〇一三年夏以降、池田の「復活」が取沙汰されると、次期会長には、谷川の対抗馬と言われながらも、二年ほど前からは劣勢だと見られていた理事長の正木が再浮上したとの情報が創価学会の内外で駆けめぐった。正木が、創価大学で池田の次男（故人）の「御学友」だったことを含め、池田家と近い関係にあることや、谷川とは異なって独自色を出さず、池田の忠実な部下に徹してきたと言われるため、池田が正木を次期会長にすることを内々決めたのではないかという風説だった。だが、幹部の一人は「事態は何も変わっておらず、二人の神経戦は続いている」ともらした。

池田後継問題と絡み合う創価学会と政治の関係

一般の国民にとっては、公明党の路線を事実上左右する創価学会が今後、政治との関係をどうしていくのかが最大の関心事だが、これまでも指摘してきたように、そこには池田の後継者問題が密接に絡んでいた。

池田が陣頭指揮を執れるような状態にはない上、池田の「有能な秘書」にすぎないとも言われる会長の原田は、政治問題では自らの主張をあまり表に出さないという。必然的に実力者である谷川と正木のどちらが発言力を強めるかによって、創価学会と政治との関係や公明党の進路も左右されると見られていた。単純化して言えば、谷川が、自公連立を続けることで選挙への取り組みも現状を維持して公明党の議席を確保しようという路線であるのに対し、正木は、自民党との連立にはこだわらず、衆院小選挙区からの撤退も含め、選挙との関わりを縮小させることに積極的だった。だが、次期会長人事が当面、棚上げになったことで、こうした議論も膠着状態が続いた。

創価学会は、二〇一三年七月の参院選が終わった後の半年間、新しい総本部の完成に伴う宗教行事の準備に忙殺されてきた。先に紹介した新たな総本部の「落慶入仏式」とは、池田の師にあたる二代会長の戸田城聖が一九五一年、日蓮正宗の法主から授与された「常住本尊」を、新しい総本部に安置するセレモニーだった。ただ、創価学会は一九九一年、日蓮正宗から破門になっていたため、新総本部にご本尊を移すにあたり、改めて日蓮正宗との関係をどう整理するかなどをめぐって内部で議論が行われていたのだ。

学会内には、二〇一二年末の衆院選、二〇一三年夏の東京都議選と参院選が終わり、当面、大型選挙が予定されていないこの時期に、今後の政治との関わり方などについて、本格的に議論することを期待する声もあった。だが、幹部たちがこうした宗教行事の準備に追われたこともあり、二〇一三年中はそうした議論そのものが、ほとんどなかった。この時期は、基本的に毎週一回開かれる公明党と創価学会の幹部による非公式な意見交換会すらあまり開かれなかった。

だが、現実の政治は、創価学会の内部事情には関係なく進んでいく。衆院選に続いて参院選でも勝利して保守色を強める安倍政権に公明党はどう向き合うのか。きわめて難しい局面を迎えつつあった。

第8章

解釈改憲を認めた「平和の党」

――「集団的自衛権」から逃げた創価学会

集団的自衛権行使容認の閣議決定に反対し，公明党本部前で声を上げる人たち(2014年6月17日，朝日新聞社)

集団的自衛権の行使容認は「支持者を裏切る」

二〇一三年末の与党の税制協議の最中、公明党幹部たちの間で「連立離脱」との声が飛び交ったことを前章で紹介したが、その事実は固く封印された。実際に連立を解消することは、公明党にとっても創価学会にとっても簡単なことではないからだ。ただ、「連立離脱」という言葉は、いきなり飛び出したわけではない。安倍がもし、集団的自衛権の行使容認という憲法解釈の変更を強行してきた場合、連立離脱が現実のものになりかねないとの予感が、すでに多くの公明党議員の頭の中にあったからだった。

第一次安倍政権の二〇〇七年に首相の私的諮問機関として発足し、福田政権以降は休眠状態にあった「安全保障の法的基盤の再構築に関する懇談会」、略称「安保法制懇」。安倍は、第二次政権が発足して間もない二〇一三年二月にこれを再開させる。長年、日本国憲法の下では認められないとされてきた集団的自衛権の行使を容認するという憲法解釈の変更に向けた動きが、いよいよ始まったのだ。

安倍は、七月に参院選が終わるとこの動きを加速させる。八月には内閣法制局長官を交代させ、集団的自衛権行使容認派の駐仏大使(元外務省国際法局長)・小松一郎を起用する人事を決めた。内閣法制局に在籍したことのない役人を長官に据えるという、きわめて異例の人事だった。続いて、九月中旬には参院選後初めての安保法制懇が開かれ、議論が再開された。

その翌日、公明党代表の山口は、幹事長の井上、政調会長の石井啓一ら主な幹部五人を東京・南元町の党本部に緊急招集した。中には、海外出張を切り上げて急遽、帰国した幹部もいた。国会内ではなく党本部で会合を開いたのは、記者の目を逃れてじっくり議論するためだった。

山口は、安保法制懇が、集団的自衛権の行使を幅広く認める方向で検討していることについて、「行使容認は、わが党の存立基盤に関わる重大な問題だ。安保法制懇が再開された今、あらためてこの問題に関するわが党のスタンスを確認しておきたい」と切り出した。続けて「私としては、他の政策についてはいくらでも妥協の余地はあるが、これだけは支持者を裏切ることになり、絶対に妥協できないと考えるがどうか」と提起したのだ。

これに対して出席者からは、「政府は、現憲法下で集団的自衛権の行使はできないとずっと言ってきた。学会側にも抵抗が強く、受け入れは不可能だ」「わが党はインド洋への艦船派遣もイラクへの陸上自衛隊派遣も集団的自衛権の行使にあたらないよう主張し、その範囲で賛成してきた。解釈の変更は受け入れがたい」など賛同する意見が相次いだ。

一方で、安倍が当初は二〇一三年中としていた安保法制懇の報告書を受け取る時期を年明け以降に先送りするとの意向が、水面下で公明党に伝えられたことも取り上げられ、「わが党に対する一定の配慮であることは間違いない。何とか安倍政権との接点を探るべきだ」との意見も出された。

実は、この問題では公明党内も一枚岩ではなかった。国対委員長の漆原良夫や幹事長代理の高木陽介らは、日本周辺有事の際に限るなど、限定的で明確な歯止めをかければ集団的自衛権の行使を認めてもよいとの意見だった。

だが、この日の結論は明確だった。「結論を出す時期がいつになろうとも、支持者を裏切ることになる集団的自衛権の行使容認は認められない」。これが結論だった。出席者の一人は、会合の後「党内の九割近くは行使容認反対で一致している」と語り、党の結束ぶりを強調した。

この日の議論におけるキーワードは「支持者を裏切ることはできない」だったが、それには伏線があった。公明党の山口と井上の二人は、八月下旬、創価学会会長の原田、理事長の正木、事務総長の谷川らごく少数の幹部とこの問題で意見交換していたのだ。そこでは、学会の日常活動を支え、選挙ともなれば最前線で支持拡大を担う婦人部が、「集団的自衛権の行使を容認すれば、他国の戦争の巻き添えになる」として反対姿勢を変えていないことから、認めることは困難との認識で一致していた。

山口ら党幹部が、ここまで明確に意思統一をしたということは、安倍の出方によっては、連立離脱も選択肢に入れていたようにもみえる。だが、安倍が行使容認を正面から迫り、まったく譲る気配をみせなかった場合に、連立離脱を決断するかどうかについては、まるで白紙だった。創価学会も公明党も「政権離脱」という選択肢を考えたくないため、そこまで議論を詰めなかったのだ。

安倍の決意を見誤った山口

公明党は、安倍政権との接点を何とか探るため、日本近海でアメリカ艦船が攻撃を受けた場合の対応や日本の領空を通過するアメリカ向けミサイルの迎撃など、集団的自衛権の行使容認で可能になるとされる個別ケースについて仔細に検討し、「個別的自衛権の概念を拡大すれば、ほとんどは対応が可能」との理屈で妥協点を見つけようとした。「集団的自衛権」という言葉が入らなければ、個別の中身で一定の譲歩をしても婦人部などを納得させることは容易だと考えたのだ。安保法制懇の座長代理である北岡伸一と具体的な摺り合わせを模索する議員もいた。

だが、安倍の従来の発言や安保法制懇の議論の経緯からみれば、安倍政権はあくまで集団的自衛権の行使容認を譲らない可能性が高かった。しかも、安倍は地域を日本の周辺に限定せず、包括的に行使を認めるべきとの考えを示唆していた。集団的自衛権を認めずに安倍と妥協する道はみえていなかった。

参院選の最中、山口はこの問題で安倍自民党がゴリ押ししてくるのであれば、連立離脱も辞さずとの考えを示していた。だが、選挙後は「解釈変更は時期尚早」といった慎重な言い方にとどめていた。しかし、山口の考えが軟化したわけではなかった。山口は、理詰めで安倍を論破して行使容認を断念させようと考えていたし、それが無理でも与党協議を引き延ばしていって、結論を翌年まで先送りすることを狙っていた。そこまで引き延ばせば、他の重要課題への対応に追われ、そのうちに行使容認問題は棚上げにできるとの皮算用だった。山口は安倍の強い決意を見誤っていた。

安倍は参院選を終えると、次第にタカ派色を強めていった。参院選の最中は第一次内閣の反省から、持論の保守色の強い政策はあまり前面に出さず、経済再生を最優先課題とする姿勢を強調した。ところが、参院選で勝利した後の秋の臨時国会では、国家安全保障会議（日本版ＮＳＣ）設置法や特定秘密保護法など安全保障面での法整備を推進した。その過程では、自らと考えの近い「日本維新の会」や「みんなの党」との連携を重視した。翌二〇一四年一月の通常国会冒頭における施政方針演説では、「政策実現を目指す『責任野党』とは柔軟かつ真摯に協議を行う」と維新・みんな両党に秋波をおくった。

政権発足一周年の二〇一三年一二月二六日には、周囲の反対を振り切って靖国神社への参拝にも踏み切った。この時期に参拝した背景には、沖縄の米軍普天間飛行場の名護市辺野古への移設が、沖縄県知事の埋め立て申請の承認によって進展する見通しになっていたことがあった。この問題の停滞に苛立ちを強めていた米政府はこれを歓迎し、参拝への反発は弱まると踏んだのだ。その思惑は、米政府の「失望」との異例の声明で吹き飛んだが、安倍にとって保守的政策を進める上で最も気にするのはホワイトハウスの顔色であり、公明党ではなかった。

代表の山口は当日、靖国に向かう車に乗り込んだ後の安倍から初めて、電話で参拝することを聞かされた。山口は即座に、「賛同できません」と自重を求めたが、安倍は「そうでしょうね」と応じただけでにべもなかった。山口は、「今後起きるさまざまな問題は全て安倍さんの責任で解決してもらおう」と周辺に怒りをぶちまけたが、これを伝え聞いた安倍も強い不快感を示した。

世論に反対意見が強かった特定秘密保護法案については、公明党は内部に反対論を抱えながらも、党の意見を一部取り入れさせただけで自民党とすんなり合意し、強行採決にも加担した。集団的自衛権の行使容認問題と軽減税率の導入問題以外は、できるだけ自民党に妥協して恩を売っておきたいとの思惑が働いたのだ。さすがに首相の靖国参拝については、戦前、政府から弾圧を受けた創価学会の歴史に直接、関わることだけに、山口は繰り返し安倍を批判せざるを得なかったが、それは言いっ放しで終わっていた小泉政権の時代と同じだった。

公明党は、安倍が今後の展望をどう描いているかを掴みかねていた。長期政権を維持して憲法改正まで自らの手で行いたいと本気で考えるならば、公明党を閣外に追いやるようなことはできないことは自明の理だった。

安倍は、参院選の前、憲法改正の発議は、次の衆院選の後、かなり先になるとの見通しを側近の一人にもらしたことがあった。そこまで政権を維持しようとすれば、次期衆院選で創価学会票は必須だし、何より参院で「三分の二」の発議要件を満たそうと思えば、公明党の取り込みは不可欠だ。当面は、安全運転に徹し、集団的自衛権の問題でも公明党の意向を尊重せざるを得ない。安倍と長年行動を共にしてきたこの側近は、集団的自衛権の行使容認などよりも憲法改正に全ての力を注ぐべきだとして、安倍に対して公明党を大事にするよう進言した。

だが、参院選後になると安倍周辺からは、「首相は経済を回復軌道に乗せて、すでに第一次内閣退陣時の汚名を返上することができたと考えている。後は安倍カラーの政策をやれるところまでやって、その結果行き詰まれば退陣してもいいと思っている」との声がもれてきた。憲法改正を在任中に実現することには必ずしもこだわっていないというのだ。

そうだとすれば、集団的自衛権の問題については、行使容認を打ち出した安保法制懇の報告書を早々に受け取り、それを受けて憲法解釈見直しを閣議決定、そして行使を担保するための自衛隊法や周辺事態法など関連個別法の改正案の国会提出と畳みかけてくることが予想された。その際、もし公明党が連立を離脱すれば、安倍は内閣改造で維新やみんなから閣僚を起用する「連立の組み替え」を模索することになる。

だが、山口ら公明党執行部には、こうした安倍の決意が見えていなかった。一方、政府・自民党側では公明党の動向を楽観していた。

公明党は過去、ＰＫＯ協力法案の採決や自衛隊のイラク派遣などで、創価学会婦人部の強い反対を押し切って自民党と歩調を合わせてきた。それゆえ、政府・自民党内には、「公明党は今回もどうせ最後には賛成するだろう」との楽観論が流れていたのだ。だが、公明党側には過去とは異なる事情があった。それが、池田大作の「不在」だった。

従来、創価学会では、政治方針等をめぐって婦人部などが反対して組織内の意見が割れた際は、池田の了承という「錦の御旗」を背景に幹部たちが反対する婦人部などを説得して意思統一を図ってきた。ところが池田は事実上、最高指揮官としての能力を失っており、以前のように「（池田）先生も認めているのだから」と言って反対者を黙らせることはできない。しかも、創価学会の幹部たちは、「ポスト池田」の座をめぐって主導権争いを続けていた。

そのため、そのレースの当事者である事務総長の谷川にも理事長の正木にも、婦人部が反対する政策を強引に進めて、婦人部の反発を招くことは極力避けたいとの心理が働いていた。集団的自衛権の行使容認問題でも、婦人部が「他国の戦争に巻き込まれる」「守るべき憲法九条の範囲を超える」として強く反対している以上、執行部もその意向は無視できず、連立離脱が現実味を帯びる可能性もあったのだ。

選挙運動期間の短縮を決めた学会

二〇一三年の九月と一〇月に開かれた全国一三方面の方面長らと本部の最高幹部たちが参加した方面長会議では、国政選挙の運動期間の短縮が青年部から提案され、承認された。

創価学会では、衆参両院選挙などの際、投票日の半年前から選挙の準備活動に入り、三か月ほど前からは学会員以外の一般有権者に公明党への支持を広げる「F（＝フレンド）作戦」を行なってきた。その「F作戦」の期間を短縮することになったのだ。実際にどの程度短縮するかは、選挙の種類やその時の政治状況によってその都度判断して決めるとされた。

世間で選挙への関心が高まる前から一般の有権者に投票を働きかけても反応は鈍く、投票依頼をしてもすぐに忘れられるのがオチだ。そのため、その効果は限定的で、その後も同一人物に繰り返し接触する必要があった。F票の獲得活動の短縮は、これを効率化し、学会員の負担を減らすことが目的だった。ただ、自民党との全面的な選挙協力の見直しにつながる衆院小選挙区からの撤退については、この時も議論されなかった。

創価学会では、その後、一二月下旬の二日間、新しい総本部で、全国の方面長や各方面の婦人部長、青年部長らと本部の最高幹部たちが参加して「最高協議会」が開かれた。一一月の新総本部の完成に伴う行事が一段落したことから、この最高協議会では、今後の政治との関わり方についても本格的に議論すべきだとの意見もあった。

ところが、消費税の軽減税率導入をめぐる自民党との協議の結果や、特定秘密保護法案に賛成した理由についての説明と質疑に時間を要するとして、そうした中長期的課題について議論する時間は設けられなかった。

消費税の軽減税率の導入問題には、学会員が特に高い関心を寄せていたが、先に見たように、平成二六年度（二〇一四年度）税制改正大綱の書きぶりは、一〇％への引き上げと同時に軽減税率を導入するかどうかは曖昧になっていた。また、特定秘密保護法案に賛成したことは、学会員にきわめて不評で、一部では聖教新聞の不買運動まで起きたほどだった。そのため、最高協議会には公明党の山口や井上も出席し、現場の学会員への説明方法などをていねいに議論せざるを得なかった。

中長期的な政治路線をめぐる議論が再び先送りされたことで、創価学会内では、翌二〇一四年前半にも、あらためて小選挙区からの撤退問題を含め、今後の政治や選挙との関わり方について議論し、一定の結論を出したいとの意見があった。

創価学会の政治路線論争と裏表の連立離脱論議

仮にその時期にそうした議論がなされていれば、集団的自衛権問題の議論のヤマ場と重なっていた。その議論の結果、公明党が小選挙区から撤退することを決めれば、自民党との全面的な選挙協力は不要となるため、仮に安倍が集団的自衛権の行使容認を強引に進めてきた場合は、連立離脱という決断を下すことも容易になる。その意味で、二つの議論は密接に関連していた。そもそも、学会の内部には自民党に引きずられて公明党らしさを失うよりも、連立を離脱し、「平和の党」の原点に立ち戻って選挙を戦った方が運動にも力が入るという声もあった。しかも、池田大作が創設した公明党は二〇一四年秋に結党五〇周年を迎え、「平和と福祉の党」としての立ち位置をあらためて確認する方針だった。自公連立路線を見直すには、またとない好機だった。

だが、当面の問題は、公明党が連立を離脱すれば、みんなの党や維新の会が与党入りする可能性が高まる状況にあることだった。そうなれば、公明党抜きで法案は次々と成立し、公明党の意向を政府の政策に反映させる機会はほぼ失われ、学会攻撃への対処も困難になる。同じ野党の立場であっても、民主党政権の後半は、公明党が参院でキャスティングボートを握っていたため、それを活かして次々と公明党独自の法案を成立させることができたが、他に与党入りを窺っているそれなりの勢力が存在する時に野党になってしまえば、そうした状況は望むべくもない。

こうした国会情勢に加え、学会内では目前の選挙で一議席でも多く確保することを何より優先する谷川らの立場が強まっていたこともあって、その後最高協議会や方面長会議などで自民党と距離を置くことにつながる小選挙区からの撤退論が議論の対象とされることはなかった。

このことは、集団的自衛権の行使容認をめぐる議論を前に、公明党が連立離脱という選択肢を半ば封印してしまうことにもつながった。

官邸と公明党双方が見誤ったゆえの迷走

集団的自衛権の行使容認問題をめぐる与党協議では、行使容認に抵抗する公明党の動向にかつてないほど世間の注目が集まった。安倍の独走に〝待った〟をかけることができる政治勢力は、現実的には公明党しかないからだ。

わずか一年前の参院選では、「集団的自衛権の行使には断固反対する」と訴えた公明党。だが、安倍政権が圧力を強めるとあっさり妥協し、協議は意外なほど早く決着した。

この与党協議に関する一連の報道では、「公明党は連立政権にしがみつきたいがゆえに、強い決意の首相・安倍晋三の攻勢に防戦一方となり、最後は憲法解釈の大転換を許した」という単純な構図が浮かび上がる。だが、閣議決定に至るまでの水面下の動きを検証すると、そう単純ではない。安倍官邸と公明党の双方が閣議決定ぎりぎりまで互いの出方を見誤り、協議は迷走を重ねたのだ。

公明党もその支持母体の創価学会も、当初から「集団的自衛権の行使容認は認められない」との基本方針と「連立離脱は避ける」との政局対応を両立させることを望んだ。だが、それは願望だけで、実現させる具体的な戦略はなかったといっても過言ではない。

先に記したように、二〇一三年の参院選が終わり、安保法制懇が久しぶりに議論を再開させようとしていた時、公明党代表の山口らは、創価学会会長の原田らと意見交換を行い、婦人部を中心に学会内に反対意見が強いことから行使容認には反対することで一致していた。これに意を強くした山口は、党の主要幹部を集めて「支持者を裏切ることになるので妥協できない」との結論でまとめ、それを受けて幹部たちが行使容認反対の考えをそれぞれのルートで自民党側に伝えた。

首相官邸は、こうした公明党の様子を見て、当初は一三年中に想定していた安保法制懇の報告書の受け取り時期を年明け以降に先送りした。ただ、内閣支持率の高いうちに行使容認の閣議決定を行わないと、検討を進めながら結局、実現できないで退陣を余儀なくされた第一次安倍内閣の二の舞になるとして、閣議決定を可能な限り早期に行うとの方針は維持していた。

二〇一三年の秋から、公明党幹事長の井上や国対委員長の漆原ら幹部たちは、官邸および自民党サイドに繰り返し「公明党が行使容認を認めるのは困難だ」「少なくとも『集団的自衛権の行使容認』という言葉を表明することは避けて欲しい」との考えを伝えた。そのため、官房長官の菅義偉は与党間で十分な協議が必要との考えを繰り返し、一四年五月の大型連休明けの記者会見でも「（今通常国会中の閣議決定に）特別こだわらない。まず与党の理解をいただくことが最優先だ」と言明した。

この頃、安倍も菅も「最後はまちがいなく公明党は賛成する」と楽観していた。それゆえ当初は公明党内の調整に時間がかかることに配慮し、決定時期をある程度遅らせてもいいと考えていたのだ。

「集団的自衛権」から逃げた創価学会の最高幹部たち

首相官邸が楽観していた根拠の一つは、菅が創価学会とのパイプを通じて集めた情報だった。菅は一四年春まで七年間も、自民党神奈川県連の会長を務めていた。神奈川県は公明党が衆参両院の選挙で候補者を擁立する全国でも数少ない都道府県だ。菅は、そこで公明党との選挙協力を繰り返す中で、創価学会の二人の実力者、理事長の正木、事務総長の谷川のいずれとも親しい関係を築いていた。

だが、「ポスト池田」の座を争うライバルでもある二人は、集団的自衛権の問題に自らが関わることには慎重だった。二人とも次の指導者の座を狙う以上、学会内の世論を左右する婦人部には嫌われたくない。婦人部を中心に学会内に抵抗が強いこの問題で、自らが動いて自民党との協議を決着させても、結論によっては婦人部に睨まれ、「ポスト池田」争いで不利になる。

集団的自衛権の問題については、本部の副会長クラスの幹部たちの間にも、絶対に妥協すべきではなく、安倍が撤回しないのなら連立離脱すべきだとの考えを示す者は少なくなかったという。また、現場の婦人部の運動員らの間では、古くからの熱心な会員ほど「安倍の暴走」に徹底的に反対すべきとの声が強かった。

その一方で、今の政治状況では、公明党が連立離脱しても連立の組み替えが起きるだけであり、巨大与党を敵に回すことになるので、それは絶対に避けるべきだとの意見も根強かった。

当時、学会幹部の一人は、「学会内は行使容認に反対することでは一致しているものの、本格的にこれを議論すれば、妥協派と徹底抗戦派、すなわち自公連立維持派と離脱派の真っ二つになる。本当に悩ましい」ともらしていた。

この当時の学会の実力者である正木と谷川の二人のうち、正木はそもそも学会員に重い負担を強いる選挙への関与を減らすべきだと考え、以前から検討課題になっている衆院小選挙区からの撤退にも前向きだったことから、いざとなれば連立政権から離脱してもやむを得ないと考えていた可能性がある。衆院選で比例区に特化すれば、自民党と連立を組んでいる大きな理由のひとつが消えるからだ。

一方、現実主義者の谷川は、民主党が弱体化して野党勢力がバラバラである上、「日本維新の会」や「みんなの党」が行使容認に賛意を示して、公明党に代わって安倍政権と連立を組む構えも見せている中で連立離脱すれば、巨大与党を敵に回して政権に対して影響力を行使できなくなることが予想されるとして、現時点での離脱はあり得ないと考えていたと見られる。

だが、この問題に関しては、二人とも人前で自らの考えを明確には示すことはなかったという。連立離脱問題を本格的に議論すれば収拾が付かなくなることがわかっていたので、深入りしないことが得策だと考えていたのだろう。

それゆえ、正木も谷川も、旧知の関係であるにもかかわらず官房長官の菅と会おうとしなかった。代わりに官邸と直接、やり取りしたのが、若手実力者の副会長・佐藤浩だった。佐藤は、年明けから春にかけて人目を避けて菅と頻繁に接触。二月には、佐藤が仲介して会長の原田稔を菅と面会させた。

原田は、学会内の反対論に配慮して慎重の上にも慎重に議論を進めるよう菅に要請したとされる。リアリストである佐藤は、何とか着地点を見つけて政府・自民党と折り合いを付けるしかないと考えていた。

創価学会内の構造変化を認識していなかった安倍・菅

だが、佐藤が公明党議員の頭越しに創価学会や公明党の情報を吹き込んだことが菅の誤解を生んだ。菅ともつきあいのある公明党幹部は、この頃の佐藤の動きに不快感を示した上で、「佐藤さんは『学会内の反対意見に配慮して慎重に進めてほしい』と要請する一方で、『我々は連立離脱など考えていない。強硬なのは(山口)代表一人だから心配はいらない』などと菅さんに説明しているようだ。それで菅さんは我々のことを誤解している」と嘆いた。実際、菅は安倍にも「公明党は大丈夫ですよ」と耳打ちしていた。

安倍や菅が公明党および創価学会の姿勢を見誤った原因は、学会内の構造変化を十分に認識していなかったことにもある。それは、先ほども述べた、絶対的な指導者である池田大作の長期にわたる「不在」による変化だった。カリスマ指導者を事実上失った創価学会は、「ポスト池田」候補二人の勢力争いも絡み、難しい問題でなかなか決断ができない「漂流状態」にあったのだ。この点を官邸は認識していなかった。

潮目を変えた「創価学会コメント」の真相

一四年五月一七日、首相官邸の楽観論を吹き飛ばす「事件」が発生する。朝日新聞の朝刊一面に、集団的自衛権に関する「創価学会コメント」が大きく掲載されたのだ。朝日の取材に学会側が文書で回答したものだったが、「(解釈変更は)憲法改正手続きを経るべきだ」「これまで積み上げられてきた憲法九条についての政府見解を支持する」として安倍の方針に真っ向から反対すると受け取れる内容だったために大きな波紋が広がった。

この朝日新聞の報道に驚いた菅は、佐藤ら学会幹部や与党協議会のメンバーで公明党外交安保調査会長の上田勇ら親しい公明党議員に電話を入れて、「どういうことなんだ」と真意を探った。

創価学会のコメントが大きく報道されたことで、創価学会内でも公明党内でも「やはりこの問題では妥協できない」との雰囲気が強まった。この時期、公明党の幹部たちは、各種調査で公明党の支持率が上昇していたこともあって、閣議決定の先送りに自信を示していた。実際、五月二〇日に正式な与党協議会が始まると、公明党側の代表となった北側一雄(党副代表)は、まずは有事に至る手前の「グレーゾーン事態」への対処に関する法改正の議論を優先させ、その後、集団的自衛権の行使を必要とする具体的な事例を一つ一つ議論していくことを提案。結論を先延しする姿勢を鮮明にした。

「これまで聞いていた話と違うではないか。公明党は、本気でこの問題を先送りして、最後はウヤムヤにするつもりだ……」。安倍は焦り、公明党への圧力を強めるよう指示した。

五月末、菅は従来の姿勢を大きく転換させ、「六月二二日までの今国会中に何としても閣議決定だ」と与党協議会のメンバーや政府高官たちに指示した。六月七日には、欧州訪問から帰国した直後の安倍が、「集団的自衛権」の文言が入らない玉虫色の閣議決定の文案を役人から見せられて激怒し、書き直しを命じたとの情報が直ちに永田町を駆け巡った。公明党を追い込むため、菅の指示を受けた政府高官が流したと言われた。

安倍自身も六月五日、訪問先のブリュッセルでの記者会見で「与党で最終的に結論を得ることがきわめて重要だが、みんなの党、日本維新の会が（行使容認に）理解を示している」と、わざわざ二つの野党の名前を挙げて公明党を牽制。帰国後には、自民党副総裁で与党協議会の座長である高村正彦を首相官邸に呼び、「集団的自衛権の行使」と明記した閣議決定を今国会中に行うよう、交渉の加速を指示した。

さらにこの頃、安倍周辺から「首相は、この問題で合意できないのなら公明党は不要で、衆院選での選挙協力もいらないと言っている」「公明党に連立政権から出てもらっても構わないと首相が明言した」といった情報が発信され、創価学会幹部にまで伝わった。実際、一時期、苛立った安倍がそうした発言をもらしたのは事実だった。周辺がそれを公明党や創価学会に伝わるよう、わざと発信して「恫喝」したのだ。発信元は、菅とも安全保障問題を担当する首相補佐官・礒崎陽輔とも言われた。

飯島発言の衝撃　よみがえる悪夢

さらに、内閣官房参与で小泉首相の政務秘書官だった飯島勲が、六月一〇日、ワシントンで行なった講演の中で、公明党と創価学会との関係について、憲法の「政教分離原則」に反しないとの従来の政府見解を内閣法制局が見直す可能性もあるとの認識を示した。この発言は、創価学会と公明党双方に大きな衝撃を与えた。発言内容が創価学会の「急所」を突いていたからだった。

「与党の公明党と創価学会との関係は、政教分離原則に反する」との批判は、かつて公明党が小沢一郎らと組んで自民党を野党に転落させた際、自民党の亀井静香らが有識者などと組んで猛烈な反学会キャンペーンを繰り広げた際の中核的な主張だった。当時、亀井らは、宗教団体の政治活動に対する法規制や宗教法人課税の強化などの主張を行なったが、それに絡めて名誉会長・池田大作を国会に招致すべきだと執拗に要求。これが決定打となり、公明党は紆余曲折を経て自民党に擦り寄っていく。飯島発言は、その当時の「悪夢のような日々」(公明党幹部)を公明党・創価学会の幹部たちに思い出させた。この亀井らの活動には当時、まだ一年生議員だった安倍も加わり、反学会キャンペーンのビラを自分の選挙区で大量に配布したこともある。

創価学会が、個別政策では異例の「コメント」を朝日新聞に出した時、公明党内では代表の山口が「これには勇気づけられた」ともらす一方で、他の幹部からは、「この見解の発表によって、我々が徹底的に反対すれば『政教一致だ』と批判されかねない。自民党との協議がかえって難しくなる」との懸念の声も上がっていた。飯島発言はそこを突いた形だった。

飯島は何か波紋を呼ぶことが予想される言動を行う際は、常に菅と綿密な打ち合わせをしていた。前年に飯島が北朝鮮を訪問した際も、事前に菅と念入りに摺り合わせをした上で安倍に報告して、北朝鮮に向けて飛び立った。そのため、この飯島発言も菅との連携プレーではないかとの見方が出た。

いずれにせよ、創価学会の出した異例のコメントが朝日新聞に掲載されたことが飯島発言を招き、結果的に公明党を追い込むことになった。朝日新聞とすれば、創価学会の見解を大きく報じることで政府・自民党を牽制し、公明党を側面支援する狙いがあったのだろう。だが、結果は逆に働いたのだ。

それではなぜ、創価学会はコメントを発出したのだろうか。先述したように学会の最高幹部たちは、この問題から逃げていた。後ほど詳述するが、創価学会と公明党の最高幹部たちが毎週一回開いている非公式協議でも、この問題に関して厳しい意見はそれほど出ていなかった。朝日から回答を求められても「個別の政治案件にコメントする立場にはない」と拒否する方法もあったはずだ。

朝日新聞にこの見解が掲載されると、それを出した学会広報室は朝日新聞に対し、「『創価学会は』という書き出しになっているが、あくまで広報室コメントとして出したものであり、読者に誤解を与える。また一般論としての回答であり、反対表明の趣旨で回答した訳ではない」などと抗議した。創価学会は、このコメントがあまりにも大きな反響を呼んだので慌てたのだ。同時に理事長の正木らが手分けして、各地方を統括する全国一三方面の方面長たちに電話をかけ、「あのコメントは学会全体としての方針ではない」と釈明し、地方の幹部たちに伝えるよう指示した。

それでは、このコメントは広報室が勝手に出したものだったのであろうか。学会幹部によれば、このコメントはそもそも朝日新聞への回答として作成されたものではなかったのだという。朝日より先に、中外日報という京都市に本社を置く宗教界のいわば「業界紙」の編集部から、創価学会を含む主な宗教団体に対して一斉に、集団的自衛権の行使容認についてどう考えるかとの質問が来たため、広報室が回答を用意。会長、理事長、事務総長ら主要幹部に了解を取ったところに朝日新聞から同じ質問が来たため、広報室では中外日報のために用意した回答文をそのまま朝日に提出した、というのが真相だというのだ。朝日に回答文を出すにあたって広報室は、同じコメントならあらためて手続きを取らなくても構わないと判断し、原田らに了解を取る手続きを踏まなかったという。

「創価学会コメント」は、いわばハプニング的に朝日新聞の一面を飾ることになった——。創価学会の首脳たちは、公明党の幹部らにそうした説明を行なった。中外日報にコメントが出ても読者は限定され、政治的影響はほとんどない。一方、それが朝日新聞の一面に掲載されれば、大きな波紋を呼ぶことは容易に予想できたはずだ。それゆえ、この一件は学会内部でも大きな問題となり、コメントを提供した広報部長の責任を追及すべきとの声も上がったという。

この一件は、「連立維持派」の目には、「徹底抗戦派」が広報室と組んで意図的に朝日に提供し、自民党との妥協を阻止しようとしたものと映っても不思議ではない。集団的自衛権の問題では、どこまで抵抗すべきかについて学会内の意見が割れて幹部たちも神経質になっていただけに、この一件によって内部では疑心暗鬼が深まった。

山口、北側、井上、それぞれの思惑

一方、公明党幹部の間にも意識のズレがあった。代表の山口は、行使容認を阻止できると考えていた。それゆえ、三月初めから始まった自公両党の幹部六人による水面下での非公式協議には、副代表の北側、幹事長の井上とともに山口自らが出席。自民党副総裁の高村正彦と激しい議論を戦わせた。それは「この問題は自分が仕切る」という意思表示だったが、互いに弁護士同士で理論家の山口と高村の論戦は平行線をたどり、かえって両党の溝が浮き彫りになった。そして、協議の存在がマスコミにもれたこともあって四月初めにはこの秘密協議は打ち切りとなる。

山口は、五月に正式な与党協議会が始まるにあたり、幹事長の井上から「最初から代表が表に出ると、まとまるものもまとまらない。代表は後ろで控えていてほしい」と説得され、協議会の党の代表を北側に譲ったが、阻止する考えに変わりはなかった。

自公連立政権が成立して以来、多くの自民党の衆院議員は、一選挙区あたり平均二万票以上はあるといわれる創価学会票をあてにして自らの選挙を戦っている。公明党が反対を貫けば、安倍もその友党を切り捨ててまで閣議決定を強行しないだろうとの見通しを山口が持っても不思議ではなかった。それに時間をかけて協議していけば、秋には公明党の協力が不可欠な沖縄県知事選などがあり、年末には消費税率を一〇％に引き上げるかどうかの判断も迫られる。年が明ければ統一地方選が間近に迫って集団的自衛権の議論どころではなくなってこの問題は棚上げにできる——山口はそう考えていたのだ。

一四年に入ってからは封印してきたが、前年の参院選では、この問題で連立離脱もあり得るとの考えを繰り返し表明してきた山口だ。法律家として、安全保障問題の専門家として、阻止しなければとの思いは人一倍強かった。

これに対し、与党協議会の公明党側の代表となった北側は、自民党の協力がなければ当選できない衆院小選挙区の選出。前代表で国土交通大臣の太田昭宏と並ぶ「自公連立重視派」の代表格で、連立離脱は何としても避けたいと考えていたはずだ。それゆえ、最初から落としどころを探る必要性を感じていた。この年の四月には安倍に誘われて神奈川県の名門ゴルフ場・スリーハンドレッドクラブで一緒にプレーに興じ、「（協議会の自民党側の責任者になる）高村（正彦）さんとよく相談して下さい」と頼まれてもいた。もっともこのゴルフ会談が報道されると、学会員から公明党本部などに抗議電話が殺到した。それもあって、北側も五月二〇日に始まった正式な協議会の席では、当初、「論理的な整合性を確認しながら進めないといけない。国民の理解を得ながら進めたい」と述べ、閣議決定を先送りすべく強気の姿勢を示していた。

だが、その一方で水面下では高村と頻繁に意見交換を重ねていた。安倍は、安保法制懇の報告書の提出を受けた五月一五日の記者会見で、「自衛隊が、武力行使を目的として湾岸戦争・イラク戦争での戦闘に参加するようなことは、これからも決してない」などと発言。全体を通じて公明党支持層を強く意識した内容となっていたが、これは高村が事前に記者会見の原案を入手して北側に渡し、北側がそれに赤字を入れ修正して返したものに沿って、安倍が発言したからだった。

五月末になって官邸サイドが早期決定の圧力を強めると、北側は「先送り戦術」はもはや難しいとの判断に傾く。六月二日からは、高村とともに、公明党も受け入れ可能な閣議決定の具体的な文案の検討を開始した。そして、内閣法制局長官・横畠裕介(検事出身)ら三人の役人も交えて知恵を出し合い、文案を練り上げていった。

歴史教科書に名を刻む　安倍の決意

山口と北側の中間にいたのが幹事長の井上だった。弁護士出身の山口や北側とは異なり、創価学会本部の中枢部門の職員を経験してから国会議員に転じた井上は、学会の内情にも詳しい。創価学会と公明党の内部の空気を考え、個別の事例をひとつひとつていねいに議論していくことで結論を先送りできないかと考えていた。だが、その井上も、五月末に官邸サイドが圧力を強めると、何とか折り合いを付けるしかないと妥協の方向に傾く。

ただ、井上らはこの時点では「集団的自衛権」との文言を入れない玉虫色の閣議決定文にできないかと考えていた。安倍がそれを入れたいと考えているのはわかっていたが、「集団的」の文字さえ入らなければ、個々の法整備の中で自衛隊の活動範囲の拡大を認めても、一線は守った形を示すことができると考えたし、それは可能だと思っていた。

副首相兼財務相の麻生太郎が、酒席で若手議員らに「俺もそうだったが、首相になると皆、必ずやりたいと思うことがあるんだよ。何だかわかるか」と問うことがある。その答えは、衆院の解散と歴史教科書に名前を刻むこと。それは安倍も同じだった。安倍側近の一人は当時、「首相は、祖父の元首相・岸信介が成し遂げられなかった憲法改正で歴史に名を残したいとの思いはある。だが、それはいつできるか見通しが立たないので、自分の手で改正の発議にこぎ着けることに必ずしもこだわっていない」と明かした。だからこそ、憲法解釈の大転換を行なった首相として歴史に名を刻みたいとの思いが強かったのだ。それには閣議決定文に「集団的」の三文字が入ることが不可欠だった。それだけに安倍は、支持率が高く、政権に「体力」があるうちにこれを成し遂げたいと思い定めていた。山口や井上は、その決意の強さを見誤っていた。

平和の看板より組織防衛を優先させた公明党

官邸からの早期妥結の圧力が急に強まった五月末、公明党執行部はそれでもこれを何とかはね返し、結論を先送りしようとまだ結束を保っていた。北側と同じく「自公連立派」と言われる国対委員長の漆原良夫が五月二九日、ＢＳ番組で「（山口代表は）連立離脱がないとは言っていない」と強調。政権からの離脱もあり得るとの認識を示して安倍を牽制したのもその一環だった。

だが、そもそも山口はこの年の年初、記者団の質問に答える形で「政策的意見の違いだけでいちいち連立離脱が問題になるのでは連立は組めない」と連立離脱の選択肢を自ら封印するかのような発言をしていた。これには、公明党内からも「政治的駆け引きが苦手な山口さんらしいが、これでは交渉にならない」との批判が出ていた。山口にしてみれば、それまでの過激な発言を周囲から諌められてやむなく発言のトーンを変えたのだろう。だが、少数政党である公明党が大きな成果を勝ち取るには、連立離脱カードを懐に入れて臨むしかなかった。代表がそのカードを封印してしまった以上、国対委員長が何を言っても足元を見られる状況に変化は起きなかった。

自公協議の大きな節目は六月一〇日前後の数日間だった。六月九日の北側－高村の秘密会談で、高村は公明党の意向を酌み、「国民の生命、自由及び幸福追求の権利が根底からくつがえされるという急迫、不正の事態」などに自衛権発動が認められるという一九七二年の政府見解を閣議決定に盛り込むことを約束し、これを含む「新三要件」を自衛権発動の要件とすることが固まった。北側は、安倍がこれ以上、譲歩する見込みはなく、ここが公明党の主張できる限界だと判断。翌一〇日、国会内で山口や井上と会談し、「首相は相当固い。これ以上は無理だ」と山口に受け入れを迫った。山口は即答を避けたが、その後、学会首脳部とも協議。最終的に受け入れを決めた。

二〇一四年七月一日の臨時閣議で決定された閣議決定文には、「集団的自衛権」という文言が盛り込まれたが、公明党から入閣していた国土交通相の太田もこれに署名した。

まだ与党協議が続いていた六月一二日、国会中はほぼ毎週一回、木曜朝に行われている創価学会と公明党の非公式協議が開かれた。山口と一緒に出席した北側は、与党協議の内容を説明し、「従来の政府の憲法解釈との整合性を維持し、憲法九条の法的安定性を確保するとの方針で最終的な協議に臨む」などと伝えた。当時、新聞やテレビでは公明党が妥協の方向に舵を切ったことが大々的に報道されていた。それにもかかわらず、婦人部の代表を含め創価学会側からは、厳しい注文は出なかったという。

会長の原田ら学会側は、すでに党幹部から、これ以上首相サイドから妥協を引き出せない以上、閣議決定に同意するしかないとの説明を受けて了解していた。そして、婦人部の幹部たちもすでに説得されていたのだ。

この非公式協議の数日前、創価学会本部で、婦人部の幹部数人が会長の原田に対し、「今の流れを何とか止めてください」と詰め寄る場面があった。だが、原田は「我々は先月すでに、自分たちの意見を表明した。後は党の問題だ」とかわし、同席していた副会長の佐藤が「学会は平和主義を大切にしているが、公明党はその時々に現実的な判断をしなければならないのだ」などと説得したという。

四月、五月とほぼ毎週開かれた学会と党の非公式協議でも、集団的自衛権の協議に関しては、具体的な注文や意見はそれほど多くは出ていなかったという。その背景について、学会幹部の一人は「最高幹部たちがはじめから対応を党側に任せる姿勢を示していた上、憲法九条の改正や自衛隊のイラク派遣といったわかりやすいテーマとは異なり、今回は内容が難しくて学会員の反対は思ったほど広がりがなかった」と説明する。それゆえ、婦人部の幹部たちも「憲法九条の従来の解釈は基本的に踏襲される」と説明されると、渋々ながら矛を収めることになったのだろう。

公明党代表の山口が、さわやかな弁舌で婦人部に人気があり、憲法問題では「護憲派」として信頼が厚かったことも幸いした。ある学会幹部は「山口さんの存在が大きかった。代表が太田さんだったら、こんなに簡単には収まらなかった」ともらす。

深手を負った公明党・創価学会

それでも、集団的自衛権の行使容認問題が公明党や創価学会に残した傷は決して浅くはない。公明党は、この問題で全国会議員を対象にした会合を計一四回開いた。会合では毎回、議員たちから行使容認への批判や疑問が噴出した。執行部一任を取り付けるために開かれた六月三〇日の最後の会合でも、三時間に及ぶ議論の中で「憲法解釈の変更に論理的一貫性はない」「なぜこのように重大な問題を急ぐのか」といった異論や不満が続出。とりわけ、参院議員会長の魚住裕一郎と参院政策審議会長の荒木清寛という参院の重鎮二人が、最後まで一任取り付けに反対し続けたことが目を引いた。参院議員は、自民党とも戦った上で当選してきたという点で衆院議員とは異なる。だが、創価学会という強固な支持基盤を共有する公明党議員の間で、これほど議論が紛糾するのは異例だった。

地方組織の意見を聞くため、急遽六月二八日に設定された「全国県代表協議会」も同様だった。四七都道府県の代表者のうち二五人が発言。広島、長崎、沖縄をはじめ、発言者のほぼすべてが反対論や慎重論だった。「連立離脱するべきだとの声が強い」などと連立の解消に言及した代表も数人いたが、北側は「離脱はしない。与党の中でブレーキ役を果たしていく」と理解を求めた。

この頃、公明党の本部や各県本部、それに議員事務所には、抗議の電話やファクスが殺到。公明党本部には一日で三〇〇〇本（推計）もの電話がかかってきたという。妥協案を主導した北側の事務所には毎日、数百枚もの抗議のファクスが着信。他の幹部の事務所でもファクスが次々と送られてくるため、何度用紙を入れ替えても紙切れになる状態が続いた。

このため、公明党では、学習用資料や分厚い想定問答集を作成。それをもとに閣議決定の直後から全国会議員が地元などを回り、学会組織と一体になって決定内容に理解を求める活動を開始した。その後、数か月にわたり、政治学習会を集中的に開催して理解を徹底させた。

今の国会情勢の中での歯止め

公明新聞には、閣議決定の翌々日から、「閣議決定どう見るか」と題し、軍事評論家・小川和久など公明党を評価する識者のインタビューを連日掲載した。中でも元外務省主任分析官で作家の佐藤優のインタビューは今回、公明党が果たした役割を絶賛していただけに、多くの議員がそれを大量にコピーし、支持者に理解を求める活動に利用した。

このインタビューで佐藤は、「安全保障をめぐる今回の与党協議を見ていて非常に重要だったことは（中略）連立与党の公明党がきちんと対応したことだ」「連立を離れてしまえば、格好のよいことはいくらでも言えただろう。しかし、影響は何も与えられなくなってしまう」「個別的自衛権の枠を超えることが一切ないという枠組みを、安倍首相の『集団的自衛権という言葉を入れたい』というメンツを維持しながら実現したわけで、公明党としては、獲得すべきものは全部獲得したと、私は考えている」と述べている。

確かに、永田町は安倍自民党の一強体制で、野党は自民党の約四分の一の勢力（衆参合計）に転落した民主党を筆頭に分裂状態だった。しかも、自民党の「右」には「日本維新の会」が控え、「みんなの党」も集団的自衛権の行使に賛成する考えを示していた。仮に公明党が連立を離脱していれば、安倍が当初想定していた通り、より広い範囲で集団的自衛権の行使を認める閣議決定になっていた可能性が高い。その意味では、佐藤優の指摘通り、公明党の存在が一定の歯止めをかけたことは間違いない。公明党幹部は、「こうした今の国会情勢を説明すると、支持者に理解してもらいやすい」と語る。閣議決定された中身を見ても、「武力行使の新三要件」は政権に大きな裁量の余地を与え、歯止めにならないとの見方がある一方で、集団的自衛権行使の全面的な解禁を望んでいた外務省の高官などからは、「このようなきつい縛りではアメリカの期待に応えられない」との不満も出ており、公明党がブレーキ役を果たしたことは事実だろう。

だが、この閣議決定は、間違いなく戦後の日本が守ってきた憲法九条の解釈を大きく踏み出すものであり、それに公明党が手を貸したことは事実だ。そもそも山口は「集団的自衛権の行使容認には反対」「やるなら憲法改正が筋だ」と繰り返し語ってきたのだ。連立維持のために筋を曲げたと批判されても仕方あるまい。

漂流状態の創価学会は傍観者であり続けた

公明党内では、「(山口)代表は、首相の強い決意を見誤った上、初めから連立離脱を封印する発言をするなど、譲歩を勝ち取る戦略がなかった」「そもそも官邸とのパイプを作ってこなかった上、人脈を持つ議員を使わなかったから失敗した」といった執行部批判がくすぶった。

だが、公明党にとっては、今回の協議の過程で党の構造的な弱点があらためて露わになったことの方が大きな問題ではないだろうか。すなわち創価学会が標的にされると権力に擦り寄らざるを得ないということだ。創価学会という組織を守らなければとの意識が強い議員たちは、創価学会が攻撃されると組織防衛のため、政府に対して影響力を行使できる立場を維持しなければならないとの意識が先に立つことが示された。協議の最終局面で、「政教一致批判」が政権側から出てくると、公明党は合意を急いだが、幹部たちの間に、「学会に迷惑はかけられない」との意識が働いたことは否定できないだろう。

それにこの時の創価学会は、「ポスト池田」の有力候補二人が互いに牽制し合い、難しい問題では組織としての決断がなかなかできない状態にあった。そのためこの問題は、「平和主義」「憲法九条擁護」を掲げてきた学会にとってきわめて重大だったにもかかわらず、基本的に傍観者の立場を取り続けた。こうなると、常に学会の動向を意識して行動する公明党の幹部たちには、連立離脱という困難な決断はできない。

もっとも、それなりの勢力を持つ野党が存在し、衆参のどちらかで公明党が明確にキャスティングボートを握っている状態であれば、異なる展開になった可能性は十分にある。公明党が参院で法案の生殺与奪の権を握った民主党政権の後半は、首相の菅や野田が野党である公明党の政策要求を次々と呑んだし、政権側からの学会攻撃を封じることもできた。だが、この時は安倍政権に近い維新などの存在によって、公明党はまったく異なる状況に置かれていた。公明党の幹部たちが、連立与党という現状を維持するしか選択肢はないと考えたのも、やむを得ない面があった。

第9章 自民・公明の力関係と「維新」
——安倍政権の性格を左右する三者の力学

大阪都構想をめぐる住民投票で反対が多数，会見で政界引退を表明する橋下徹大阪市長(左)と松井一郎大阪府知事(2015年5月17日，朝日新聞社)

一年前の橋下の一言が招いた大阪都構想否決

二〇一五年五月一七日の深夜、大阪市長の橋下徹は、予定より一〇分ほど遅れて記者会見場に現れた。「(僅差でも)負けは負け。いくさを仕掛け、叩きつぶすと言ってつぶされた」「民主主義はすばらしい。これだけのケンカを仕掛けて命を取られないというのはすばらしい政治体制だ。この後も普通に生きて人生を歩める」。

時折、笑みを浮かべながら歯切れよく敗戦の弁を語る橋下の表情を映し出すＮＨＫのテレビ中継映像を見ながら、ある自民党幹部は「タレント弁護士時代の顔に戻ったな。ある意味でホッとしているんじゃないか。来年の参院選出馬などないだろう」ともらした。橋下は、政界からの引退を表明し、七年半に及ぶ「橋下劇場」は終焉を迎えた。

賛成四九・六二％、反対五〇・三八％。橋下が政治生命をかけた「大阪都構想」の住民投票は、わずか〇・七六ポイント差で否決された。否決の理由については、さまざまに分析されているが、投票結果を仔細に見ると、大阪で大きな影響力を持つ公明党の支持者を「反橋下」で結束させてしまったことが最大の敗因だったことが浮かび上がる。

マスコミ各社の出口調査で政党支持別の賛否を見ると、いずれの調査でも、共産党支持層と並んで公明党支持層で「反対」と答えた比率が最も高い。たとえば、共同通信と毎日新聞、産経新聞などが共同で行なった調査では、公明支持層の「反対」は八七％。共産支持層の八九％とほぼ並び、突出して高かった。公明党は自民党や共産党のように反対運動を積極的に行なったわけではない。それにもかかわらず、反対が五七％にとどまった自民支持層とは比較にならないほど、反対の比率が高かった。大阪市は、公明党の「政党支持率」が一〇％を上回る特別な地域であることを考えれば、公明支持層の賛否が自民支持層のようにバラければ、住民投票は賛成多数となった可能性が高い。

大阪における「維新」(「日本維新の会」「維新の党」「おおさか維新の会」)と公明党との関係は、目まぐるしく変化してきた。二〇〇八年一月の大阪府知事選で三八歳の橋下が初当選した際、公明党は推薦した自民党大阪府連に付き合って大阪府本部の「支持」を出して支援した。その後、公明党は自民党府連と足並みを揃えるように都構想に批判的にはなったものの、維新は市議会などでキャスティングボートを握る公明党を取り込むため、二〇一二年の衆院選で、橋下自らが公明党大阪府本部の幹部と会談して、公明党が候補を擁立した大阪・兵庫両県の六選挙区全てで候補擁立を見送り、公明候補に推薦まで出した。ところが公明党は、衆院選が終わって中央で与党に復帰すると、大阪では都構想に反対の自民党大阪府連寄りに明確にスタンスを変え、府と市で設置した大阪都構想を議論する法定協議会で正式に反対を表明。都構想は頓挫する寸前まで追い込まれた。

住民投票の実施に公明党が賛成する見返りに、勝てる可能性のあった関西の六選挙区であえて候補の擁立を見送ったとの認識だった橋下らの怒りは凄まじかった。橋下は二〇一四年二月の党大会での演説で、一二年総選挙での選挙協力の際の約束を公明党が一方的に破ったとして名指しで批判。その中で、「公明党の支持基盤の皆さんは宗教を説いているが、宗教の前に人の道があるんじゃないですか」と激しい口調で創価学会を支持基盤とする公明党を批判した。この時の「宗教の前に人の道がある」との一言が、橋下の命取りになる。

両党の対立は先鋭化。安倍晋三が衆院解散を表明した一四年一一月には、橋下が大阪三区で自らを支部長とする選挙区支部の届け出を行うなど、公明党が候補者を擁立する関西の六選挙区全てで、自分と大阪府知事の松井一郎を含む維新候補の出馬準備を着々と進めた。ところが橋下は、公示日直前に一転して、公明党が候補者を立てる全ての選挙区で、維新候補の擁立を「一方的に」見送ることを決めた。橋下はその理由を問われても「それが大阪のためになると判断した」としか語らなかった。そのため、当時から「維新と公明との間で何らかの密約があったのではないか」と囁かれたが、口をきわめて罵り合ってきた両党がなぜ急転直下、妥協できたのかは謎だった。

官邸が仲介した創価学会と維新の密約

水面下で動いたのは、東京の創価学会本部の副会長（広宣局長）・佐藤浩だった。

このまま維新と全面対決になれば、公明党は関西の六選挙区全てで苦戦は必至だった。創価学会は、この六選挙区に西日本どころか全国から会員を動員する必要に迫られる。そうなれば全国各ブロックにおける比例票の獲得活動にも支障が生じ、公明党の勝利はおぼつかない。危機感を強めた佐藤の動きは早かった。

一一月中旬、佐藤は都内で菅と密かに会談。「このままでは公明党と維新は全面戦争になる。（安倍）総理も（菅）長官もそれは望んでいないでしょう」。こう切り出した佐藤は、大阪都構想の住民投票が可能になるよう、自分が大阪の創価学会や公明党を説得するので、菅から橋下を説き伏せて対立候補の擁立を止めさせてほしいと頼み込んだのだ。菅はこの依頼を受け入れ、安倍の了解も得た上で橋下に連絡した。橋下はこれを受け入れ、首相官邸がいわば「保証人」になる形で両者の「密約」が成立したのだ。

佐藤が言う通り、今後の政権運営、とりわけ憲法改正の発議に必要な三分の二の勢力の確保を考えれば、安倍にとっても公明と維新の全面対決は望ましいことではなかっただろう。創価学会と首相官邸の双方にとってメリットのある「密約」ではあった。だが、他党である維新の候補者の立候補取り下げまで官邸に頼んだことが、学会側の「負い目」になったことは否定できない。

折しも安倍は、衆院選が終われば、集団的自衛権行使容認の閣議決定を受けた安全保障法制関連法案（安保法案）の作成に向けて本格的に動き出そうとしていた。その安保法制をめぐる与党協議の公明党側の代表は、首相官邸の助けを借りて大阪一六区で楽々と当選を果たした副代表・北側一雄になることが決まっていた。公明党は、安保法制の与党協議に、スタート時から負い目を感じながら臨まざるを得なくなった。

創価学会始まって以来の東西の軋轢

佐藤浩の裏工作もあって、公明党は二〇一四年末の衆院選で、関西の六選挙区を含む全国九選挙区で全勝。比例代表でも当選者を増やし、今の小選挙区比例代表並立制になってからは過去最高の三五議席を獲得して勝利した。ところが、公明党の頭越しに維新と密約を結んでいた佐藤に対する内部の反発は強烈だった。

一四年一二月一四日、衆院選で公明党の勝利が確定すると、佐藤は直ちに大阪に入り、大阪一六区選出の北側や、大阪三区選出で公明党大阪府本部代表を務める佐藤茂樹ら大阪の公明党の幹部たちに密約の存在を明かした上で、「大阪都構想に賛成してくれとは言わないが、住民投票が実施できるよう何としても協力してほしい」と要請した。佐藤は、選挙運動に支障が出ないよう、北側ら幹部たちにさえ、密約の存在を知らせていなかったのだ。議員たちは衆院選の勝利の余韻に浸る間もなく、厳しい現実を突きつけられた。佐藤は「これは安倍首相も含めた重い約束で、（創価学会の原田稔）会長も了解している。連立を維持するためにはどうしても守ってもらわなければならない」と説得したという。

これを受けて公明党大阪府本部は一二月二八日、総会を開いて、橋下が示す大阪都構想自体には引き続き反対するものの「最終判断は住民に委ねる」として、住民投票の実施には賛成することを決めた。だが、出席した府議や市議からは「支持者は橋下憎しで固まっている。とても納得できない」「支持者からの協力が得られなくなる」といった反対意見が相次ぎ、二時間に及んだ総会は、怒号が飛び交う中で執行部が一方的に押し切るという、この党にとっては異例の事態となった。そこには党の頭越しに首相官邸と協議を進め、その結果を押し付けてきた佐藤個人に対する反発もあったという。

佐藤は、年が明けた一月下旬にも大阪入りし、地元の創価学会幹部に対し、都構想の住民投票では、自主投票とするよう要請して回った。「聞かれたら反対と答えるのはしかたがないが、積極的に反対を言うのはやめてほしい。連立政権を維持するためだ」と説得したという。これを受けて大阪の創価学会は一月二六日、大阪市内で開いた幹部会合で、住民投票には「中立」「自主投票」で臨むことを決め、公明党側にも反対姿勢を強調し過ぎないよう要請した。だが、学会組織の末端に近い「地区」の部長や婦人部長といった現場幹部たちからは、「我々がなぜ、首相官邸の意向に従わなければならないのか」との強い反発の声が上がった。それはその後も一向に収まらず、関西の学会幹部たちは、東京からの指示と現場の反発との板挟みになって立ち尽くした。関西方面の幹部は、「このままでは『常勝関西』と言われてきた関西の学会組織がおかしくなってしまう」と危機感を露わにした。

三月になると、大阪都構想の住民投票の日程が、統一地方選後半戦直後の四月二七日告示、五月一七日投開票と正式に決まった。その前後、報道各社の都構想に関する世論調査では、多くの調査で反対が賛成を上回っていた。橋下は危機感を募らせ、官房長官の菅に公明党・創価学会対策を依頼したという。だが、いくら〝陰の首相〟との呼び名が定着した実力者からの要請でも、現場の運動員たちの間に「反橋下」の空気が充満している以上、佐藤にできることは限られていた。

池田不在の創価学会に対する官邸の誤解

この間、菅ら官邸サイドは、創価学会の動きを見誤っていた節がある。すなわち、創価学会という組織は、中央からの指示があればそれほど時間をかけずに全国の末端に至るまでその指示を徹底させ、統制のとれた行動がとれる組織だという誤解だ。これは、集団的自衛権の行使容認の閣議決定に向けた自公両党の協議の際にも見られた誤解だった。

創価学会のカリスマ指導者である名誉会長・池田大作が、二〇一〇年五月の本部幹部会を最後に人前から姿を消して五年が経っていた。池田は、その後も会長の原田や理事長の正木ら最高幹部たちと個別には会っていたし、二〇一五年三月には創価学園（中学・高校）の卒業式で池田の肉声が回線を通して生で流され、学会内では大きな話題になった。だが、もはや池田が政治方針など微妙な問題に言及することはなく、かつてのように、池田の「鶴の一声」で学会の意見をまとめることは不可能になっている。自民党などと比べれば、まだ比較にならないほど統一行動が可能な組織であることは確かだが、創価学会も公明党も、意思統一するのに以前と比べて大幅に時間と労力が必要になっている。ましてや今回は「宗教の前に人の道がある」との橋下発言が響いて、現場の運動員たちの間に維新アレルギーが蔓延していたのだ。たとえ会長名で指示を出しても、現場の意向と異なる行動を取らせることは難しかった。そもそも、関西の創価学会は「常勝関西」と謳われ、強い組織力を誇ってきただけに、東京への対抗意識も強いのだ。

だが、菅は投開票日当日まで住民投票は賛成多数になると信じていた。その背景には、今の創価学会に対する認識不足があったのではないだろうか。

かつてなく苦しい戦い

大阪の公明党は、創価学会の本部と地元組織が、過去例がないほどぎくしゃくするという異常事態の中で、統一地方選を迎えることになった。公明党本部でも、「かつてなく苦しい戦いだ」との強い危機感が広がった。

公明党にとって統一地方選は、他党とは比較にならないほどの重要性を持つ。創価学会が最初に政治に進出したのが、一九五五年の統一地方選。東京都議会や東京の各区議会などで、学会の推薦候補五〇人余が一挙に当選し、後の公明党結成につながった。統一地方選はいわば「党の原点」なのだ。それに何より、地方議員こそが身近な福祉や公共工事などに関する学会員の要望に応え、政策実現を果たす先兵の役割を担っている。「現世利益」の宗教である創価学会の要の役割を果たしているのが、地方議員たちなのだ。

それゆえ、公明党および創価学会において、全国三〇〇〇人弱の地方議員の半数以上が一度に改選となる統一地方選は、国政選挙と同等に重視される。中でも大阪は、伝統的に強固な基盤を誇る学会にとってきわめて重要な地域だ。しかも、池田大作の長男で副理事長の池田博正が関西最高参与として関西方面の責任者を務めており、一議席でも落とすわけにはいかなかった。そもそも地方議員の数も他地域に比べて格段に多く、大阪府議会、大阪市議会とも定数の約五分の一を公明党が占める。ところが、この時は「維新との密約」をめぐる騒動が響いて、最前線で集票活動を担う婦人部の運動員の足が鈍り、府議選、市議選とも苦戦が予想された。都構想そのものに触れない方針で活動していても、公明党への支持を知人や友人に働きかければ、「公明党さんはそもそも都構想に反対なのか、そうではないのか」と聞かれ、「都構想には反対だが住民投票の実施には賛成」というわかりにくい対応を取ったことへの説明もしなければならなかった。

とりわけ府議選は、この時から定数が二一も削減され、区割りも変わったことから当初から厳しい戦いが予想されていた。そのため、創価学会会長の原田稔は、三月上旬から府議選の告示直前の四月初めにかけ、一か月弱の間に四回も大阪に入って地元の幹部たちを激励した。学会幹部によれば、全国規模の選挙で学会の会長がこれほど多く大阪に入ったことは例がないという。

東京の学会本部で指揮を執る佐藤は、告示後も大阪の情勢はなお厳しく、府議選では六人程度が落選する可能性があると分析。投票日四日前には、統一地方選の前半戦は選挙が行われない東京を中心とした関東地方の学会員に対し、大阪に入って知人らに公明党候補への投票を呼び掛けるよう指示を出した。その結果、約三万人もの学会員が大挙して大阪入りしたという。これも前例のないことだった。公明党代表の山口も当然のことながら、大阪に集中的に入って街頭などで支持を訴えた。

転機となった統一地方選最中の一斉メール

そうした中、投票日の一週間前、大阪府議選や市議選を戦っている公明党の候補者たちの携帯電話に一通のメールが届いた。公明党大阪府本部で幹事長を務める大阪市議の小笹正博からの一斉メールだった。

そこには、大阪都構想自体には反対だと言いながら、その住民投票の実施には賛成するという中途半端な対応によって、都構想に反対の自民党や共産党に票が逃げており、今後は我々も都構想反対を正面から訴えようとの内容が書かれていた。首相官邸からの要請を受けた学会本部からの指示で、表立った反対表明を我慢してきた大阪の公明党だったが、厳しい選挙情勢を前についに堪忍袋の緒が切れたのだ。小笹は、事前に大阪府本部代表の佐藤茂樹らにも連絡した上でこのメールを送っていた。もはや、国会議員たちもこれを容認するしかなかった。結果としてこの方針転換は、橋下嫌いの学会員たちに歓迎され、現場の運動員らの動きは急速によくなったという。

それでも公明党は、前半戦の大阪市議選で、都構想に真っ向から反対した共産党候補に競り負ける形で一議席を落とした。その此花区選挙区では、定員二を維新、公明、共産の三候補で争ったが、学会が後で検証すると候補を立てなかった自民党支持者の多くの票が、自民党推薦の公明党候補ではなく、共産党に流れていたという。公明党関係者は「この選挙区は自民党との選挙協力もあって安心していたのだが、都構想に当初から強く反対してきた共産党が裏で自民党と選挙協力していたことがわかった。我々が有権者にわかりにくい対応を取ったことが敗因だ」と悔やんだ。

首相官邸の要請を受けた創価学会本部の指示を振り切る形で、統一地方選の途中から都構想への反対姿勢を明確にした大阪の公明党。結局、それが住民投票の結果を左右した。学会員が投票所に足を運べば、そのほとんどが反対票を投じることは明らかだったため、維新や首相官邸の期待は、学会員の多くが棄権することだったが、すでに統一地方選で流れはできていたのだ。

統一地方選後半戦直後の四月二七日、住民投票が告示されたが、大型連休明けになると、創価学会の地区幹部らが支持者を車やマイクロバスで、期日前投票が行われている区役所などに連れていく様子が目撃された。報道各社の期日前投票の出口調査では、おおむね反対が賛成を一〇％程度も上回り、投票日当日よりも反対がかなり多かった。そこからも多くの学会員が反対票を投じたことがわかる。

公明党の候補が立候補していない選挙では、棄権することも少なくないと言われる学会員に、あえて反対票を投じさせた動機、それが「宗教の前に人の道がある」との一年前の橋下発言だった。ある学会幹部は、「自分たちの信仰を否定する橋下氏の一言で、学会員の橋下嫌いが決定的になった。あれがなければ違った結果になっただろう」と語った。

橋下という「野党分断カード」

住民投票の結果は、国政にも大きな影響を与えた。もともと民主党政調会長の細野豪志ら民主党内の「野党再編派」には、都構想が否決されて維新の求心力が弱まれば、維新の議員の多くが民主党との合流に向かうとの期待があった。この結果により、二〇一六年の参院選を前に、民主党内で反自民の大きな受け皿を作るべきだとの声が強まったのだ。一方、維新内でも民主党との合併に前向きな意見が強まった。ただ、国対委員長の馬場伸幸らいわゆる「大阪組」は首相官邸に近く、橋下を国政に引っ張り出すことも視野に、民主との合併を阻止する構えだった。維新は分裂含みとなり、もはや野党の主導権を握る状況ではなかった。

安倍や菅にとって住民投票の結果は大きな誤算だった。菅は、住民投票の六日前の記者会見で、自民、民主、共産各党の国会議員が合同で都構想反対の街頭演説を行なったことを「まったく理解できない」と批判。翌日には「二重行政の効率化を進めるため、大改革を進める必要がある」と、自民党の大阪府連が猛反発することを承知の上で、都構想の後押しまでしてみせた。安倍も「(大阪都構想の)目的は重要だと認識している」と国会で答弁するなど理解を示す発言を繰り返してきた。それゆえ、敗北という結果に菅はショックを受け、親しい政界関係者に「いささか疲れたよ」と珍しく弱音を吐いた。

そもそも橋下と安倍政権との関係はどこから始まったのか。一連のマスコミ報道からは、安倍は橋下と親しく、菅は大阪府知事の松井一郎と親密な関係にあるようにみえる。だが、そもそも安倍と橋下を結びつけたのは菅だった。住民投票の結果が出た翌日、菅は記者会見で、橋下が政界引退を表明したことについて聞かれると、「政界に出ることを説得した一人なので感慨深い」と自ら明かしたが、菅はタレント弁護士時代から橋下に注目し、つきあいを深めていた。

〇八年、橋下が大阪府知事に初当選した直後には、当時、総務相を経て自民党選対副委員長を務めていた菅が、東京のホテルオークラ内の中華料理店で橋下の当選祝いを開き、そこに当時の財務省の事務次官と主計局長、総務省の事務次官と自治財政局長を同席させ、橋下に協力するようにと呼びかけていた。その後、自民党が野党時代の一二年には、菅が仲介して安倍‐橋本の会談が何度も行われて二人は意気投合。橋下が安倍に対し「自民党を飛び出してくれれば一緒にやりたい。安倍さんを再び首相にしたい」と持ち掛けたこともあった。橋下とのパイプを持っていることは、その年の九月に安倍が自民党総裁に復帰する上でも隠れたメリットになった。その後、安倍が首相に復帰してからも二人は繰り返し会談していた。

安倍にとって橋下とのパイプは、保守的な政策を進める上でしばしば障害となる公明党を牽制するカードであるとともに、野党再編が進んで強力な安倍自民党への対抗勢力が出現するのを防ぎ、国会運営を有利にする「野党分断カード」でもあった。それゆえ、橋下の敗北は、安倍にとって大きな痛手だった。

具体的には、まず国会での戦術の練り直しを迫られた。投票結果が賛成多数になっていれば、維新は大阪府を「大阪都」にするための法改正をスムーズに進めるため、さらに安倍政権に接近してくることは確実だった。首相官邸は当時、国民世論の強い反対に直面していた安保法案の成立に向け、与党に加えて維新の協力も得て批判をかわす目算だったが、それが不透明になった。

維新の内部では、新たに代表に就任した松野頼久らが民主党との野党共闘を重視したのに対し、国対委員長の馬場伸幸らの「大阪組」は、民主党批判を強めるなど路線対立が続いていた。官房長官の菅は、住民投票の後も馬場ら「大阪組」と会談を重ねたほか、一五年六月には安倍と一緒に都内で橋下と三時間にわたって会談し、安保法案の成立に向けて協力を呼びかけるなど維新を引き付けるために躍起となった。

そもそも安倍は本音では考えの合わない公明党が好きではない。将来の憲法改正の発議に向けても維新と協調し、公明党の影響力をより限定的なものにしたいと考えていた。何しろ橋下は、「憲法改正のためには何でも協力しますよ」と安倍に呼びかけていた。この点でも安倍は戦術の見直しを迫られた。

公明党にとって安保法制は「すでにすんだこと」

一方で、公明党にとって橋下の「退場」は、党が存在感を発揮する上で久々の「朗報」だった。公明党内からは早速「安倍さんは経済再生に全力を挙げるべきで、憲法改正は当面封印してほしい。そうすれば我々は全力で支える」と安倍を牽制する声が上がっていた。幹部たちは当時、「今後、安倍政権は、これまでより公明党を大切にせざるを得ないだろう」と口々に語っていた。

ただ安保法制については、国民の間に反対意見が強いにもかかわらず、公明党は「すでに前年の集団的自衛権の行使容認をめぐる協議ですんだこと」という立場だった。今さらできることはあまりないのも確かだった。

公明党は、統一地方選で安保法制が争点になることを嫌い、当初は正式な与党協議を統一地方選後に先送りしたい考えだった。最前線で集票活動を担う婦人部は、今も自衛隊の海外派遣の拡大にアレルギーを持つ。安保法制が統一地方選でクローズアップされると、婦人部の運動員の足が鈍り、選挙に悪影響が出ると懸念したのだ。

代表の山口や幹事長の井上ら幹部たちは、集団的自衛権の行使容認の閣議決定後も、創価学会との非公式な協議の場で、婦人部の代表から「今後も平和の党としての役割をきちんと果たしてほしい」と釘を刺されていた。

結局、政府・自民党に押されて、正式な与党協議会を二月から始めることになったが、そうなると今度は統一地方選への影響を最小限にするため、選挙前の取りまとめを急ぎ、三月二〇日、自公両党はわずか二か月弱で安保法制の基本方針について合意し、一旦協議を中断した。

実は、この時点では国会の事前承認をどうするかなど法案の中身については多くの対立点が残されたままだった。選挙前に与党内で対立している印象を持たれることは、自民党との選挙協力を含め統一地方選にマイナスになるとして、選挙前の可能な限り早い段階で基本合意を得るとのスケジュールを優先し、形だけ取り繕ったのだ。公明党幹部は「安保法制が選挙で話題になること自体がマイナスなので、ぎりぎりの線で妥協した」ともらした。何よりも選挙を重視する公明党の行動様式がここでもはっきりと示されていた。

統一地方選で苦戦を強いられた公明党

二〇一五年四月の統一地方選にあたって、創価学会と公明党は、安保法制について運動員が有権者に説明するための新たな資料を作らなかった。それはあくまで国政の問題であり、地方選挙では説明する必要はないとされた。だが、実際に選挙戦に入ると「今までは反対してきたのに、今回はなぜ自衛隊をいつでも海外に派遣できる恒久法に賛成なのか」といった質問を受けて戸惑った運動員も少なくなかったという。

この統一地方選で、公明党は例年通り、擁立した候補者全員の当選を目指した。だが、先ほど触れた前半戦の大阪市議選で一議席を落とした。後半戦では、東京の板橋区議選と江東区議選で現職が一人ずつ落選したほか、長野県松本市議選でも新人が落選し、計四人が落選するという苦戦を強いられた。しかも、東京・大田区で四四〇〇票余、世田谷区で三一〇〇票余も少なくなるなど、東京の各区議選や大阪市議選では、前回よりも得票を大幅に減らした。

公明党の地方議員の選挙では、創価学会が公明党の候補者ごとに投票する支持者を細かく割り振ることで、複数の候補者の得票が平準化するよう調整する。選挙区が一つの市議選や町議選では、三、四人の公明党の候補者がわずか数票の差でほぼ並んで下位で当選することも珍しくない。公明党は、この「お家芸」を使って、二〇〇三年と二〇〇七年の統一地方選では、候補者約二〇〇〇人の全員当選を達成していた。

その次の二〇一一年の統一地方選では、大阪府議選と横浜市議選で一人ずつ、計二人が落選しているが、一五年の四人落選というのは公明党にとっては非常事態で、特に東京で複数の落選者を出したことは「過去に記憶がない」(学会幹部)という。

これについて学会幹部は、前半戦の大阪での苦戦を受けて急遽、東京から大量の運動員を大阪に入れることになったという この統一選特有の問題に加え、そもそも創価学会の運動員の集票力や情報収集力が落ち、かつてのように精緻な票の割り振りができなくなっていることが響いたと分析する。たとえば、定員四四の江東区議選で公明党は一〇人の公認候補を擁立したが、最も上位の二〇位で当選した現職が三二九九票だったのに対し、次々点で落選した現職は二四三〇票と九〇〇票近くもの開きがあった。以前なら考えられない「失態」だという。

創価学会では、こうした事態を招いたのは、衆参両院の選挙で最近、得票数を減らしていることと同じ原因によるとみている。すなわち、創価学会では学会員の子が会員になる比率がかなり高く、まったく新規に獲得する会員もそれなりにいるので、会員数自体はほぼ横ばいではあるものの、古くからの熱心な会員が激減し、全体として運動量がかなり落ちていることだという。それにより、公明党候補に投票してくれる学会員や「F票」を正確に把握することもできなくなったと分析している。

だが、従来、反対してきた集団的自衛権の行使を認め、批判を受けたことが、この時の統一地方選に影響しなかったとはいえないだろう。

公明党の選挙対策委員長の斉藤鉄夫は前半戦の投開票日、公明党が苦戦した原因について記者団に問われると、「国政でいろいろ大きな議論がされていることも影響した」と述べ、安保法制をめぐる与党協議が響いたことを認めた。

公明党は、五月の大型連休明けになると、国会で安保法案の審議が始まるのに合わせて、この問題に関する勉強会用のＤＶＤや学習資料を新たに作成した。これは、統一地方選でこの問題を避けたことへの反省を踏まえた対応だった。

公明党幹部の一人は、「安保法制に関しては、これまで一般の有権者の関心は比較的低く、それゆえテレビも週刊誌もほとんど取り上げなかった。だが、国会論戦で、従来見解との整合性や公明党と安倍首相との認識の違いなどを突かれれば、メディアで取り上げられるようになる。そうなると日常活動で有権者から質問を受けることも増えるので組織防衛上、現場の運動員に勉強してもらう必要がある」と説明していた。この頃、各種世論調査をみると、公明党の支持層では安保法案への反対が賛成をかなり上回っていた。勉強会資料の作成は、内部固めのためにも必要だったのだ。

安保以外では首相官邸に攻勢

大阪都構想の否決を受け、公明党は、安保法制以外の問題では政府・自民党に攻勢をかけたいと意気込んでいた。二〇一四年末の衆院選で自民党が勝利してからというもの、「首相官邸は公明党に遠慮がなくなり、一層軽んじられてきた」(公明党幹部)と感じていたからだ。

第一次安倍政権の時もこの時も、参院で自民党が単独過半数を持たず、公明党の助けを借りなければ法案が通らないという点では基本的な構図に変化はなかった。だが、以前と大きく異なるのは、参院で維新が一定の勢力を持ち、仮に公明党が反対しても維新が賛成に回れば法案は可決されることだった。橋下と安倍らとの個人的な関係に加え、政策面でも保守色の強い維新の方が公明党よりも安倍政権にはるかに近いことから、実際にその可能性は常に存在してきた。こうした状況を踏まえて、安倍は折に触れて「維新〈橋下〉カード」をチラつかせ、公明党の発言力を削いできた。

それゆえ、大阪都構想が葬られて橋下が政界から退場することは、公明党にとって与党内での発言力を回復させる大きなチャンスでもあった。

公明党がこの機会に実現させようと意気込んでいたのが、党として最も重視していた消費税の軽減税率の導入だった。五月下旬、与党税制協議会で軽減税率導入問題の議論が三か月ぶりに再開された。だが、公明党が、消費税率の一〇％引き上げと同時に軽減税率を導入し、対象品目についても最低限、食料品全般と考えていたのに対し、自民党はいずれについても消極的で、協議の難航は不可避の情勢だった。これについて、公明党の税調幹部は五月末、橋下の政界からの退場宣言を受けて「これまでは財務省寄りの自民党税調のペースだったが、これで攻めの姿勢で臨む環境が整った」と意気込んでいた。

安倍の悲願とされる憲法改正問題についても同様だった。公明党は一五年四月、党憲法調査会で約二年ぶりに憲法論議を再開させた。従来から「加憲」を基本路線に据えてきた公明党だったが、創価学会の婦人部には今なお憲法改正への反対論が根強く、党代表の山口も本音では「護憲」の立場だと言われる。こうした雰囲気を背景に、公明党内では「加憲」の対象にする項目を改めて慎重に検討しようという意見が強まっていた。

その背景には、自民党内で、憲法改正はいきなり本丸である九条から入るのではなく、環境権や大災害時等の緊急事態条項などを加える「加憲」から入った方が得策だとの意見が出始めていたこともあった。公明党の「加憲」路線が自民党に逆手にとられる可能性が出ていたのだ。これを公明党側から牽制するのも議論再開の狙いだった。

公明党内では、憲法改正に理解があると見られている中堅幹部でさえ、この頃「憲法改正は急がない方がいい。とにかく今は経済に集中するよう安倍さんに進言する」と言い出すなど、都構想の失敗は、自公両党の力関係に微妙な影響を与え始めていた。

焦点となった橋下政界復帰の可能性

「集団的自衛権の行使を可能にすることが日本の安全保障上、不可欠だ」。森・小泉両内閣で官房副長官を務めていた当時、故・岡崎久彦(元駐タイ大使)らとの勉強会などを通じて培った信念を一五年越しに実現させた安倍晋三。だが、それを具現化した安保法案に対して、二〇一五年通常国会での審議を通じて批判が高まり、第二次政権発足時から一貫して五〇%を超える高水準を維持してきた内閣支持率は三〇%台後半まで急低下。大きな代償を払っての悲願達成となった。

安倍内閣の順調な政権運営は、野党陣営が分裂し、政権交代可能な強力な野党が見当たらないといういわば敵失によって支えられてきた側面が大きい。安倍や菅もそれは十分に承知していて、それゆえ安保法案の審議過程でも、何とか維新を賛成に回らせて野党を分断できないか模索を続けた。

だが、その維新は五月の大阪都構想の是非をめぐる住民投票で敗北して以来、民主党との合併を軸にした野党再編に向けて動き出した。結局、民主党との合併に反発する「大阪系」との党内対立で維新は分裂。安保法案をめぐる政局では安倍の役に立たなかった。

大阪市長の橋下徹が大阪系議員らを集めて新たに結成した「おおさか維新の会」に参加した国会議

員は当初、二〇人を下回ったが、維新代表の松野頼久や前代表の江田憲司らと「大阪系」との暗闘の過程では、首相官邸が大阪系への肩入れを露骨に行なった。松野ら執行部側の人数が膨らみ、それが民主党との合併に進んで、衆院議員だけで一〇〇人規模の野党が出現すれば、支持率が落ちた安倍自民党に対する政権の「受け皿」ができることを意味し、政権交代への第一歩になった第一次安倍政権における参院選惨敗の悪夢が繰り返されかねないと懸念したのだ。

菅は、一五年八月に大阪府知事の松井と会食。大阪系の勢力を確保するために全面的に協力することを約束した。実際、菅はその後、維新の国会議員と会って直接、「おおさか維新」への参加を促したり、大阪系の党員を増やすために水面下で党員集めにも協力したといわれる。それより前の六月には、安倍も一緒に引退を表明した橋下徹と長時間会食し、早期の政界復帰に向けてエールを送った。

大阪ダブル選という天王山

大阪では、一一月に府知事選と大阪市長選のダブル選挙が予定されていた。この選挙で地元の自民党は、知事選では現職の松井の対抗馬として同党の女性府議を、大阪市長選では同党市議を擁立して維新と戦ったが、自民党内では一時、維新との全面対決を避けたい首相官邸と「維新憎し」で固まる同党大阪府連との妥協案として、知事選は維新の松井を自民党が推薦、一方、市長選は自民推薦候補を維新が推すという「住み分け」も模索された。

だが、「おおさか維新」にとっては、僅差で否決された「大阪都構想」の復活が生命線であり、そのためにはダブル選で両方とも勝つか、自民党大阪府連に方針を変えてもらわなければならない。一方、自民党大阪府連にとっては、長年対決してきた「おおさか維新」と妥協して都構想に賛同することなどできない相談だった。そのため、この案は早々に潰れることになった。

このダブル選挙は、橋下らが総力を挙げた住民投票の否決を受けて行われただけに、当初は「おおさか維新」にとって厳しい戦いが予想された。特に橋下の引退表明を受けて行われる大阪市長選は苦戦が予想された。今後の国政選挙で全国に候補者を立てて戦うと宣言しているにもかかわらず、新党の名称に「おおさか」を付けたのも、まずこのダブル選を勝ち抜くことが自分たちの生き残りの前提条件だとの認識からであり、松井は国会議員たちに「ダブル選が終わったら国政政党に相応しい党名にまた変えるから」と伝えていた。このダブル選で一敗でもすれば、松井らは政治的影響力を急速に失い、政党として生き残ることが困難になることは確実だった。

危機感を強めた橋下と松井は、ダブル選でも首相官邸に加勢を頼んだ。一〇月二七日、自民党幹事長の谷垣禎一は、ダブル選挙に向けた党所属参院議員の会合で「安倍首相は『今回の選挙をきちっと戦わなければ大阪の自民党は立ち直れない』と言っている」と紹介し、安倍や菅が「おおさか維新」に肩入れしているとの党内の懸念を払拭しようとした。だが、その翌日には知事選を目前に控えた松井が堂々と首相官邸を訪ね、防災対策の陳情を名目に菅と三〇分会談した。大阪府連からは「この時期に対立候補に会うなんて反党行為に等しい」と激しい反発の声が上がった。

維新との選挙戦を避けたい思惑

五月の住民投票で「大阪都構想」が潰えたのは、大阪の公明党が、学会本部からの強い「中立」要請によって一旦は「自主投票」の方針を決めたものの、現場の学会員たちの強烈な「反橋下」感情に押されて、途中から反対に舵を切ったことが大きな原因だった。そこで松井は菅に対し、今度は公明党と創価学会に最後まで「中立」を貫いてもらえるよう、対策を依頼したという。

菅は、住民投票の時と同じく、創価学会本部で選挙対策を取り仕切る副会長の佐藤と水面下で接触。今度こそ創価学会が「中立」を徹底させるよう要請した。菅の意を受けた佐藤は、九月の段階で大阪の創価学会幹部に対し、「中立」を守るよう申し入れた。その際、佐藤は、消費税の軽減税率導入問題もあり、首相官邸に恩を売る必要があることも理由に挙げたという。

大阪の創価学会や公明党の雰囲気は、住民投票の時とはかなり変わっていた。住民投票の際は、橋下に対する強いアレルギーの他、佐藤が大阪の学会幹部や公明党の国会議員に一切知らせないまま、橋下と密約を結んでいたことへの感情的な反発もあった。そのため、大阪の学会員たちは、「中立要請」を無視して投票に出かけ、反対票を投じた。

だが、今度は大阪の学会も公明党も比較的素直に佐藤の要請を受け入れた。このまま「おおさか維新」と全面戦争を続ければ、次期衆院選で公明党が候補者を立てる関西の選挙区に「おおさか維新」が候補者をぶつけてくることは確実だった。そうなれば、学会内で「常勝関西」と称され、学会の金城湯池である大阪であっても、関西ではなお高い人気を保つ維新の候補との激しい消耗戦を強いられる。それは避けたいとの目先の思惑を優先させたのだ。

それでも、橋下と直接、対峙してきた大阪市議会の公明党議員団の間には「反維新」の雰囲気が強く、一〇月には市議団として大阪市長選で自民党候補を支援する方針を内々申し合わせた。都構想の住民投票の際、公明党が「反対」に舵を切るきっかけになったのも、大阪市議たちが統一地方選の最中に起こした反乱だった。今回も彼らは、維新候補が再び都構想を公約に掲げていることに強く反発していた。もちろん、自民党大阪府連が、公明党を味方に付ければ勝てると見込んで、公明党に必死の働きかけを行なったことも影響していた。そもそも自公両党が連立を組んだ九九年以降、公明党が候補者を擁立する大阪府内の四選挙区で、自民党は候補者を立てずに公明党候補を推薦している。基本はあくまで地元での「自公協力」なのだ。

だが、公明党大阪府本部は、一一月二日に開いた三役会議で自主投票とすることを決定した。橋下が一〇月中旬の街頭演説会で「公明党が向こうについたら総攻撃を仕掛ける」と揺さぶりをかけたこともあり、全面衝突を避けたい国会議員や府議団の意向が優先された。

「共産党の支援」が安倍の望み通りの結果を生んだ

会議では、維新がダブル選で再び都構想を公約に掲げていることや、自民党大阪府連から推薦依頼が来ていることを理由に「衆院選で維新と対決することも覚悟して自民党候補を支援すべきだ」との意見も出たが、大阪府本部代表の衆院議員・佐藤茂樹らがそれを押し切った。主戦論を制したのは、「共産党とは同じテーブルにつけない」との佐藤の発言だった。

支持層が重なる公明党と共産党は、長年、大阪で激しいつばぜり合いを続けてきた宿敵同士だ。安保法案の国会審議でも、大阪での反対デモに一部の創価学会員が参加したことが報じられると、大阪を地盤とする共産党書記局長の山下芳生が、「公明党支持者の皆さんの気持を汲んだ運動を展開していきたい」と創価学会に手を突っ込むかのような発言をして、公明党が強く反発するという出来事もあった。

その共産党は、「自民党より悪い保守政治を行う維新の府政・市政をストップさせる」として、このダブル選挙ではともに「自民党候補を自主的に支援する」というきわめて異例の方針を決めていた。実際、自民推薦候補の支援で最も活発に動いているのは共産党の地方議員だとの声が聞かれるほど、共産党の活動は目立っていた。自民党も、参院議員で市長候補の叔父でもある柳本卓治が共産党系の団体が開いた集会に出席し、共産党書記局長の山下と壇上で手を取り合って「反維新での共闘」を誓い合うという異例の展開になっていた。

公明党・創価学会はこれに反発。公明党市議団の「主戦論」を抑える上で、都合のよい理由になったのだ。

四月の統一地方選で全勝を目指していた公明党は、大阪市議選の此花区選挙区で共産党候補に競り負ける形で議席を落としていた。橋下が「宗教の前に人の道がある」と公明党を攻撃する発言をして以来、反維新が定着した大阪の学会員たちも、「共産党とは一緒にやれない」との説明には納得せざるを得なかった。つまり、共産党の対応が、結果的に首相官邸の望み通りの結果をもたらすという皮肉な結果となった。

今回は、「自主投票」が比較的すんなりと決まった公明党だったが、「投票に行けばほとんどが自民党候補に投票する」（学会幹部）といわれ、実際、期日前投票に足を運んだ有権者で「公明党支持」と答えた人の約八割は、自民党候補に投票していた。ただ、ダブル選では「自主投票」方針がそれなりに徹底されたため、公明党支持者の多くが投票に行かなかったと見られる。投票率は、市長選では都構想の住民投票よりも一六ポイント以上も低い五〇・五％にとどまった。それが「おおさか維新」に有利に働いたことは言うまでもない。

何事も選挙が第一という創価学会の習性

そもそも公明党にとっては、維新がこのダブル選でも敗北し、勢いを失うことが本来は望ましい展開だったはずだ。安倍はこれまで、維新との蜜月関係を野党分断に利用するだけでなく、与党の公明党の発言力を封じるためにも利用してきたからだ。安倍が保守的な政策を進める上で、公明党はしばしば「抵抗勢力」となる。「公明党が反対しても、いざとなれば維新の賛成で法案を成立させる」との無言の脅しは、公明党を牽制する上できわめて有効だった。

それゆえ、公明党の執行部も当初は、「地元が自民党と一緒にやるというなら止められない」と維新に肩入れする首相官邸に冷ややかだった。「維新を利用して公明党を軽く扱ってきたくせに、選挙で維新に有利なようにしてくれとは虫がよすぎる」（学会幹部）というのが本音だったのだ。先に触れたが、五月の住民投票で維新が敗北し、橋下が政界からの引退を表明した際、公明党幹部は「これで安倍さんも公明党をないがしろにできない」とほくそ笑んでいた。

実際、安倍はその後、後述する軽減税率の導入問題などで公明党により配慮する姿勢を示した。仮にダブル選挙で安倍に近い「おおさか維新」が敗北し、求心力を失って、より多くの「維新」議員が民主党に合流していれば、首相官邸に危機感が生まれ、公明党をさらに大切にしなければとの意識が生まれるという、公明党にとっては一層望ましい展開になったはずだ。だが、この時の公明党・創価学会は、関西の衆院小選挙区における次の戦いという近視眼的な利益を優先させた。何事も目先の選挙の議席が第一という創価学会の習性が端的に表れた対応だった。

公明党のアシストもあり、「おおさか維新」はダブル選挙で二勝を挙げて生き残ることになった。ただ、維新の党は分裂し、安倍政権に近い「おおさか維新」は少数政党に転落して、国会での影響力は格段に低下した。安倍政権にとっては国会運営上、従来のような野党分断戦略は使いにくくなった。二〇一六年三月には、維新の党の半数の議員が民主党に合流し、野党第一党の力も増した。公明党が安倍自民党の独走に待ったをかける力も増すはずだ——。創価学会の幹部はそう期待していた。

第10章

二〇一六年参院選へ、創価学会の必死の攻勢

――公明党依存を強める安倍政権

消費増税に伴い軽減税率実施で合意，取材に応じる自民党の谷垣禎一幹事長(左)と公明党の井上義久幹事長(2015年12月12日，共同)

安保法に「納得しきれない」学会員たち

二〇一六年夏の参院選挙が迫る中、公明党や創価学会の内部では選挙への危機感が広がりつつあった。その原因の一つは、いうまでもなく二〇一五年の通常国会で、安倍政権が、前年の集団的自衛権行使容認の閣議決定を受けた安全保障法制関連法(安保法)を強引に成立させ、公明党もそれにつきあったことだった。

公明党も創価学会も当初は、この法案の審議を楽観視していた。六月に入り、衆院の憲法審査会で自民党推薦の長谷部恭男ら憲法学者三人全員が「法案は違憲」と表明し、それをきっかけに反対運動が広がり始めても、公明党は「この問題はすでに決着済みだ」と静観していた。

創価学会では、前年七月の集団的自衛権行使容認の閣議決定の後、この問題の学習用資料を作成し、公明党の議員を講師とする政治学習会を集中的に開催するなど、公明党の立場に理解を深める活動を徹底して行なってきた。創価学会・公明党がこれほど徹底した学習活動を行なったのは、一九九二年に公明党がPKO協力法に賛成して内部から強い反発の声が噴出した際など、過去にも数えるほどしかなかった。できることは全てやり終えたとの自負があったのだ。それゆえ公明党幹部は、「今さらやることは何もない」と語っていた。

ただ、一五年四月の統一地方選では、創価学会の運動員たちが、一般の有権者から「なぜ『平和の党』である公明党が自衛隊をいつでも海外に出せるようにする法案に賛成なのか」と尋ねられて、返答に窮したといった声が全国各地で聞かれた。それが苦戦の一つの原因になったとの意見が公明党幹部の下に寄せられた。

このため、公明党は創価学会側と相談の上、五月の連休明けになってようやく安保法案に関する学習映像を新たに制作。創価学会が二〇一五年初めに全国各地の地区部長らに端末を配布して構築したネットによる学会独自の映像配信システムを使ってそれを配布した。同時に「戦争法は大ウソ　戦争を防ぐ平和安全法制」と題した学習資料も作成した。だが、当初は映像も学習資料も「必要に応じて地域の学習活動で使うように」との連絡だけで、前年七月の閣議決定時のように「学習活動」を徹底させるような指示は出していなかった。

六月、七月と審議が進むにつれ、一部の創価学会員が反対の署名活動を始めたことや、反対のデモ行進に赤・黄・青の創価学会の三色旗が掲げられたことなどが相次いで報じられた。だが、創価学会本部は、なお特段の動きを見せなかった。もちろん、内部での反対の動きには目を光らせて分析はしていたが、反対運動はごく一部の学会員の限られた動きにとどまっているとして放置していた。幹部は「安保法案に反対する団体やマスコミが、ごく少数の内部の反対意見をことさらに大きく取り上げているだけだ。組織の結束が揺らぐことはない」と平静を装っていた。

そうした中、創価学会の最高協議会が、例年通り七月末の四日間、東京・信濃町の創価学会本部別館で開かれた。初日には、全国一三方面の方面長や方面の婦人部長、青年部長らと本部の最高幹部たちが一堂に会して全体会合が開かれ、公明党代表の山口那津男も出席した。そこで地方の出席者から、安保法案について「会員たちが『公明党はなぜ戦争法案に賛成なのか』と知人らに聞かれて困っている。党はもっとしっかり説明してほしい」といった声が相次いだ。山口は「一層しっかり対応します」と殊勝に答えるしかなかった。

さらに八月に入り、名誉会長の池田大作が創設した創価大学と創価女子短期大学の教員らが呼びかけ人になって「法案に反対する有志の会」が結成され、署名活動が始まると、さすがに学会の幹部たちも危機感を強めた。

創価学会では、この時、全国的に約四週間の長い夏休みに入り、地域の座談会などあらゆる活動を休止していたが、休みが空けた八月下旬から全国各地の「本部」やその下の「支部」と呼ばれる地域ごとに映像や学習資料を使った政治学習会が一斉に始まった。この学習会には、公明党の国会議員や地元の地方議員たちが講師として駆り出された。

一五年通常国会は、現憲法下では最長の九五日間も延長され、九月になっても国会が開かれていて平日は国会議員が東京にいたため、東京や千葉、埼玉などの首都圏では、安保法制の与党協議会で公明党側の責任者を務めた北側一雄や衆院の特別委員会で理事を務めた遠山清彦らが、毎晩のように各地で開かれる集まりを行脚した。

学習会に使われた映像では、公明党代表の山口の挨拶に続き、民主党政権時に防衛相を務めた安全保障問題の専門家・森本敏や政治評論家の森田実ら外部の有識者が次々に登場。公明党が「平和の党」として、いかに与党協議の中で自衛隊の活動に歯止めをかけ、憲法九条の従来の解釈との整合性を保ったかなどを解説していた。中でも森本の話は、「本来は民主党が対案を出して政府案に修正を迫り、歯止めをかける役割を果たすべきなのに『抵抗野党』になってそれを怠っており、代わりに公明党がその役割を果たしている」との内容だった。民主党政権の閣僚だった学者が民主党の対応を批判しながら公明党を持ち上げているとあって、各地のリーダー格の学会員には特に評判がよかったという。

現場の学会幹部は、「映像を見たほとんどの学会員は、全面的に賛成とはいかなくても一応、納得したと言ってくれる」と語った。だが、三〇人から五〇人程度が出席する学習会を開くと、最後まで「納得できない」という学会員が一、二人出るケースが多かったという。こうした現象は、一九九二年、自衛隊を初めて海外に派遣する枠組みを定めたＰＫＯ協力法に公明党が賛成した時や、二〇〇三年の自衛隊のイラク派遣に公明党が賛成した時以来のことだった。

前出の現場幹部は、「勉強会で『わかった』と言ってくれた人でも、わだかまりが残っている印象を受ける。参院選にどう響くか心配だ」とも話していた。多くの学会員が安保法には納得しきれていなかったのだ。

公明党幹部も「組織に大きな亀裂が入ることはなかったが、反対運動がこれだけ盛り上がると参院選への影響が心配だ。実際に票を獲りに行く運動員が、一般の有権者から安保法について『説明』を求められ、運動の足が鈍る恐れはある」と危機感を滲ませていた。

創価学会では、九月、一〇月とこの学習活動を続け、普段から地域の座談会に参加するような学会員は、ほぼ全員が出席したという。一一月に入っても安保法に理解を求める行脚を続けたある衆院議員は、「安倍首相は『国民に説明する努力を続ける』と繰り返し語っていたが、自民党の議員たちは何もやっていない。真面目に続けているのは我が党だけだ」と不満をぶちまけた。

軽減税率をめぐる自民・財務省連合との攻防

こうした中、公明党・創価学会内が大騒ぎになる出来事が起きる。九月五日、読売新聞と日経新聞が朝刊一面トップで「消費税率を一〇%に引き上げる際の負担軽減策の財務省原案が固まった」と報じたのだ。

これまでも繰り返し述べてきたが、公明党は、二〇一七年四月(当初は二〇一五年一〇月)に予定されていた消費税率の一〇%への引き上げの際に、食料品などを対象にした「軽減税率」を導入するよう強く求めていた。二〇一四年末の衆院選でも「いまこそ、軽減税率実現へ。」とポスターに大きく記載。掲げる公約を事実上、軽減税率の実現一本に絞って選挙戦を戦った。だが、財務省と自民党税調の幹部は一貫して導入に消極的で、協議は暗礁に乗り上げていた。

そうした中、自民党税調会長の野田毅から「公明党も呑める案を捻り出してくれ」と頼まれた財務省主税局長の佐藤慎一らが密かに作成した案が、食料品の購入に際して一旦支払った消費税の二%分が、申告すれば後日、消費者に還付されるという「還付金制度」だった。事業者の事務的な負担が少ないのがこの制度のメリットだった。野田と財務省幹部は一五年五月、かつて大蔵政務次官も経験し、佐藤慎一とも旧知の間柄である公明党副代表の北側一雄を呼んで、この案を説明した。北側は、「日本型軽減税率制度」と財務省が名付けたこの案を「立派な軽減税率だ」として受け入れた。

だが、この制度は「マイナンバー」を使用することから、表に出ると国会での改正マイナンバー法案の審議に悪影響が出ることが予想されたため、同法案が成立するまでは極秘扱いとされた。それでも、公明党が納得しなければこの案を作った意味がないことから、北側は六月に入ると党代表の山口と幹事長の井上の二人だけには密かに説明した。「この案で納得するしかありません」と迫る北側に、二人は「他に方法がないのならやむを得ないかな」と了解したという。

当時は、安保法案の審議の真っ只中で、首相官邸はその対応で手一杯だった。そのため、財務省が首相の安倍に還付金制度を説明したのは九月一日になってからだった。安倍はこの案について説明を受けると開口一番、「公明党は大丈夫なの」と尋ねた。財務省幹部は「代表も幹事長も了解しています」と答えたが、この問題が公明党にとって重要な問題であるという認識を持っていた安倍は、「与党協議で議論してもらいましょう」と明確な了承は避けた。だが、財務省幹部たちは、「公明党執行部が了解しているのだから」と先行きを楽観していた。

党執行部も同意していた財務省案を葬った学会

ところが、その直後、この案が新聞報道で表に出ると状況は一変した。公明党幹部の下には、新聞報道で財務省案を知った関係者から「こんなものは軽減税率ではない」という否定的な意見が相次いで寄せられたが、事前に聞かされていなかった幹部たちは戸惑うばかりだった。

この財務省案は、創価学会幹部にも事前には知らされておらず、その内容を知ったある学会の幹部は、「消費者の痛税感の緩和という目的が果たせない。こんな案では内部はもたないのではないか」と疑問を呈し、「こんなものを受け入れた北側さんの責任問題にもなりかねない」ともらした。

副会長（広宣局長）の佐藤は、官房長官の菅に電話を入れ、「このような案ではとても組織はもたない。

参院選での選挙協力も空中分解するので、撤回してもらうしかない」と伝えた。

創価学会の首脳部が還付案に強い難色を示しているという情報が伝わると、創価学会内も公明党内もあっという間に反対一色となった。

還付案が報道された翌週の九月一〇日朝、公明党と創価学会の幹部たちは、信濃町の学会施設で定例の非公式な連絡会議を開いた。会議では、副会長の佐藤が、「こんな案では来年の参院選は戦えない。選挙方針も見直す必要がある」と述べ、翌年の参院選の選挙区で過去最多の七人を擁立する方針の見直しにも言及しながら本来の軽減税率制度の実現を党側に強く求めた。他の学会側の出席者も、「財務省案はとても軽減税率とは言えないとの声が圧倒的だ」などと党側に強く再考を求めた。

この日は、ちょうど全国一三方面の方面長たちが上京して信濃町で方面長会議が開かれたが、そこでも出席者から「一旦消費税を全額払うのでは軽減税率とは言えない」「このような案では会員の理解は得られず選挙は戦えない」といった厳しい意見が噴出。その場にいた公明党の山口を突き上げた。

同じ日には、国会内で与党税制協議会も開かれ、財務省がこの案を初めて正式に説明した。だが、公明党税制調査会事務局長の西田実仁が「こんなものは軽減税率もどきだ」と声を荒げると、政調会長代理の上田勇も「全国民にカードを持たせて買い物のたびに出せなんて、現実味があるのか」と指摘した上で、「こんな不完全な案を進めようとすれば、税率引き上げそのものの再延期にもつながりかねない」と財務省を牽制した。党税制調査会長の斉藤鉄夫も「この制度が与党で合意した軽減税率制度と言えるのかどうかも含めこれから議論したい」と慎重論を展開した。この案を内々受け入れていた北側だけは会議後、「これがダメというなら軽減税率そのものが暗礁に乗り上げてもしかたがない」と憮然とした表情で語った。

大荒れの公明党税制調査会

翌一一日に開かれた公明党の税制調査会総会は大荒れとなった。還付金制度を説明した財務省幹部に対し、議員たちは「あんたらは我々の選挙公約を反故にするのか。公明党を愚弄している」「財務官僚は一人暮らしの高齢者の現実を知らない」などと口々に糾弾。北側が水面下で財務省案を了解していたことへの反発も表面化し、復興副大臣の浜田昌良は「勝手にこんな案を進めた税調幹部は交代すべきだ」と党税調の顧問を務める北側を糾弾した。

さらに翌一二日に東京・南元町の公明党本部で開かれた全国県代表協議会でも、「庶民に負担をかけて事業者を守るのか。こんな案では参院選は戦えない」(福岡)、「党の公約と違う案がいきなり出てきても承服できない」(北海道)など強い反対論が続出。賛成意見は皆無で、斉藤鉄夫は「皆さんの声が心に染みた。重く受け止めて協議に臨む」と引き取った。会議は本来、翌年の参院選に向けて結束を確認する場となるはずだったが、それどころではなかった。

こうした状況に公明党の中堅議員は「自民党が約束を果たさないのだから、『これでは選挙で自民党を支援できない』と脅すべきだ。それくらいしないと自民党は動かせない」と党幹部に申し入れた。

実際、公明党はその後、選挙協力の見直しをチラつかせながら、本来の軽減税率を導入するよう首相官邸や自民党に対して猛烈に働きかけた。その勢いは、かつてないほどに激しく、自民党と連立を組んで以来一五年余で初めて、ほとんどの幹部が「選挙協力の見直し」という切り札を持ち出して政府・自民党に揺さぶりをかけた。国対委員長を長く務めた中央幹事会会長の漆原良夫は菅に手紙を出し、「軽減税率が実現できなければ自公連立も持ちません」と連立離脱にまで言及して実現を訴えた。生真面目な性格でハッタリが不得手な斉藤ですら、自民党幹部と個別に会って、「全国数百万の支持者が固唾を呑んで協議を見守っている。彼らが納得できなければ選挙協力にも大きな影響が出る」と牽制して回った。

この言葉は決して大げさではなかった。公明党と学会の幹部たちが毎週開く非公式の連絡会議は、その後も軽減税率問題一色だった。山口や井上は、学会側から「全国の支持者が納得できる制度が実現できるよう今度は妥協しないでほしい」と繰り返し釘を刺されていたのだ。

現場の学会の運動員たちは、一四年末の衆院選で「軽減税率を必ず実現します」と言って地域を回り、一票を投じてもらった。それゆえ、もし実現できなければウソつき呼ばわりされて運動員の足が極端に鈍り、参院選はきわめて苦しい戦いになる――。創価学会の幹部たちの危機感は強かった。それゆえ、公明党執行部を強く突き上げたのだ。

当時、ある学会幹部は「『本当はやりたくなかった安保法制で政府・自民党に譲歩したのだから、軽減税率では譲ってもらわないと割が合わない』というのが我々の率直な気持だ」と語っていた。同時に「我々にとっては集団的自衛権や安保法よりも重要な問題だということを自民党によく理解してもらう必要がある」と述べていた。公明党・創価学会の幹部たちの間には、こうした意識が広く共有されていた。

還付金制度をめぐって与党税制協議会の議論が行き詰まり、一時協議を中断することになった九月二五日、公明党代表の山口は、首相秘書官が渋るのを押し切って官邸に乗り込んだ。「このままでは来年の参院選に大きな影響が出ますよ」と凄む山口に、安倍は「軽減税率は与党で公約したことですから、それを尊重しながら議論しましょう」と応じたが、それ以上の言質は与えなかった。

「選挙協力」を理由に菅が強引に決着

こうした中、安倍は一〇月上旬に内閣改造を行う。公明党は、第二次安倍政権の発足時から国土交通相を務めてきた太田昭宏を退任させ、政調会長の石井啓一を送り込んだ。創価学会の要望に応じて世代交代を図ったのだ。

ただ、今の公明党執行部に安倍と個人的なパイプを持つ議員がいない中、第一次安倍政権時に公明党代表だった太田は、今の代表の山口とは異なり、安倍とはそれなりに気心が知れた仲だった。その太田が「閣僚を辞めると総理にはなかなか会えないので時間を取ってほしい」と求めると、安倍は改造前日の閣議後に予定を空け、二人だけで話し込んだ。

「しっかりとした軽減税率を実現させないと、うちの組織は本当に持たない。これは決して脅しではなく、このままでは来年の参院選は自公両党とも惨敗する」。こう警告する太田に、安倍は「わかりました」と応じた。

実際、この問題の決着の仕方によっては、公明党の票だけでなく、選挙区の自民党の議席数にも影響が出る可能性があった。翌年の参院選では、まず安保法への対応について一般の有権者から質問や意見が飛び出すことが予想され、ただでさえ運動員の足が鈍ることが懸念されていた。もし軽減税率が実現しなければ、運動員は二重の足枷の中で選挙戦を戦うことになる。

山口と太田から相次いで強い懸念を伝えられたことで、安倍は、還付金制度を撤回させて複数税率となる本来の軽減税率制度を導入する方針を固め、これに強く抵抗する税調会長の野田毅を交代させることを決める。菅の進言もあり、自公関係を優先させるための税調会長交代だったが、衆院当選一五回と自民党で最多の当選回数を誇る野田は、前年、安倍が消費増税先送りと同時に衆院解散を決めた際も公然と異論を唱えるなど、そもそも安倍にとって目障りな存在だった。一〇月中旬、安倍は野田を更迭し、前月まで経済産業相として自分に仕えていた参院議員の宮沢洋一を後任に抜擢した。宮沢は野田と同じく旧大蔵省出身で、もともと軽減税率導入に否定的だったが、野田との大きな違いは安倍との関係だった。安倍にとって宮沢は、ともに政治家の子息として学生時代からの知り合いであり、野田とは異なって最後は「上司」である自分の指示に逆らうことはないとの安心感があった。

公明党は、野田の更迭を「安倍が自公関係を重視した結果だ」として歓迎し、協議は再開された。公明党は、「大物」の野田が退場したことを契機に議論の主導権を奪おうと攻勢をかけた。だが、宮沢は安倍からの指示を受けて軽減税率の導入自体は決めたものの、「自民党内の三分の二は（公明党の主張する）食料品全般への導入には反対だ」として、財源不足を盾に対象品目を大幅に絞り込むよう主張。協議は行き詰まり、両党は幹事長レベルに格上げして協議を続けた。

だが、財務相経験者である自民党幹事長の谷垣禎一も軽減税率には消極的で、財務省とともに対象を生鮮食料品などに絞るよう強く主張したため、幹事長レベルの協議もすぐに行き詰まった。

一二月九日、安倍は最終決着に向け谷垣を首相官邸に呼んだ。「とにかく公明党が吞める案でまとめてほしい」と説得する安倍に、谷垣は事業者の準備が間に合わないことを理由に強く抵抗。「とりあえず生鮮食料品に絞って開始したい」と粘った。だが、同席した菅が「公明党が賛成しなければ法案は通らない」「公明党の協力がなければ来年の参院選は戦えない」と強く訴え、最後は安倍が菅に軍配を上げて、公明党の要求通り食料品全般を税率八％に据え置く一兆円規模の軽減税率の導入が決まった。

これは、第二次安倍政権の発足以降、公明党の主張が全面的に通った初のケースといってもよかった。翌年の参院選で安保法への国民の反発がどの程度、影響するのかが見通せない中で、安倍にとって学会票の重要性が増していたことが、公明党の「勝利」の背景にあった。同時に、「みんなの党」が消滅し、維新が分裂して安倍に近い「おおさか維新」が少数政党に転落したことで、公明党の存在価値が相対的に高まっていたことも公明党に有利に働いたことは言うまでもない。

創価学会とのパイプを独占する菅

軽減税率の導入問題で、公明党が加工食品を含めた一兆円規模の導入を強く主張し、生鮮食料品に対象を絞りたい自民党税調などと鋭く対立していた一五年一一月末から一二月上旬にかけてのことだ。自民党税制調査会でインナーと呼ばれる幹部を長く務めた前衆院議長の伊吹文明は、公明党がこの問題でどこまで強気の姿勢を貫くのかを見極めるため、長年付き合いのある創価学会の副会長で弁護士グループトップの八尋頼雄に電話で連絡を取った。また、元財務相の額賀福四郎ら税調インナーの現役メンバーたちも、それぞれ前会長で最高指導会議議長の秋谷栄之助ら知り合いの学会幹部と連絡を取り、創価学会の本音を探った。だが、いずれの幹部も、一兆円規模の導入という主張から一歩も譲れないのかどうかについては、「それは私の立場では何とも言えない」などと要領を得ない答えに終始したという。

自民党税調のある幹部は、協議がすべて決着した一二月中旬、「結局、今の創価学会と本音のやり取りができるのは、官房長官だけであることがわかったよ」と語った。菅と副会長の佐藤とのパイプだけが有効だったというのだ。

これまでも紹介してきたが、佐藤は、その年の一一月に行われた創価学会の幹部人事で、次期会長の座をほぼ確実にした事務総長・谷川佳樹に近いといわれる。これまで谷川の後を追うように男子部長、青年部長を歴任し、その後は副会長で本部の広宣局長を務める。約一〇年前から学会で選挙実務を担い、〇七年の第一次安倍政権下での参院選直後には公明党敗北の責任を取って一度は選挙対策から身を引いたものの、自公両党が惨敗した〇九年衆院選後に復権。最近は選挙対策のみならず、政界工作もほぼ一手に担っている。菅 - 佐藤のルート以外のパイプが機能しなかったことは、学会内の意思決定が原田(会長) - 谷川(主任副会長・事務総長) - 佐藤(副会長・広宣局長)ラインで統一されたことの裏返しでもあった。

佐藤はこの数年で政界人脈を広げ、軽減税率の問題でも、幹事長の谷垣ら他の自民党幹部とも頻繁に会って学会に意向を伝えていた。だが、本当に役に立つ太いパイプを持っている自民党議員が菅だけであることが明確になったことは、永田町における菅の存在感を一層高めることにもなった。

しかも、菅は次期会長の座を固めた谷川とも直接のパイプを持っている。菅は長年自民党神奈川県連の会長を務めていたが、谷川が国政選挙で神奈川選挙区の公明党候補の担当を何度か務めた関係で、二人は選挙協力の協議などを重ねて親しくなったという。ある自民党のベテラン議員は、菅について「かつて公明党との太いパイプを誇り、発言力を高めた野中広務と同じ立場に立ったな」と評した。

自公両党は中抜き　学会役員と官房長官の合意が決定事項に

ただ、一宗教団体の政治担当役員が政権の大番頭と、選挙協力についても重要政策をめぐっても直接、そして秘密裏に協議を重ね、両者が合意したことがそのまま政府の決定事項になるという事態は歪な状態だと言わざるを得ない。野中が小渕内閣の官房長官として力を振るっていた時も、日常的な協議の窓口は、主に冬柴ら公明党の幹部だった。佐藤としては、今の公明党執行部が官邸との意思疎通を欠くことに苛立ち、直接やり取りができるパイプを構築したのだろうが、政権中枢と学会幹部がこれほど日常的に協議を重ねた例は過去にない。本来なら、代表の山口が安倍と、幹事長の井上が谷垣や菅とそれぞれ調整を行うべきことだろう。

ただ、こうした異例の政策決定ルートが形成され、それに対してそれぞれの党内から強い異論が出ないのには訳がある。その最大の理由は、衆院に小選挙区比例代表並立制が導入されて二〇年以上が経ち、その後に行われた内閣法改正など内閣機能の強化も相まって、首相（＝党総裁）の立場が大幅に強化されたことにある。こうした傾向は、小泉内閣の時から強まっていたが、安倍内閣では、比較的高い内閣支持率を背景に、菅の巧みな官僚操縦術もあって、政策決定を首相官邸が直接担う傾向が非常に強まっている。自民党内からは「官邸はちょっとやり過ぎだ」との不満がもれることはあっても、表立って強い反発が出ることはない。一方、創価学会内では、先述したように、二〇一五年一一月の「政変」を経て組織の意思決定が、原田‐谷川‐佐藤のラインに一本化したため、佐藤と話をつければ、それは学会組織全体と合意ができたことになる。公明党の議員たちもあらゆる面で学会に世話になっている以上、不満の声はくすぶるものの、会長と事務総長に直結する佐藤には表立っては逆らえない。

佐藤にしてみれば、菅と話をすれば手っ取り早く物事が進むのでそこに頼るようになるし、菅としても創価学会中枢との太いパイプは、党内における自らの地位を高めることになるので佐藤との関係を大事にする。その結果、自民、公明両党とも中抜きにされる連絡ルートが安倍政権を仕切ることになる。

ここで創価学会と公明党との関係を見ると、創価学会が上位に立ち、公明党はそれに従うという構図がはっきりと浮かび上がる。池田大作が意図した通りになっているのだ。二〇一四年衆院選での維新との密約や軽減税率導入問題の経緯を見れば、それは明確だろう。ただ、集団的自衛権の行使容認問題のように、学会にとって深く関わることがマイナスになると判断すれば、党側に問題の処理を丸投げすることもある。公明党との関係を都合よく使い分けているとも言えるが、基本的には党は学会の下にあるという傾向が強まっているのではないか。

創価学会会長に電話をかけた安倍

ここでこの数年の創価学会の動向を振り返ってみる。集団的自衛権の行使容認という憲法や安全保障に絡む重大な問題では、その最終的な判断を公明党側に委ね、公明党は政権側から協議の決着を強く迫られると、比較的すんなりと妥協してしまった。戦後日本の大きな転換点となる問題だった上、公明党は従来、反対姿勢を鮮明にしていただけに、もっと強く抵抗すべきではなかったのかとの指摘を受けるのは当然だろう。それに比べて、消費税の軽減税率の導入問題では、創価学会と公明党は一体となって、集団的自衛権の時とは比較にならないほど組織的かつ強硬に政府・自民党に対してその実現を働きかけ、最後は安倍から満額回答を引き出すことに成功した。

この対応の差には、創価学会にとって、どちらの問題がより選挙への影響が大きいかとの判断があったのはもちろんだ。学会幹部によれば、軽減税率の問題は単に政策実現の問題ではなく、前の選挙で個々の有権者に約束していたため、これが実現しないと選挙運動が成り立たないという、まさに選挙の問題だったという。そして、創価学会という組織が、理念的な問題よりも「現世利益」に関わる問題をより重視するという従来からの法則は、ここでも見事なまでに当てはまっている。

安倍は、軽減税率問題の自公協議が決着した直後、面識もない創価学会会長の原田に電話をかけ、満額回答で決着させたことを直接伝えている。詳しいやりとりは明らかではないが、安倍がわざわざ原田に電話をかけた意味は、学会に恩を売り、選挙での支援を確実にすること以外にあり得なかった。

軽減税率問題が決着したひと月後の二〇一六年一月、沖縄県宜野湾市長選が行われ、米軍普天間飛行場の名護市辺野古への移設の是非などを争点に、自民党系候補と移設反対派の候補の一騎打ちとなった。創価学会は会長の原田まで沖縄に入るなど全面的に自民党系候補を支援。その結果、前評判を覆して自民党系候補が当選した。創価学会の動向が選挙結果を左右した典型的な選挙だった。

この宜野湾市長選は、日米関係に大きな影響を与える普天間飛行場の移設という安倍政権にとって重要な問題の行方を左右する選挙だっただけに、首相官邸からすれば、これに勝っただけでも軽減税率問題で公明党の要求に応えた価値はあったと言えるのかもしれない。自公連立政権は、まさに「選挙協力」で成り立っている連立政権なのだ。

さらに当時、自民党内では、首相官邸が党内の強い反対を押し切ってまで公明党の主張を全面的に呑んだ裏には、仮に安倍が衆参ダブル選挙に踏み切る意向を固めた場合、創価学会はそれに反対しないとの約束ができているのではないかとの見方も出回った。だが、創価学会はその後も衆参ダブル選挙には反対の姿勢を堅持した。

安倍がダブル選を見送った理由

「内閣改造をするほど総理の権力は下がり、解散をするほど上がる」

安倍は、第二次政権の発足以降、内閣改造を最小限にとどめる一方、その前の衆院選からわずか二年で解散を断行するなど、戦後、最も長く首相の座を維持した佐藤栄作のこの言葉をそのまま実行してきた。大叔父でもある佐藤の言葉を噛みしめ、二〇一六年の参院選に合わせて再び衆院を解散し、ダブル選挙に持ち込むことも検討した安倍だったが、結局、それを見送った。

集団的自衛権の行使容認の閣議決定とそれを受けた安保法を成立させた安倍は、表面上の言動とは異なり、もはや自らの首相在任中に憲法改正を実現することにはこだわっていない。

その安倍が、この時期に衆院を解散するとすれば、その理由は二つしかなかった。第一は、参院選を単独で行えば普通、与党は苦戦を強いられるので、それを打開するためだ。参院選は常に政権に対する「中間テスト」の意味合いを持つ。政権交代には直結しないとあって、有権者は「政権にお灸をすえる」投票行動を取ることが多い。それが四半世紀以上も自民党が参院で単独過半数を回復できなかった理由でもあった。それゆえ、自民党の参院側にはダブル選待望論が強かった。ダブル選に持ち込めば「政権選択」を有権者に迫ることになって、共産党と協力する民進党への投票を躊躇させるとともに、野党共闘を困難にする効果も見込めるとの計算があった。それに、衆院選と一緒ならば、自民党衆院議員の強固な後援会組織がフル回転して、参院候補者の票の底上げが見込める。これは過去のダブル選挙で自民党が圧勝した理由とされてきた。

第二の理由は、自民党総裁の任期延長を勝ち取るためだ。二度の衆院選で大勝し、三年前の参院選でも勝利を収めるという近年の首相にはない好成績を選挙で出している安倍が、さらにもう一度衆院選で勝利すればその立場は大幅に強まり、自民党内で誰も総裁任期の延長論に逆らえなくなる。そうなれば二〇二〇年の東京五輪を首相として迎えることも夢ではない。今後、経済情勢の好転が見込める状況にはないことから、ここで解散に打って出ないと二〇一八年九月の総裁任期満了まで解散のベストタイミングは見当たらない。そのため、任期延長を勝ち取るにはここで解散するしかない――。こうした意見は、首相政務秘書官の今井尚哉ら安倍側近の一部から出ていた。

だが、いずれにしろ解散した結果、衆院の議席を大きく減らせば、すべては水泡に帰す。当初はダブル選の可能性を探っていた安倍が、それを封印したのは、衆院選に踏み切れば議席をかなり減らして衆院での与党の三分の二の議席を失う可能性が高い一方で、参院選単独でもそれほど多くの議席を減らすことはないという現実的な情勢判断からだった。公明党が同日選挙に強く反対していることや、四月に発生した熊本地震で大きな被害が出ていることが理由ではなかったのだ。

安倍がダブル選見送りに傾いた直接の要因は、自民党選対が安倍の指示で四月から五月にかけて実施した衆参両院選挙に関する世論調査だった。安倍のもとに届けられた衆院の議席シミュレーションでは、自民党が解散前の二九一議席から四〇議席前後、減らす可能性があるとされていたのだ。

さらに、野党共闘が進んで、共産党が衆院選でも候補者を大幅に絞り込む可能性が高まっていた。「おおさか維新」も前回の「維新の党」のように全国に候補者を擁立する力はなく、野党が一本化する選挙区は激増する。自民党が、前回の衆院選並みの得票率を維持したとしても、共産党が小選挙区候補を七〇～八〇程度に絞り込むだけで、自民党の議席は単純計算で五〇議席以上も減ることになる。共産党は資金的に苦しいため、野党共闘がどうなろうとも候補者を立てる選挙区は限定されるだろうとの公安情報も安倍の耳に入っていた。

大型連休明け、安倍は「衆院選をやれば四〇議席も減らす可能性があるのに解散することはないよね」と周辺にもらした。あくまでも損得を冷静に計算した結果、ダブル選は見送りの方向になった。その後、衆院の議席減は一〇議席前後にとどまるとの調査結果も届けられたが、安倍の気持が大きく揺らぐことはなかった。

創価学会に「衆院選なし」を囁き続けた菅

この間、ダブル選挙に一貫して反対してきたのが、公明党・創価学会だった。学会の選挙運動は、約半年前から一つの選挙に照準を合わせ、各種行事を組んで候補者の名前を徐々に組織内に浸透させ、選挙の二〜三か月前になれば学会員以外の友人や知人の票(F票)を獲りに行かせるという「スケジュール闘争」だ。衆参同日選挙となればそのスケジュールが全面的に崩れる。それに公明党は衆院小選挙区と参院の選挙区選挙では、それぞれ多くても全国七〜九つの選挙区しか候補者を立てないため、苦戦している選挙区には全国の都道府県から学会員を大量に動員したり、その選挙区の友人・知人に集中して電話をかけさせて投票依頼を行う。ところが、ダブル選挙になれば、そうした選挙区が倍に増え、そこに投入する運動員も二倍必要となる。運動員は不足し、結果的に全国のほとんどの地域の学会員が、衆院小選挙区か参院選挙区の公明党候補のために動かざるを得ない。通常、自分の住む地域に公明党候補がいない場合は、比例の公明票を出すために学会員の票などを固めた上で、自民党支持者に「選挙区は自民党に入れるので、見返りに比例は公明党へ」と頼んで比例票の上乗せを図る。だが、ダブルになればそこまで手が回らず、全体として公明党の比例票は確実に減るといわれる。さらに学会の運動員は、期日前投票が始まった時点から、支持者を投票所に車などで連れて行っては投票用紙の書き方をていねいに「指導」する。ダブル選挙となれば、一度に四種類の投票用紙を書き分けさせる必要が生じるが、それを高齢の有権者に覚えさせることは不可能であり、相当な票の目減りを覚悟せざるを得ないという。

ダブル選で公明党が苦戦する理由は以上だが、それは自民党の選挙区候補の票の目減りにもつながる。つまり、ダブル選になれば票のバーターまで手が回らず、選挙協力は機能不全に陥るので、公明党は比例票を、自民党は選挙区候補の票を、それぞれ減らすことを覚悟しなければならないという。

こうした懸念を早い時期から繰り返し官邸や自民党幹部に説明してきたのが、佐藤だった。第二次安倍政権が発足してからの三年余、政権の大番頭である菅との関係を深めてきた佐藤は、ダブル選の可能性が囁かれ始めた二〇一五年から繰り返し「ダブル選は両党にとってマイナスだ」と菅に釘を刺してきた。このため、菅は一貫してダブル選挙には消極的で、こうした学会側の懸念を安倍にも伝え、佐藤に対しては、「最後はダブル選にはならないと思う。学会が衆院選で走り出すと流れが止められなくなるので先走らないようお願いしたい」と学会の動きを抑えてきた。

学会は二〇一六年二月、参院選に向けた運動を本格的に開始したが、菅のアドバイスに従って、あくまで参院選に絞った運動にとどめ、ダブル選を視野に入れた動きは一切控えた。衆院選が行われるのであれば、七〇歳を超え、公明党の内規では引退することになる東京一二区選出の太田昭宏や比例北陸信越ブロック選出の漆原良夫らに代わる候補者も選定しなければならないのだが、そうした動きも一切、止まったままだった。新たな候補者選びだけでも、公明党・学会がそれを始めれば情報は増幅され、解散の流れを強めることになってしまうと考えたからだ。

それでも、安倍が抜き打ち解散するのではないかとの懸念は残っていた。そのため首相に解散を思い止まらせる手かがりを探していた学会幹部の目には、四月二四日投票の衆院北海道五区の補欠選挙が、そのチャンスと映った。

当初、自民党候補の優勢が伝えられていた補選だったが、公示日が近づくにつれ、その差が急速に縮まる。焦った菅や自民党選対委員長の茂木敏充が三月下旬、佐藤に全面的な支援を要請すると、学会はきわめて異例の対応をとった。普通、公明党の公認候補以外の候補者を学会が支援する場合、その選挙区内の学会員に推薦した事実を伝達するだけだ。時にはそれを上回る支援を行うこともあるが、最高レベルの支援でも、選挙区内の末端の会合で会員に投票依頼を徹底するのが精一杯だ。

ところが、この補選で創価学会は、三月末、選挙区内はもちろん関東以北のすべての学会員に対し、北海道五区の知人・友人への電話作戦を指示。道内の隣接する選挙区からは運動員も投入し、支持拡大を図った。ある幹部は「補欠選挙でここまで本格的に運動したことは記憶にない」と語る。何としてもダブル選を回避したい学会が、安倍に恩を売って解散を思い止まらせようと異例の指示を出したのだ。相手の野党統一候補の陣営で共産党の動きが目立っていたことも、創価学会の動きを後押しした。

それでも、熊本地震の報道も一段落した大型連休明けには、安倍はやはり解散に打って出るのではないかとの情報が駆け巡り、学会幹部は確認作業に追われた。五月二四日、山口は安倍と会談してダブル選見送りを改めて求めたのに対し、安倍は「解散のかの字も考えていない」と伝えた。だが、公明党・創価学会が本当に安心したのは、五月三〇日、消費増税の時期を二年半再先送りすることを確認するための自公党首会談の最後、「解散はしないのですよね」との山口の再度の念押しに、安倍が「ありません」と断言した時だった。

一六年参院選　「攻め」の選挙に出た公明党

公明党・創価学会は、二〇一六年七月の参院選で、三年前の参院選でも候補者を出した東京、神奈川、埼玉、大阪の四選挙区に加え、定数是正で定員が増えた愛知、福岡、兵庫の各選挙区でも候補者を擁立した。これにより公明党の選挙区候補は過去最多の七人となった。創価学会の実力を示すバロメーターと言われる比例の得票総数は、二〇〇五年をピークに長期低落傾向にある。組織力の低下は隠しようもないが、その中で創価学会はあえて参院選で「攻め」の選挙を行なったのだ。

この方針が事実上決まったのは、前年七月の創価学会の最高協議会だった。選挙対策を仕切る副会長の佐藤が、愛知、福岡、兵庫の各県を抱える方面長たちに対し、選挙区で新たに候補者を擁立するつもりがあるかどうかを問い質し、いずれの方面長も「やります」と答えたことから方針が定まった。

これまで見てきたように、創価学会はここ数年、議席の拡大にはこだわらず、むしろ守りの選挙を行うことが多かったが、この時は定数是正で公明党候補が当選しやすい複数区が増えた上、当時の民主党の支持率は上がらず、この時点では安保法の審議の影響もそれほどないと見られていたことから、久しぶりに攻めに出ることになった。比例区では議席の増加が望めない中、定数是正を大きなチャンスと捉えたのだ。それに、定数が増えた選挙区で公明党が候補者の擁立を見送れば、勢いを増していた共産党に議席を奪われる可能性が出てくる。支持基盤が重なり、公明党と長年、激しい戦いを続けてきた共産党に獲得議席数で負けるわけにはいかないとの思いもあった。

ところが、前年、安保法案への反対運動が盛り上ったことは、創価学会の選挙運動にも思いのほか影響があることがわかった。それもあって、消費税の軽減税率問題の協議では、公明党・学会一体となって首相官邸や自民党に激しい攻勢をかけた。その結果、満額回答を手にしたわけだが、それでも候補者を立てる七選挙区のうち、東京と大阪を除く五選挙区での議席獲得は当初、生やさしいものではないと見られていた。そのため、公明党はこの五選挙区で自民党に公明党候補への推薦を出すよう求めた。

だが、自党の候補がいる競合選挙区で、自民党が公明党候補に推薦を出すのは、三年前の前回参院選が初めてで、それも埼玉選挙区一つだけだった。その時も、自民党の参院側や地元の埼玉県連などは、「競合選挙区で他党に推薦を出すなど聞いたこともない。政党としての自殺行為だ」と強く反発。大騒動になった。

さらに深化した自公の選挙協力

前回の騒動もあり、自民党選対委員長の茂木は当初、公明党候補への推薦に難色を示した。今度もそれぞれの地元の自民党県連は公明党の推薦依頼に激しく反発。特に公明党が立候補すれば、民進、共産、おおさか維新を含む五党で三議席を争うことになる兵庫県連は、「自党の候補を落選させるつもりなのか」と猛烈に反対した。だが、自民党の推薦を得て保守票を大量に上積みしなければ当選はおぼつかないと判断していた創価学会の佐藤は、公明党選対委員長の斉藤の頭越しに、自民党の茂木や幹事長の谷垣、それに官房長官の菅らに直接、推薦を強く働きかけた。その結果、自民党は党内の反対意見を押し切ってこの五選挙区すべてで公明党候補に推薦を出した。

その効果は大きかった。安倍は、選挙期間中、兵庫、愛知、神奈川では、自ら公明党候補の応援演説に立ち、候補の名前を連呼した。このうち兵庫と神奈川では、自党の候補より前に公明党候補の応援に駆けつける演出までした。安倍が行けない選挙区には夫人の昭恵が公明党の集会に足を運び、「公明党の皆さんには主人も大変感謝しています」などとエールを送った。官房長官の菅は、兵庫選挙区で公明党候補のために運輸や建設などの業界団体の関係者を集めた集会を開き、自ら秘密裏に現地入りして頭を下げた。公明党出身者が国土交通相を務めていることに対応して菅が取った措置でもあった。自民党支持の業界団体の票を公明党に回すというこの異例の動きには、自民党兵庫県連の関係者が「党を売り渡すのか」と猛反発したが、菅は意に介さなかった。このような動きは、従来ほとんど見られず、自公の選挙協力が一層深まったことを示していた。

また、公明党が候補者を出していない一人区や二人区では、自民党候補の集会や街頭演説に公明党の地方議員らが駆けつけ、公明党も自民党候補を支援していることをアピールした上で、比例区の公明党候補の名前を連呼して、その場にいる自民党支持者に投票を依頼するというスタイルも広がった。こうした公明党の応援形式は、これまでも西日本では多く見られたが、それが全国的に広がったという。

「自主的に」野党に投票した公明党支持者たち

この参院選で、公明党は比例で七五七万票余を獲得した。これは三年前の参院選とほぼ同数だった。だが、自公の選挙協力が着実に深化し、報道各社の出口調査から見ても自民党とのバーター取引によって得られた公明党の比例票は増えているにもかかわらず、公明党の得票が横ばいだったことは、学会の集票力がさらに衰えていることを示している。

一方で、報道各社の出口調査を見ると、公明党支持層のうち二三〜二四%が野党候補に投票しており、民進党候補が当選した宮城などではその比率が三〇%を超えていた。学会幹部によれば、この参院選では、民進党が共産党とスクラムを組んだことへの反発もあり、民進党との水面下の選挙協力はまったく行われていないという。それにもかかわらず、かなりの公明党支持者が「自主的に」民進党や野党統一候補に投票していたのだ。

これについて、公明党関係者は、「野党に投票した学会員は多少増えた程度だが、創価学会の婦人部や壮年部には、集団的自衛権の問題などでそもそも安倍自民党への抵抗感が強い上、自民党をあまり勝たせ過ぎてもいけないという意識が働いたのかもしれない」と解説した。

だが、それでも自民党は、この参院選で改選議席を五議席上回って勝利し、非改選議席と選挙後の追加公認や無所属議員の入党も合わせて、二七年ぶりに参院で単独過半数の一二二議席を確保した。これによって、自民党が公明党と連立を組む本来的な意味はなくなり、両党が連立を組む理由は、名実ともに選挙協力という一点しかなくなったのである。

終章

創価学会・公明党はどこに向かうのか

——池田逝去と自民党敗北の時

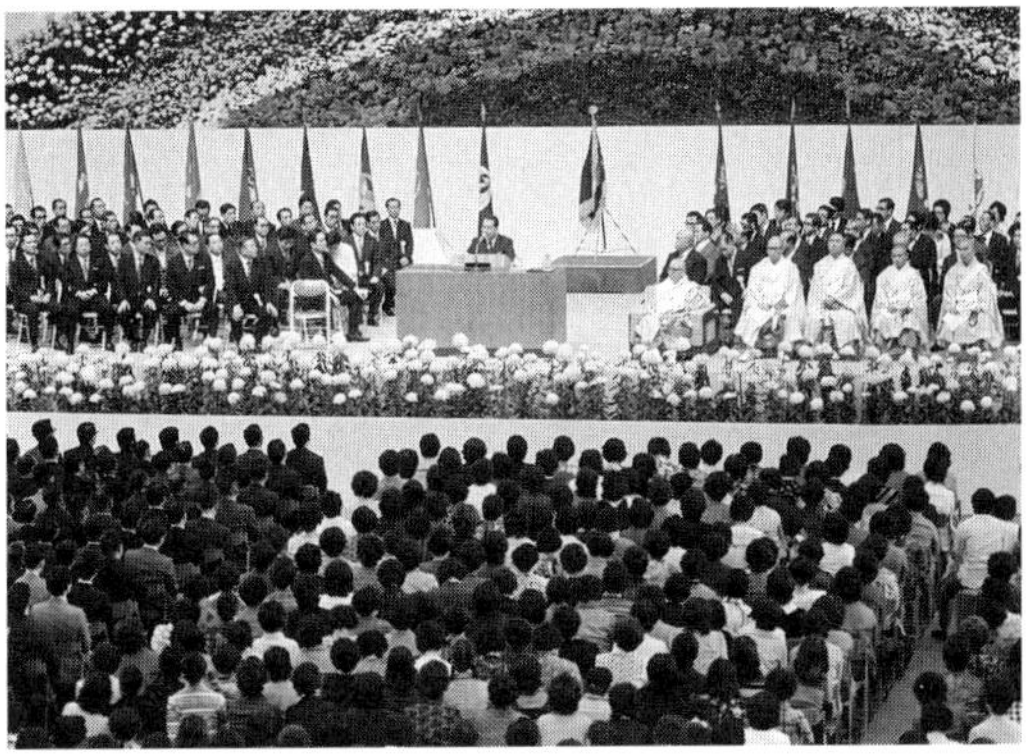

第37回創価学会本部総会で約1万人の参加者を前に講演する池田大作会長(1974年11月7日，名古屋・愛知県体育館，共同)

創価学会で突然起きた「政変」

一一月一八日は創価学会の創立記念日だ。二〇一五年のその日の聖教新聞の一面には、池田大作夫妻の近影とともに、「創価学会は栄光燦たる創立八五周年の佳節を迎えた」との書き出しで、例年通り記念日を祝う記事が大きく掲載されていた。だが、この年は、その末尾に書かれていた内容に全国の学会関係者が驚愕した。前日、原田稔が会長に三選され、理事長が正木正明から長谷川重夫(副理事長)に交代したことを告げていたのだ。

池田大作は、〇六年一一月、四半世紀もの間、会長を務めていた秋谷栄之助を更迭し、自分の「秘書役」の原田を会長に就任させた。同時にナンバー2である宗教法人・創価学会の代表者である理事長に正木が就任。それ以降、この二人に副会長で事務総長の谷川佳樹を加えた事実上三人による集団指導体制が確立した。当初は、絶対的な指導者である池田の下での集団指導体制だったが、体調を悪化させた池田が一〇年五月の本部幹部会を最後に人前から姿を消して以降は、名実ともにこの三人による共同統治が続いてきた。

だが、「池田不在」が長引くにつれ、誰が池田に代わる次の指導者になるのかをめぐる勢力争いが始まった。それがこれまでも触れてきた正木と谷川のつばぜり合いだ。わずか二歳違いの二人の「ポスト池田」レースは、池田の体調が回復した一時期、正木が有力になったと囁かれた時期もあったが、最近は、谷川が優勢だと見られていた。「正木派」の大物幹部数人が二〇一三年末以降、次々と更迭されたこともその見方を裏付けた。それでも今回の創立記念日は、会長も理事長も任期途中であり、人事が行われる気配はなかったという。

記念日前日の一一月一七日、創価学会で会則等の重要事項の議決機関である総務会が招集され、メンバーである幹部会員たちが全国から信濃町の学会本部別館に集った。総務会では、会長の任期を五年から四年に短縮する規約の改正が提案され、了承されると「会長任期の短縮により原田の任期が今日で切れたため会長を改めて選出する」として総務会は一旦、休憩に入る。そして十数人の総務による「会長選出委員会」が開かれ、原田の会長再選（三期目）を全員一致で決定。その後、再開された総務会で、原田が演説して理事長を正木から長谷川に交代する人事を発表した。突然の理事長交代の発表に出席者たちは驚愕し、会場は異様な雰囲気に包まれたという。何しろ日本最大の巨大宗教団体を二分する争いを繰り広げていた一方のトップが突然、消えたのだ。

〇六年、池田がまだ五〇歳そこそこだった正木と谷川をそれぞれナンバー2の理事長と実質ナンバー3の事務総長に抜擢し、競わせてきたことは周知の事実だ。そのため幹部たちは「今回の正木解任は、（池田）先生の意思で行われたものではないだろう」と語る。この人事が異常だったことは、婦人部や高齢層には谷川より人気があった六一歳の正木が解任され、その後任にひと回り以上も年上である七四歳の長谷川重夫が就いたところにも見られる。この人事が池田のお墨付きを得て行われたものだと見せるため、高齢で実務能力には欠けるものの、池田の信任がきわめて厚い長谷川を理事長に就けたのではないかとも言われる。

「ポスト池田」の座を着々と固めつつあった谷川だが、学会内では「強権的だ」などと批判する声がなお広くくすぶっていた。そのため、この人事は正木との「ポスト池田」争いがこれ以上長引けば、池田亡き後の創価学会が分裂しかねないとの危機感から、谷川が自分と同じ東大卒の先輩である原田と組み、さらに弁護士グループのトップで早大卒の八尋頼雄（副会長）や前会長で早大卒の秋谷ら「非創価大組」の主だった幹部たちを巻き込んで実行に移したものだとの見方が出ている。健康に不安を持つ高齢の原田が続投し、谷川が会長に就かなかったのは「谷川さんよりかなり年上の幹部がまだ多いことや、人望のあった正木さんを更迭することのハレーションも考えて一呼吸置いた」（学会幹部）からだと見られている。一九六〇年に池田が三二歳で会長に就任した際には、反発する数百人の幹部たちが別組織を立ち上げ、十数万世帯が脱会したと言われる。組織拡大が望めない今の時代にそうした事態を招けば、学会は一気に衰退の道を辿る。

組織の引き締めを重視する創価学会の新人事

この時の人事では、組織の大改正も行われ、従来の「副理事長」職を廃止して新たに「主任副会長」制度を設けた。長年、創価学会では絶対的存在の池田は別にして、会長、理事長、そして五〜八人の副理事長という序列になっていた。その一〇人ほどに事務総長ら数人を加えた合計十数人が組織を動かし、全国に二五〇人ほどいる副会長は大半がいわば名誉職だ。今回の組織改正はこれを数十年ぶりに変更。副理事長職を廃止して、実際に組織運営の責任を担う「主任副会長」ポストを新設した。理事長をいわば名誉職的な位置付けにして、会長－主任副会長（八人）ラインで組織運営を行っていくことを明確にしたのだ。

池田は自分の地位を脅かす者を作らないため、自らの有能な秘書役ではあるものの官僚的で人望に欠けるとも指摘される原田を会長に据え、同時に創大卒の正木と東大卒の谷川という次世代のリーダーを抜擢して競わせ、副理事長には長老幹部たちを置くなどして権力が一人の下に集中しない仕組みを作ってきた。それがわかりにくい組織になっていた原因だったが、今回の組織改正では権力が会長のもとに一元化する形になり、外から見てもわかりやすい。カリスマ指導者である池田の没後をにらみ、会長が指導力を発揮できる強い組織を目指したものと言える。

主任副会長に就任した八人は、副理事長から横滑りした池田の長男・博正とベテラン幹部の三人に加え、新たに谷川本人、総東京長の金沢敏雄、壮年部長の萩本直樹、杉並総区総主事の石嶋謙二の四人だ。聖教新聞等では紹介されないが、副理事長からの横滑り組以外は、いずれも学会本部のテクノクラートたちで、事務総長・谷川の下でそれぞれ職員局や組織局などのトップを務めている。「Xデー」を見据えて組織に大きな亀裂が入らないよう内部固めをする布陣と見られる。

学会では、一九七九年に池田が会長職を辞して名誉会長になって以降の三人の会長は、会長とはいっても池田に指名された池田配下の一幹部に過ぎなかった。だが、次の会長は重要度がまったく異なる。何しろ池田に代わって名実ともに巨大教団を率いていくことになるからだ。学会内では、正木更迭に対する不満や谷川に対する批判がなお広く残っていると言われるが、学会を率いていく次のリーダーが谷川になることは、この人事でほぼ確実になったと見る関係者が多い。

ただ、この時行われた会則の改正を見ると「ポスト池田」時代になっても池田の権威にすがらないと結束を維持できない学会の苦悩も見て取れる。学会は日蓮正宗の総本山・大石寺との決別を最終決着させるため、信濃町に建立した大誓堂を「信仰の中心道場」と明確に位置づけ、同時に「初代会長・牧口常三郎、二代会長・戸田城聖、三代会長・池田大作の三代会長を広宣流布の永遠の師匠とする」と池田らを崇拝の対象とすることをより明確にした。池田没後も巨大組織を維持するためであり、今の幹部たちにとっては既定路線だが、古参会員の間には会則等の改正を急いだ原田－谷川ラインへの反発がなお残るという。

創価学会は政治との関係を縮小させるのか

注目すべきは、この新しい原田－谷川体制が、今後、政治との関係をどうするかだ。とりわけ、以前から議論になっている国政選挙への取り組みを縮小させる問題にどう取り組むかが焦点になる。

本書で何度も述べてきたように、この六年ほど、創価学会では、次の学会の本当のリーダー、すなわち「ポスト池田」の地位をめぐって、谷川と正木の主導権争いが続いてきた。そして、その争いは学会の政治路線の違いと重なり合っていた。すなわち、正木は学会員の急速な高齢化で学会組織が弱体化している現状を素直に認め、国政選挙に注ぐエネルギーを減らすべきだとの考えを持っていた。具体的には衆院小選挙区から撤退して比例区に特化し、自民党との全面的な選挙協力も見直すべきだという、若手幹部たちから出ていた意見に賛成する意向を示していた。

一方、谷川は、少なくとも当面は自民党との協力体制を維持して議席を守った方が学会にとって得策だとして、見直しには慎重な立場を取ってきた。そして、確実に選挙で結果を出せる自民党との全面的な選挙協力によって公明党の議席確保に奔走し、実際に結果を出すことでその地位を磐石なものにしてきた。

序章で述べたように、創価学会では、信仰心と選挙が固く結び付いており、幹部の実績評価に関する基準の大きな柱が、選挙でどれだけの成果を挙げたかになっている。それが、二〇一〇年の参院選で最も情勢が厳しいと言われた埼玉選挙区の責任者として公明党候補を当選させるなど選挙で実績を出し続けた谷川が生き残り、関西地区の責任者としていくつかの選挙で失敗した正木が失脚することにもつながったと言われる。

ただ、公明党の衆参両院選挙における比例区の得票総数は、〇五年衆院選の八九八万票をピークに低落傾向にある。会員の急速な高齢化で集票力が低下していることは隠しようもない事実だ。

その中でも、選挙における公明党の議席確保が、すなわち宗教団体としての「勝利」なのだという論理に縛られる限り、創価学会は、自民党との連立を維持し、全面的な選挙協力体制で選挙を戦うことになる。少なくとも当面は、その方が票の目減りを防ぐことができるのは確かであり、大きな「ケガ」をする可能性が少ないからだ。学会の集票力の衰えを自民党との選挙協力によって何とか補っていることは、二〇一六年の参院選の結果を見ても明らかだ。

その一方、衆院小選挙区での議席の確保のために学会員を大量動員していることが組織を疲弊させているとの認識は、学会内で広く共有されているという。さらに、小選挙区での議席確保にこだわって、自民党との全面的な選挙協力を行うために連立を組み、学会の意に沿わない政策にも賛成せざるを得ないという小泉政権以降の状況が、学会員の公明党離れを招いているとの分析もかつて学会自身が行なっていた。少なくとも労力の割には果実の少ない衆院小選挙区から撤退すれば、学会員の負担をかなり減らすことができるし、自民党との全面的な選挙協力も不可欠ではなくなるので、連立を解消して自民党以外の政党ともうまく付き合うことで、反自民勢力からの学会攻撃を防ぐこともできる。もはや自民党が半永久的に政権政党であり続けるとは考えられない以上、その方がよほど効率的ではないかとの意見は、学会内部で多くの賛同を得ているという。さらには、衆院選そのものから撤退し、参院と地方議会の選挙だけに縮小した方が、より効率的ではないかとの意見さえ出ている。実際、過去三〇年の歴史を検証すれば、公明党は参院でキャスティングボートを握ってさえいれば、連立政権に入っているか否かに関係なく、政権に強い影響力を行使することができており、今後も参院で一定の勢力を確保していれば、そうした状況を作り出せる可能性は常にある。

学会の中枢幹部によれば、今の衆院選への取り組み方が学会員にとって重い負担になっているとの認識は谷川自身も持っており、小選挙区からの撤退についても必ずしも反対ではないという。それゆえ、なお学会内に広くくすぶっているといわれる正木更迭への反発が収まり、原田‐谷川新体制が磐石なものになれば、谷川らが主導して、小選挙区からの撤退を決める可能性は十分にある。

そもそも、学会の会員数はほとんど減っていないとはいえ、少子高齢化の波は学会にも否応なく押し寄せ、会員数はすでに二〇年以上、ほぼ頭打ちの状態が続いている。新たな会員の多くは親が学会員だった二世であり、最近は一般社会との融和路線をとってきたこともあって、若い会員の戦闘力の低下も指摘されている。そうした比較的若い層に、常に厳しい選挙活動を強いれば、かえって会員の学会離れを招きかねない。そのため、いずれは選挙との関わりを縮小せざるを得ないという認識は、正木派も谷川派も関係なく、創価学会の幹部たちに広く共有されているという。

いつ「その時」は来るのか

問題は、その時期がいつ来るのかだ。筆者は、その可能性が高まる時期が二つあると考える。その一つは、名誉会長・池田大作が不在になった時だ。なぜなら、衆議院への進出を決め、その議席拡大にこだわってきたのも、学会攻撃を止めさせるため自民党との連立に踏み切ることを最終決断したのも、そして公明党の議席の獲得が会員の信仰心の証しであるという構図を作り上げたのも、池田本人だからだ。そのため、池田が判断力をほぼ失いながらも存命している限り、大きな路線転換にはなかなか踏み切れないのだ。実際、複数の学会幹部が「もし（池田）先生が不在になれば、少なくとも衆院小選挙区からの撤退、さらには衆院選そのものからの撤退も現実味を帯びる」と語っている。

ただ、このケースで小選挙区からの撤退を決めたとしても、自民党が相対的に多くの国民の支持を集めている今のような状況が続いていれば、公明党は当面、自民党との連立政権を続ける可能性が高い。自民党への国民の支持が大きく低下しなければ、衆院選でも参院選でも、最も確実に公明党の比例票を増やせるのは、自民党との選挙協力だからだ。

もう一つは、自民党による政権運営が行き詰まり、自民党に対抗する野党（現状でいえば民進党）に国民の支持が集まり、政権交代が再び現実味を帯びる状況になるか、実際に政権交代が起きた時だ。本書の中で描いたように、民主党政権の誕生が近付いた時から、創価学会は民主党との関係の構築を模索し、公明党も政権交代後は、民主党政権との距離を縮めようと努力し、是々非々路線に舵を切ろうとした。実際、民主党がもう少しうまく政権の舵取りを行なっていれば、公明党はすでに自民党との全面的な協力関係を解消し、その時々の政権と閣外協力などの形で、つきあっていくという方針に転換していた可能性がある。

したがって、政権交代が常に起きるかもしれないという政治状況が日本に生まれれば、創価学会を守ることが第一の任務である公明党は、二大政党のはざまでどちらとも一定の距離を保ちつつ、時の政権との関係の中で、公明党らしい政策の実現を目指すという方向に進む可能性はかなりあるだろう。それが公明党にとっては最も居心地がいい状態なのではなかろうか。

もう一つ、衆院の選挙制度が、公明党の主張する小選挙区比例代表連用制のように中小政党の議席がより増える方向で改正されれば、公明党は直ちに小選挙区から撤退し、自民党との連立についても解消に動く可能性が高まるが、これについては当面実現の可能性が低いため、これ以上の検討は割愛する。

序章で指摘したように、創価学会にとって、選挙は組織を引き締め、求心力を高める上で最大のツールになっている。ただ、それは、仮に衆院選そのものから撤退したとしても、参院選と各種の地方議会選挙で従来通り議席確保を目指せば、その目的は十分に果たすことができるだろう。そして、選挙区ごとに、地域事情や候補者の考え方などによって自民・民進のどちらかの議員を支援すれば、両党に対して一定の影響力を行使できることになる。

「大衆とともに」は変わるか

最後に、公明党の掲げる政策について若干考察を加えたい。公明党は結党時から、「平和と福祉の党」として歩んできた。だが、実際には、外交政策や安全保障政策に関しては選挙公約でも分量は多くない。これらの問題にはどちらかといえば受け身で対応してきたのが現実だ。公明党が力を入れてきたのは、学会員の大半が当初、都市部の低所得者層だったことから、会員たちの生活を豊かにするための福祉政策であり、所得の再配分政策だった。

公明党の綱領には今も「大衆とともに語り、大衆とともに戦い、大衆の中に死んでいく」という「公明政治連盟」結成時の池田の言葉が掲げられている。そして、児童手当の創設・充実や中小企業の資金繰りの支援策といった低所得の未組織労働者や中小零細企業の経営者を意識した個別政策の実現に一貫して取り組み、多くの成果を上げてきた。だが、終戦直後は「貧乏人と病人の宗教」と揶揄された創価学会も、高度経済成長期を経て大きく変化し、学会員の所得構成も今や社会一般のそれとそれほど大きくは変わらないといわれる。実際、会員の中には、社会的エリート層も多く存在する。最近の公明党の国会議員が、中央省庁のキャリア官僚や外資系大手企業の社員、それに弁護士や公認会計士など社会的エリート層から選ばれていることからもそれは窺える。そうなると「大衆福祉」の旗を掲げ、マクロ経済政策よりも個別の福祉、医療、教育政策を重視する路線を今後も続けていくのかという問題が出てくる。公明党の議員に社会的エリート層が増えれば、党内からは、独自の長期ビジョンに基づいたマクロ的な政策を掲げるべきだとの意見が強まることが予想され、すでにそういった声は党内の一部の若手議員から上がり始めている。それが進めば「庶民の党」公明党は変質し、一般の学会員との間に乖離ができることにならないかという論点は、多くの研究者が指摘している。だが、公明党は単独で政権を目指す政党にはなり得ない上、他党との違いを打ち出すためにも、基本的には今後も、個別政策重視の「庶民の党」という看板を変えることにはならないのではないか。

ただ、自らも庶民から身を立て、その存在の前ではエリートも庶民も一緒という絶対的な存在である池田大作という指導者を失ったとき、公明党は「庶民の党」という看板だけで生き残っていけるのかという問題は残る。それは同時に、池田没後の創価学会自体が現在の巨大組織を維持できるのかという問題でもある。

その点に関しては、創価学会という組織が、地域に根づいた相互扶助のネットワークになっており、困った時には互いに助け合うという学会員同士の強固な人間関係が経済活動にまで及んでいるので、簡単には崩れないという見方が有力だ。学会員の家庭で育った子供たちが入信する割合が高い理由もそこにある。いわば学会員だけで一つの社会ができているのだ。

ただ、それと従来のような激しい選挙活動を維持できるかどうかは別の問題かもしれない。選挙での議席の獲得こそが信仰心の証しであるという論理は維持されても、「選挙での票の獲得は、(師である)池田先生への恩返し」とも言われてきたため、池田亡き後、会員たちが選挙へのモチベーションをどこまで維持できるかは不透明な部分がある。

多様性を失った自民党を補完し、安定させている公明党

一方で、創価学会は、徐々にその力は衰えているとはいえ、今の日本社会で、これほどまとまって行動できる組織は、宗教団体という枠を超えて他に存在しない。選挙ともなれば、少なくとも一〇〇万人以上の学会員が活発に集票活動を行い、実際に七〇〇万票以上の票を獲得する。しかもその票数

は、他の政党とは異なって、その時々の「風」にはあまり左右されない。二〇一六年の参院選で自民党を支援した各種団体の組織内候補のうち、最も多くの票を獲得したのは全国郵便局長会(全特)候補の約五二万票だった。創価学会が獲得する票はケタが違うのだ。

そして、この巨大な宗教団体が現在は、選挙基盤が衰えた自民党を下支えしている。自民党は過去二回の大勝した総選挙ですら、創価学会からの票がなければ、過半数をかなり割り込んだ可能性が高い。その意味では、安定した政権をつくる上で大きな役割を果たしている。公明党は自公連立を継続する意義として「政治の安定」を強調するが、それはその通りだろう。

同時に、かつて中道左派から右派まで幅広い考えの議員たちを抱えていた自民党がその多様性を失い、党総裁である首相に誰も異論を唱えることができなくなっている中で、公明党は、かつての自民党の「非主流派」にかわって、政権に対するブレーキ役を果たしていると見ることもできる。

衆院に小選挙区比例代表並立制が導入されて二〇年以上が経ち、とりわけ自民党では、党首(総裁)の力が圧倒的に強まって、かつては「党中党」と呼ばれるほど力を振るった派閥は今や見る影もない。自民党内から批判勢力が消えたことについては、マスコミで批判的にとらえられることが多いが、派閥を弱体化させて首相(党首)の力を高め、迅速に意思決定ができるようにして、政策論争は「党対党」で行うという、この制度を導入した当初の目的が、まさに達成されつつあるということでもある。その意味では、公明党という自民党とはまったく別の政党が、安倍色に染まって多様性を失っている自民党に対するブレーキ役を果たしているという現状は、必ずしも悪いことではないだろう。それがある意味で、自民党の暴走を防ぎ、政治を安定させていると言うことができるのかもしれない。

だが、一方で公明党は自らの考えと大きく乖離した政策を打ち出す自民党と連立を組んでいるため、政策面で常に妥協を迫られ、内外からの強い批判にも晒される。その典型が集団的自衛権の行使容認と安保法だった。

しかも、連立を組んだ当初の旧経世会系の政権ならともかく、自民党が全体として右寄りになった今、自民党と公明党・創価学会との考え方の違いはより明確になってきており、公明党が連立を組んでいることへの違和感も大きくなっている。市民目線でいえば、公明党は集団的自衛権の問題で連立離脱するのが当然であり、選挙協力や学会組織の防衛のためだけに連立を維持し続けることは、非常にわかりにくい。公明党の山口は、集団的自衛権の協議が始まる前に、「政策的意見の違いだけで連立離脱とは到底考えられない」と述べたが、異なる党同士の連立とは本来、主要な政策で基本的に一致することで成り立つものだ。それに、政策で意に沿わない妥協を繰り返して連立政権にとどまることは、公明党の議員たちにとっても決して居心地のいいものではないだろう。

ここまで見てきたように、創価学会の新体制はなお内部に反発もくすぶっていて盤石とは言えず、選挙で確実に結果を残して内部固めをするため、それができる可能性がより高い自民党との全面的な選挙協力を当面は維持しようとするだろう。しかも、二〇一六年の参院選後に自民党が二七年ぶりに単独過半数を回復し、安倍自民党に近い「おおさか維新」も一定の勢力を確保したことから、今の状況で連立を離脱すれば政権に対する影響力をほとんど行使できなくなる。そのため、当面は自民党との連立を維持することになるだろう。

だが、今後、新しい創価学会の体制が磐石なものとなり、一方で自民党一強と呼ばれる政治状況に綻びが見え始めれば、公明党・創価学会が衆院小選挙区から撤退し、是々非々路線に転換する可能性もかなり出てくる。それは、世代交代が進み、戦闘力が低下しつつある創価学会にとって、避けられない道かもしれない。

あとがき

私は、本書で創価学会の公明党、あるいは政治全般との関わりについて、事実を淡々と描いたつもりだ。従来もその内情を明らかにする書物は存在したが、それらが描いているのはかなり前のことだ。この一〇年余の公明党と創価学会の水面下における日常の関係を描いたリポートはこれまでなかったように思う。

創価学会の選挙の票読みは実に正確だ。個人的に精緻な票読みをする「選挙のプロ」は各地に存在するが、組織として創価学会に敵うところはない。まさに選挙のプロ集団なのだ。

なぜそれほど正確な票読みが可能なのか、なぜ選挙にそこまで情熱を傾けるのか——、そこから創価学会への興味が生まれたのだが、ある学会幹部と雑談していて「選挙はまさに宗教活動そのものなんですよ」と言われて疑問が氷解したような気がした。

あたりまえのことではないかと言われればそれまでだが、宗教的情熱の全てを選挙に注いでいるがゆえに、他の組織とは取り組み方の次元が異なるのだ。しかも、昭和三〇年代からの選挙に関するノウハウが組織的に蓄積されている。

私は、岩波書店の編集者から本書を書くよう勧められた時、かなり躊躇があった。本書で描いた創価学会と公明党の内情は、こうした形で明らかにする前提で聞き出したものではないからだ。ご教示いただいた学会の本部および地方組織の幹部や元幹部、それに公明党の国会議員や地方議員の方々からすれば、不本意だろう。その点は、率直にお詫びしなければならない。

学会幹部や公明党議員は、政策的に乖離が大きい今の自民党と重要政策で妥協するたびに、反発する学会員たちを納得させるため、膨大な労力を費やしている。なぜ、そんな苦労をしてまで連立を維持するのかと尋ねるうちに、実は学会内でも自民党との全面的な協力体制の見直しにつながる衆院小選区からの撤退論があることを知った。

公明党は最近、安倍自民党のタカ派路線の片棒を担いでいるとの批判を受けることが少なくないが、その批判には的外れな面があり、彼らは遠くない将来、自民党と離れる可能性もあるのだ。仮にそれが実現し公明党が「是々非々路線」に方針転換すれば、政権交代可能な緊張感のある政治を日本に定着させるという意味で好ましいことではないかと考えた。

そして、こうした事実を広く知ってもらうことには意味があると考え、結局執筆を引き受けることにした。それに公明党はすでに長年権力の側にいる以上、その実態を国民の前に明らかにすることは必要ではないかとも考えた。また、ベールに覆われて実態が見えないと、必要以上の批判を招くことにもなる。

そうはいっても「政教分離どころか一体ではないか」との批判を招きかねない本書の内容は、関係者にとって愉快なものではないだろう。だが、私自身に公明党や創価学会への悪意がないことだけは、ご理解いただきたいと心から願っている。

公明党の議員には真面目な勉強家で真っすぐな方が多いし、学会の幹部も誠実かつ懸命に生きている方が多い。取材でお世話になったそうした方々にあらためて、お礼とお詫びを申し上げたい。

二〇一六年九月

中野　潤

公明党関係 年表

1955年 4月	創価学会が統一地方選に候補者を擁立，東京都議ら53人が当選
1956年 7月	創価学会が参院選に候補者を擁立，3人が当選
1964年11月	公明党結党，原島宏治が初代委員長に就任
1965年 7月	公明党初の参院選で11議席を獲得
1967年 1月	公明党初の衆院選で25議席を獲得
2月	竹入義勝が委員長，矢野絢也が書記長に就任
1968年 9月	創価学会会長の池田大作が日中国交正常化提言を発表
1969年12月	公明党・創価学会による「言論出版妨害事件」が発覚
1970年 5月	創価学会会長の池田が政教分離を宣言
6月	公明党大会で新綱領を採択し政教分離を決定
1971年 6月	公明党第1次中国訪問団，中国側と共同声明を発表
1974年12月	創価学会と共産党が互いに誹謗中傷を行わないことなどを定めた「創共協定」を締結(75年7月に公表)
1979年 4月	池田が日蓮正宗との宗門戦争で創価学会会長を辞任，名誉会長に
1983年12月	衆院選で公明党が過去最高の58議席獲得
1986年12月	竹入が退任し，矢野が委員長，大久保直彦が書記長に就任
1989年 5月	公明党の池田克也衆院議員がリクルート事件で議員辞職 矢野が委員長辞任，石田幸四郎が委員長，市川雄一が書記長に
1990年 8月	イラク軍がクウェート侵攻
11月	自民，公明，民社3党が「国際平和協力に関する合意覚書」に署名
1991年11月	創価学会が日蓮正宗から破門に
1992年 6月	PKO協力法が成立
1993年 6月	宮沢内閣不信任決議案が可決，衆院解散
7月	衆院選で自民党が過半数割れ
8月	非自民8党会派の連立で細川内閣が発足，公明党から4人が入閣
1994年 1月	政治改革関連法が成立
4月	羽田内閣が発足，公明党から6人が入閣
6月	村山内閣が自民・社会・さきがけ3党連立で発足，公明党は野党に
11月	公明党大会で新進党への参加を決定
12月	公明党が解党して新進党に合流．地方議員らによる「公明」結党
1995年 7月	新進党が参院選で40議席を獲得して躍進
1996年10月	橋本内閣の下で小選挙区比例代表並立制での初の衆院選． 自民党が239議席，新進党は156議席で橋本内閣が継続
1997年12月	新進党が解党 旧公明党議員は「新党平和」(衆院)と「黎明クラブ」(参院)を結党

公明党関係 年表

1998年	1月	「公明」に「黎明クラブ」が合流
	7月	参院選で自民党が敗北，小渕内閣が発足
	11月	「公明」と「新党平和」が合流して「新公明党」再結成，代表に神崎武法，幹事長に冬柴鐵三が就任
1999年	1月	自民・自由の連立政権が発足
	10月	自民・自由・公明の連立政権が発足
2000年	4月	自由党が連立政権を離脱，自民・公明・保守の連立で森内閣発足
	6月	自公連立政権下で初の衆院選，公明党は 31 議席で 11 議席減
2001年	4月	小泉内閣発足
	9月	アメリカで同時多発テロ
	10月	テロ対策特別措置法が成立
2003年	3月	イラク戦争が勃発
	7月	イラク特別措置法が成立
2005年	8月	小泉首相が衆院を解散(郵政解散)
	9月	衆院選で与党が圧勝，公明党は比例で過去最高の 898 万票余を獲得
2006年	9月	安倍内閣(第 1 次)が発足 太田昭宏が代表，北川一雄が幹事長に就任
	11月	創価学会の会長が秋谷栄之助から原田稔に交代
2007年	7月	参院選で自民党が大敗
	9月	福田内閣発足
2008年	9月	麻生内閣発足
2009年	8月	衆院選で民主党が圧勝，公明党は過去最低の 21 議席で野党へ
	9月	山口那津男が代表，井上義久が幹事長に就任 民主・社民・国民新党の連立で鳩山内閣が発足
2010年	6月	菅内閣発足
2011年	3月	東日本大震災
	9月	野田内閣発足
2012年	6月	民主・自民・公明の 3 党が社会保障と税の一体改革で合意
	12月	衆院選で自民党が圧勝，公明党は 31 議席 自民・公明の連立で安倍内閣(第 2 次)が発足
2014年	7月	集団的自衛権に関する憲法解釈の変更を閣議決定
	11月	公明党が結党 50 周年
	12月	衆院選で公明党は小選挙区比例代表並立制下で過去最高の 35 議席を獲得
2015年	9月	安保法が成立
	12月	消費税 10% 引き上げ時に軽減税率を導入することが決定
2016年	7月	参院選で自公の与党が勝利 自民党は無所属議員の入党で 27年ぶりに参院で単独過半数

主要参考文献

朝日新聞アエラ編集部『創価学会解剖』(朝日文庫, 1997年)
公明党史編纂委員会『大衆とともに――公明党50年の歩み』(公明党機関紙委員会, 2014年)
佐高信『自民党と創価学会』(集英社新書, 2016年)
佐藤優・山口那津男『いま, 公明党が考えていること』(潮新書, 2016年)
島田裕巳『創価学会』(新潮新書, 2004年)
　同　『公明党 vs. 創価学会』(朝日新書, 2007年)
白川勝彦『自公連立解体論』(花伝社, 2008年)
玉野和志『創価学会の研究』(講談社現代新書, 2008年)
中野晃一編『徹底検証 安倍政治』(岩波書店, 2016年)
野中広務『老兵は死なず 野中広務全回顧録』(文春文庫, 2005年)
平野貞夫『平成政治20年史』(幻冬舎新書, 2008年)
別冊宝島編集部『となりの創価学会』(宝島SUGOI文庫, 2008年)
前原政之『池田大作 行動と軌跡』(中央公論新社, 2006年)
矢野絢也『黒い手帖 創価学会「日本占領計画」の全記録』(講談社, 2009年)
　同　『乱脈経理 創価学会 vs. 国税庁の暗闘ドキュメント』(講談社, 2011年)
矢野絢也・島田裕巳『創価学会 もうひとつのニッポン』(講談社, 2010年)

中野 潤
ジャーナリスト．創価学会と公明党の動きについて『世界』を中心に寄稿．共著に『徹底検証 安倍政治』(岩波書店)がある．

創価学会・公明党の研究 ― 自公連立政権の内在論理

2016年10月25日 第1刷発行

著 者 中《なか》野《の》 潤《じゅん》

発行者 岡本 厚

発行所 株式会社 岩波書店
〒101-8002 東京都千代田区一ツ橋 2-5-5
電話案内 03-5210-4000
http://www.iwanami.co.jp/

印刷・三陽社 カバー・半七印刷 製本・松岳社

ISBN 978-4-00-023734-5 Printed in Japan